Lynne & Bill Hybels

Gemeinde neu entdeckt

Die Geschichte von Willow Creek

Über die Autoren

Bill Hybels ist Gründer und Pastor der *Willow Creek Community Church,* einer der größten Gemeinden Amerikas in einem Vorort von Chicago. *Bill* und *Lynne Hybels* schrieben zusammen das Buch „Eheleben – Ehe lieben" und haben zwei erwachsene Kinder.

Lynne & Bill Hybels

Gemeinde neu entdeckt

Die Geschichte von Willow Creek

WILLOW
Willow Creek • Edition

Gerth Medien

„Gemeinde neu entdeckt" ist eine ergänzte Neuüberarbeitung des bereits 1996 erschienenen Buches „Ins Kino gegangen und Gott getroffen".

Titel der Originalausgabe:
Rediscovering Church

Bestell-Nr. 816 047
1. Auflage der Überarbeitung 2006

ISBN-10: 3-86591-047-5
ISBN-13: 978-3-86591-047-9

Die Bibelstellen wurden der Einheitsübersetzung entnommen.

Übersetzung: Annette Schalk
Umschlaggestaltung: Hanni Plato
Lektorat und Satz: Nicole Schol
Druck und Verarbeitung: GGP Media GmbH, Pößneck

Inhalt

Dank

Wir hatten nie vor, die Geschichte von *Willow Creek* in allen Einzelheiten aufzuschreiben. Uns ging es vielmehr darum, so viel von der Geschichte zu erzählen, dass die Werte, an die wir uns gehalten, und die Lektionen, die wir in den vielen Jahren unseres Dienstes gelernt haben, verständlich werden. Entsprechend diesem eingeschränkten Rahmen muss die hier dargestellte Geschichte von *Willow Creek* unvollständig bleiben. Es fehlen die Namen und die Geschichten vieler Menschen, die diese Werte wirklich gelebt und diese Lektionen mit uns zusammen gelernt haben. Wir hatten zu Beginn dieses Buchprojektes vor, all diese persönlichen Geschichten von tiefer Hingabe an Gott, an die Gemeinde und an harte Arbeit einzubeziehen. Aber als wir erst einmal damit begannen, Namen zu nennen, wussten wir nicht mehr, wo wir aufhören sollten. Täglich wurde die Liste der Menschen länger, „die einfach in das Buch aufgenommen werden mussten". Da waren …

… die Schüler der Highschool in Park Ridge (Illinois), deren ungebrochene Hingabe im „Aufwind" des Heiligen Geistes ein Wunder auslöste;

… Studenten und Leiter in Palatine (Illinois), deren Vision und außergewöhnliche Opfer den Grundstein für eine Gemeinde legten;

… ehrenamtliche und leitende Mitarbeiter, die von der Arbeit mit Kindern bis zum Buchladen alle möglichen Dienste ins Leben gerufen haben, weil sie sahen, was gebraucht wurde, und weil sie sich getrieben fühlten, den jeweiligen Notwendigkeiten zu begegnen;

… leitende Mitarbeiter in der Anfangszeit der Gemeinde, die mit viel Liebe Menschen zusammenführten und „Gemeinde" zu etwas Bergendem und Persönlichem machten;

… Mitglieder des Vorstandes – echte Erwachsene! –, die

keinen logischen Grund hatten, sich für einen Haufen Jugendliche zu verpflichten, es aber trotzdem taten und die mit großer innerer Teilnahme den ganzen Weg mit uns gingen;

... Älteste, die inmitten der Krise auf der Bildfläche erschienen und jahrelang die Entwicklung mit Weisheit begleiteten; die treu mehr als ihren Anteil an der „schweren" Seite des Dienstes trugen;

... Mitglieder des Leitungsteams, die mit professioneller Kompetenz und geistlicher Tiefe die Mitarbeiter Tag für Tag so anleiteten, dass Gott dadurch verherrlicht wurde;

... Mitarbeiter, deren Einsatz für *Willow Creek* uns immer wieder veranlasste zu sagen: „Ich kann es kaum glauben, dass Gott diesen Menschen zu uns geschickt hat. Wir sind dadurch so gesegnet";

... unschätzbare Mitarbeiter, die wirklich alles tun – die Besucher auf den Parkplatz einweisen, Essen servieren oder Toiletten putzen;

... Spender, die einen hohen Prozentsatz ihres Einkommens für das Reich Gottes geben, was zu manchen Zeiten wie eine hochriskante Investition aussah;

... Musiker, Schauspieler und Leute, die in der Produktion arbeiteten und alle mehr Zeit mit nächtlichen Proben verbrachten, als sich die meisten Menschen vorstellen können, und die unseren Programmen so viel „Herz" verliehen;

... Kleingruppenleiter, die in Theorie und Praxis das Rückgrat von *Willow Creek* bilden.

Entgegen unserer ursprünglichen Absicht wurden nur wenige dieser Menschen namentlich erwähnt. Einige Namen haben wir genannt, um Missverständnisse zu vermeiden. Bestimmte Menschen wurden besonders hervorgehoben, weil sie an kritischen Punkten in der Entwicklung unserer Gemeinde ganz besondere Beiträge geleistet haben. Manche Namen wurden angeführt, um die Geschichte von der abstrakten Ebene zu lösen und sie in die konkrete Realität einzelner Menschen einzubinden. Aber zum größten Teil bleiben die eigentlichen „Größen" von *Willow Creek* ungenannt, einfach deshalb, weil sie so zahlreich sind; ihre Geschichten könnten mehrere Bücher füllen! Wir haben sie dennoch nicht vergessen und widmen ihnen deshalb dieses Buch aus einem Gefühl tiefer und beständiger Dankbarkeit und großen Respekts heraus.

Ganz besonders danken wir unserem Freund Lee Strobel, der viel Arbeit in das Manuskript der zweiten Hälfte des Buches investiert hat, und John Sloan von *Zondervan*, der – wieder einmal – der perfekte Herausgeber für uns war.

Das ist Gemeinde

„Er ist gestorben." Die Krankenschwester spricht langsam und sanft, als ob sie den Schmerz, den die Wahrheit in Karens Herz hinterlässt, lindern wollte. Doch die Wahrheit schlägt ein wie eine Rakete und hinterlässt Schock und ein Gefühl der Verlassenheit. Karen fühlt sich von der Realität zurückgestoßen und in einen schmerzvollen Dämmerzustand versetzt. Dann holt sie die freundschaftliche Berührung von Anns Hand in die Wirklichkeit zurück. Jeffs feste Umarmung umgibt sie mit Stärke. Die Worte, die Jenny flüstert, erinnern sie daran, dass sie nicht alleine ist. Die Tränen in Davids Augen helfen ihr, ihre eigenen Tränen zu finden.

Über zwei Jahre lang haben sich Tim und Karen mit viel Zeit, Energie und Liebe um jedes einzelne Mitglied der Kleingruppe gekümmert, die sie gemeinsam leiteten. Nun kommt die Liebe zurück und lindert den schneidenden Schmerz über den Verlust eines geliebten Menschen.

Das ist Gemeinde.

Neunundzwanzig Jahre und eine Million wert. Auf geradem Weg an die Spitze gelangt. Dann begegnet der junge Geschäftsmann Jesus. „Leg die Karten auf den Tisch", sagt der Erlöser. „Setze dein Geld für Dinge ein, für die dein Herz schlägt."

Es ist Dezember. Zeit der Grundsteinlegung. Der reiche junge Geschäftsmann starrt auf die Bühne des überfüllten, heruntergekommenen Kinos, das diese junge Gemeinschaft ihre Heimat nennt. Er rutscht auf seinem schmutzigen Sitz hin und her und zertritt dabei mit seinem Absatz ein weiteres Popcorn.

„Leg die Karten auf den Tisch", sagt der Erlöser. Der reiche junge Geschäftsmann steckt seine Hand in die Tasche seines Cordmantels und tastet behutsam nach dem kleinen Stück Papier, das seinen Geschäftserfolg dokumentiert. Als der Korb für die Kollekte herumgereicht wird, lässt er sorgfältig einen Scheck unter den Haufen zerknitterter Scheine gleiten, der das Ende seines ganzen Vermögens bedeutet.

Das ist Gemeinde.

Angie biegt wie an jedem Montagabend auf den Parkplatz ein, aber an diesem Abend fährt sie an ihrem üblichen Parkplatz vorüber und stellt ihr Auto an der Werkstatt im hinteren Bereich des Gemeindegeländes ab. Als sie zurück zum Gemeindegebäude geht, dankt sie Gott im Stillen wieder einmal für die Mechaniker, die am Montagabend ihre Zeit freiwillig zur Verfügung stellen. Während Angie an der Gruppe für allein erziehende Mütter teilnimmt und ihre Tochter die Gruppe für Scheidungskinder besucht, bringt ein ölverschmierter Held, mit dem Rücken auf dem Betonboden liegend, ihr Auto wieder in Ordnung.

Das ist Gemeinde.

„Es geht hier nicht um Sport. Es geht hier um die Reise eines Menschen zum Glauben." Nachdem das Thema klar ist, beginnt die Gesprächsrunde. Die vielen tausend Menschen, die an diesem Wochenende zu den zahlreichen Gottesdiensten gekommen sind, hören Mike Singletary, den ehemaligen *Linebacker* der *Chicago Bears,* ganz offen über Familie, Glaube und Vergebung sprechen.

Das Publikum ist gemischt. Manche sind zum ersten Mal als Besucher in dieser Gemeinde, die meisten von ihnen wurden von einem Freund oder Verwandten eingeladen, der regelmäßig hier ist. Einige von ihnen wurden zuvor schon wiederholt eingeladen, aber erst die Bewunderung für Mike überzeugte sie davon, sich diese Gemeinde einmal anzuschauen.

Nach dem Gottesdienst schickte ein Mädchen dem Gemeindebüro eine kurze Notiz: „Ich lade meinen Vater seit Jahren zum Gottesdienst ein, aber er wollte nie mitkommen – bis ich ihm sagte, dass Mike Singletary sprechen würde. Er hat wirklich bei dem zugehört, was Mike über das Christsein sagte. Danach hatten wir ein gutes Gespräch, und er sagte, dass er wiederkommen wolle. Ich kann es kaum glauben. Danke!"

Das ist Gemeinde.

Erdnussbutter. Spaghetti. Bohnen. Milchpulver. Kaffee. Mehl. Suppe. Doseneintopf. Windeln. Shampoo. Zahnpasta. Sue geht ihre Einkaufsliste durch und kauft von jedem Artikel drei Stück. Der Mann an der Kasse macht eine Bemerkung über ihren Dreifacheinkauf, aber Sue lacht nur.

Am Sonntag packt Sue ihre Einkaufstüten in große Plastiktüten und lässt diese auf dem Gehsteig hinter ihrem Auto stehen, während sie den Gottesdienst besucht. Während des Gottesdienstes laden Freiwillige Tausende dieser schwarzen Tüten auf Lastwagen und bringen sie zur Armenküche, die jeden Monat Hunderte von bedürftigen Menschen versorgt.

Das ist Gemeinde.

Der junge Mann weint, als er die Geschichte einer Kindesmisshandlung hört, die das Opfer – seine Frau – fünfzehn Jahre lang verdrängt hat. Aber nun dringen die Erinnerungen an die Oberfläche, sie verfolgen sie, stören die Ruhe ihres Hauses und gefährden ihre Ehe. Beide, Mann und Frau, arbeiten als leitende Mitarbeiter in der Gemeinde, sie bekleiden verantwortungsvolle Posten in der Öffentlichkeit, aber jetzt fühlen sie sich hilflos, erschöpft und ängstlich.

Der Ehemann sitzt alleine inmitten eines Kreises von Menschen, die wie er Verantwortung tragen. Als er seine Geschichte zu Ende erzählt hat, steht ein Mann auf und legt seine Hand auf die Schulter des jungen Mannes. Ein anderer fasst seinen Arm. Eine Frau hält seine Hand in der ihren. Bald ist er in einer gemeinschaftlichen Umarmung geborgen. Ruhig fangen seine Freunde an zu beten, und fast eine Stunde lang gehen ihre Worte für ihn, seine Frau und seine Ehe direkt in den Himmel.

Das ist Gemeinde.

„Ich aber sage euch: Jeder, der seinem Bruder auch nur zürnt, soll dem Gericht verfallen sein. […] *Wer aber zu ihm sagt: Du gottloser Narr!, soll dem Feuer der Hölle verfallen sein. Wenn du deine Opfergabe zum Altar bringst und dir dabei einfällt, dass dein Bruder etwas gegen dich hat, so lass deine Gabe dort vor dem Altar liegen;*

geh und versöhne dich zuerst mit deinem Bruder, dann komm und opfere deine Gabe" (Matthäus 5,22–24).

„Ihr wisst, was diese Worte bedeuten", beginnt der Pastor, „aber seid ihr auch bereit, danach zu handeln? Bitte kommt nicht zum Abendmahl, wenn es Dinge gibt, die ihr vorher erledigen solltet." Noch während er spricht, kommt Bewegung in den Zuschauerraum. Innerhalb weniger Minuten haben Hunderte von Menschen ihren Platz verlassen. Einige gehen zum Telefon. Andere treffen sich in leeren Gemeinderäumen. Einige gehen nach Hause. Das Werk der Versöhnung hat begonnen.

Das ist Gemeinde.

„Ich taufe euch auf den Namen des Vaters und des Sohnes und des Heiligen Geistes." Dale und Ellen befinden sich bereits in einem etwas reiferen Lebensalter, aber als sie aus dem eisigen Wasser des Teiches wieder auftauchen, scheinen sie Kinder zu sein. Und in einem gewissen Sinn sind sie das auch. Sie wissen, dass sie vom Glauben her bloß Babys, höchstens Kleinkinder sind.

Aber sehr glückliche Kleinkinder. Und sie machen schon einen richtigen Wirbel. Auf dem grasbedeckten Hügel gibt es Applaus und Beifallsrufe, ein überschäumendes Freudenfest. Ihre Kleingruppenleiter lachen so sehr, dass ihnen die Tränen kommen. Ihre Tochter läuft herbei, um ihnen mit ungestümen Umarmungen zu gratulieren und warme Handtücher umzulegen. Ihre kirchendistanzierten Nachbarn sind etwas durcheinander, aber erfreut, dass sie ihre langjährigen Freunde so glücklich sehen. Es ist eine Feier, dass die himmlischen Kronleuchter wackeln.

Das ist Gemeinde.

„Sie hielten an der Lehre der Apostel fest und an der Gemeinschaft, am Brechen des Brotes und an den Gebeten. Alle wurden von Furcht ergriffen; denn durch die Apostel geschahen viele Wunder und Zeichen. Und alle, die gläubig geworden waren, bildeten eine Gemeinschaft und hatten alles gemeinsam. Sie verkauften Hab und Gut und

gaben davon allen, jedem so viel, wie er nötig hatte. Tag für Tag verharrten sie einmütig im Tempel, brachen in ihren Häusern das Brot und hielten miteinander Mahl in Freude und Einfalt des Herzens. Sie lobten Gott und waren beim ganzen Volk beliebt. Und der Herr fügte täglich ihrer Gemeinschaft die hinzu, die gerettet werden sollten" (Apostelgeschichte 2,42-47).

Das ist Gemeinde.

Einführung

von Bill Hybels

Vor einigen Jahren rief ich das Management-Team von *Willow Creek* zu einem eintägigen Treffen zusammen, um unser weiteres Vorgehen zu planen. Wir hatten einen minutiös ausgearbeiteten Tagesplan vor uns und dazu externe Berater eingeladen. Wir hatten uns für diesen Tag ein ehrgeiziges, aber durchaus erreichbares Ziel gesteckt; es ging um viel. Bald nach Beginn des Treffens erhielt ich eine dieser unerklärlichen Eingebungen durch den Heiligen Geist: „Vergiss den Plan. Schau in die Runde. Konzentriere dich auf die Menschen." Ich schickte die Berater aus dem Raum und sagte: „Lasst uns einen Augenblick innehalten. Wir können uns später wieder mit dem Tagesplan beschäftigen. Was passiert gerade so in eurem Leben?"

Es kam zu einem angenehmen Austausch über Persönliches und das Familienleben – bis zu dem Augenblick, als ein Mitglied des Teams offen davon erzählte, welche persönliche Tragödie er zu dieser Zeit durchlebte. Die anderen wussten davon nichts, aber hinter seinem coolen Image verbargen sich Schmerz, Angst und Einsamkeit. Die Geschichte kam langsam und stoßweise, mit Stocken und immer wieder neuen Ansätzen, unter Tränen – und schließlich war alles gesagt, seine Energie verbraucht, seine Worte erschöpft.

Wir wussten alle, dass wir eigentlich mit der Tagesordnung weitermachen mussten; die Zeit verging. Aber wir saßen einfach nur da. Schließlich meinte jemand: „Es tut mir Leid, aber für mich ist die Sache damit noch nicht erledigt. Ich habe das Gefühl, dass ich versuche zu schalten, ohne die Kupplung zu treten, und es geht nicht. Ich würde gerne darüber beten, was nun geschehen soll." Vor der verschlossenen Tür gingen unsere hoch bezahlten Berater in der Halle auf und ab, und wir beteten in der Runde und baten Gott, unseren Bruder in seiner Not zu stärken und ihm zu helfen.

Später am Abend dachte ich mir, dass wir uns den ganzen Tag über die Köpfe zerbrochen hatten, um herauszufinden, wie wir diese Gemeinde leiten sollten, aber das Wichtigste an diesem Tag waren die zwei Stunden und fünfzehn Minuten gewesen, in denen wir wirklich Gemeinde gewesen waren. Wir waren Gemeinde – jeder für jeden.

Darum soll es in diesem Buch gehen: Gemeinde zu sein. Es geht um Menschen, die zusammenkommen, um für jeden anderen in dieser Gemeinschaft Christus zu sein. Vernetzt. Verwundbar. Von sich selbst hergebend.

Ich weiß nicht, wie viele von Ihnen mir glauben, wenn ich sage, dass ich nie vorhatte, eine große Gemeinde zu bauen. Ich sage das nicht sorglos oder naiv. Ich weiß, dass jedes meiner Motive bis zu einem gewissen Grad gemischt ist. Ich weiß, dass ich gegenüber der Sünde des Stolzes und des Eigenlobs nicht immun bin. Ich habe einen unbewussten Hang, erfolgreich sein und mich selbst beweisen zu müssen. Erst in den letzten Jahren habe ich angefangen, das zu verstehen.

Trotzdem kann ich noch immer aufrichtig sagen, dass es nie ein bewusster Herzenswunsch war, eine große Gemeinde zu bauen. Ich habe mich nie darum bemüht zu sehen, wie innovativ ich mit Theater oder Musik sein kann oder wie ich hinter die Mechanismen unserer Gesellschaft kommen kann. Es gab nur ein paar Gedanken, die einfach zu einem unglaublich wertvollen Ergebnis geführt haben. Was mich vor dreißig Jahren motiviert hat und was mich heute noch motiviert, ist die unvergleichlich wertvolle Erfahrung, Menschen zu sehen, die ihr Leben mit Jesus beginnen und Gemeinde werden. Füreinander. Ich gewinne jedes Mal neue Energie, wenn ich Menschen sehe, die früher in echter Dunkelheit lebten und jetzt Liebe geben und Liebe empfangen, die miteinander durch Tiefen gehen, einander befreien und einander in ihren äußerlichen und geistlichen Nöten helfen.

Wenn es jemals eine Zeit gab, in der der Dienst einer lebendigen Gemeinde dringend gebraucht wurde, dann ist es die unsrige. Obwohl die Zahl der traditionellen Gottesdienstbesucher seit 1960 drastisch zurückgegangen ist, lässt das zunehmende Interesse an spirituellen Dingen, das sich im Westen ausbreitet, darauf schließen, dass viele Menschen an einer geistlichen Leere leiden.

Meinungsforscher schreiben dieses wachsende Interesse vor allem der zunehmenden Ernüchterung über den modernen, materialistischen Lebensstil zu. In den verborgenen Winkeln ihres Herzens kommen viele Menschen zu dem Schluss, dass es mehr geben muss.

Ein anderer Grund für diese geistliche Suche ist der immer häufiger auftretende Zusammenbruch von Beziehungen. Ehen scheitern, Familien brechen auseinander, Freundschaften lösen sich auf. Wenn der Grad des zwischenmenschlichen Vertrauens auf ein verschwindend geringes Maß sinkt, fangen manche Menschen an aufzuschauen. „Kann man Gott trauen?", fragen sie sich. „Und kann er mir irgendwie helfen, meine Ehe, meine Familie und meine Freundschaften wieder zusammenzubringen?"

Dieses Interesse an spirituellen Dingen wird auch durch das zunehmende Bewusstsein verursacht, dass Sozialarbeiter, staatliche Programme und öffentliche Gelder zur Förderung von Bildungsmaßnahmen nicht all die Übel ausrotten werden, die unsere Gesellschaft bedrohen: Alkohol- und Drogenmissbrauch, Pornografie, häusliche Gewalt und eine kontinuierlich ansteigende Verbrechensrate. Die Versuchungen, denen junge Menschen ausgesetzt sind, sind größer als je zuvor; Gelegenheitssex, Alkohol und Drogen gehören zum Highschool-Alltag dazu und werden akzeptiert. Viele Vertreter der geburtenstarken Jahrgänge, die jetzt selbst schon Eltern sind, sehen, wie ihre Kinder nach den moralischen Maßstäben der sechziger Jahre leben, die sie selbst einst gefeiert haben, und wünschen sich, die Geschichte zurückdrehen zu können. In einer Zeit, in der die Unterhaltungsmedien permanent antimoralische Botschaften verkünden, müssen sich Eltern in anderen Bereichen nach einer gesünderen Perspektive umschauen.

Interesse an spirituellen Dingen entsteht auch als Folge von Dauerstress und zunehmender Komplexität des modernen Lebens. Der technologische Fortschritt, der eigentlich dazu gedacht war, das Leben zu erleichtern, zwingt uns nun zu einer schnelleren Gangart. „Psychologen und Berater behaupten, dass viele Menschen ‚überfordert und von Sorgen geplagt' sind, weil in einer modernen Welt, deren Tempo von zeitsparenden Produkten und Dienstleistungen bestimmt wird, schnell nicht mehr schnell genug ist!"[1] Technologischer Fortschritt, vor allem im Bereich der Medizin, hat unser Leben komplizierter gemacht, indem er ethische Fragen aufwirft, die in der Vergangenheit unvorstellbar gewesen sind. Wie sollen wir mit Fragen zu Genforschung, pränataler Diagnostik und Sterbehilfe umgehen? Gibt es hier eine geistliche Wahrheit, die uns leiten kann?

Zu unserem Stress kommt die Angst vor Umweltkatastrophen hinzu. Unfälle mit auslaufendem Öl und fahrlässige Umweltverschmutzung versetzen uns in Angst. Die Zerstörung der Erdatmosphäre, die totale Ausbeutung der Bodenschätze und die Verseuchung der Wasservorräte unserer Erde gefährden unsere Zukunft. Viele Menschen fühlen sich in einer zerbrechlichen Welt gefangen und fragen sich, was noch kommt.

Die Angst vor einer anderen Art von Katastrophe tauchte erstmals durch das Bombenattentat vom 19. April 1995 in Oklahoma City in unserem Gesichtsfeld auf, potenziert wurde das Ganze durch die Anschläge vom 11. September 2001 in New York und den im März 2003 begonnenen Dritten Golfkrieg gegen Saddam Hussein und den Irak. Der Terrorismus und die Frage, wie man ihm begegnen kann, haben das Böse zum Tagesthema in unserem Land und auf der ganzen Welt gemacht. „Warum passieren diese Dinge?", fragen sich die Menschen. „Was können wir dagegen tun?"

In einer Gesellschaft, die zunehmend weniger funktioniert, werden sich Menschen immer deutlicher ihrer emotionalen Wunden, ihrer Einsamkeit und ihrer Hilfsbedürftigkeit bewusst. Opfer von Kindesmissbrauch brauchen einen sicheren

Ort, um wieder heil zu werden. Menschen, die eine Scheidung hinter sich haben, brauchen Verständnis und Führung. Allein erziehende Eltern brauchen emotionale Unterstützung und tatkräftige Hilfe. Auch wenn viele dieser Menschen das Bild eines fernen Gottes und die unpersönliche Kirche ihrer Kindheit ablehnen, sehnen sie sich doch nach etwas, das sie eine „höhere Macht" nennen, die sie wiederherstellen soll, und nach einer liebenden „Familie", zu der sie dazugehören können. Können sie – ich denke, sie müssen – sich dem Gott der Bibel zuwenden? Können sie in Gottes Gemeinde das finden, wonach sie sich sehnen?

Zugegeben, viele der Menschen, die sich auf einer spirituellen Suche befinden, haben beschlossen, ihre Fragen nicht an die Kirchen und Gemeinden zu stellen. „Wir leben heute in einem geistlichen Aufbruch, der vielleicht mit keinem anderen in der Geschichte zu vergleichen ist. Einer der Punkte, die ihn einzigartig machen, ist die Tatsache, dass die Suche nach geistlichen Werten nicht an irgendeine Institution gebunden ist und nicht von traditionellen religiösen Formen oder Symbolen abhängt. Diese geistlichen Bedürfnisse sind vielmehr vom Herzen geleitet."[2]

Warum, frage ich mich, sind so viele Menschen in der heutigen Zeit davon überzeugt, dass die wahren geistlichen Antworten nur außerhalb der Kirche zu finden sind? Liegt es daran, dass sie Antworten suchen, die sie selbst in den Mittelpunkt stellen statt Gott? Oder liegt es daran, dass sie von einer Kirche enttäuscht sind, die zu viele Jahre nur mit ihrer Identität und ihren Traditionen beschäftigt war, statt sich um die Bedürfnisse der Menschen zu kümmern?

Als ich vor vielen Jahren die Statistiken über zunehmendes Interesse an spirituellen Dingen las, wusste ich, dass es wirklich da war. Als junger Erwachsener war ich oft mit Leuten zusammen, die geistliche Fragen hatten: Was ist das Ziel des Lebens? Was kommt nach dem Tod? Ist Jesus mehr als ein Mythos? Wie kann ich moralisch richtige Entscheidungen treffen? Gibt es eine absolute Wahrheit? Funktioniert Gebet wirklich? Hat Leiden Sinn? Einige dachten, dass Christsein eine „gute

Idee" war, aber sie wussten nicht mehr darüber. Andere merkten, dass ihnen ihr Leben entglitt, und sie fragten sich, ob die Bibel ihnen Weisheit und Hilfe bieten könnte. Sie hatten viele Fragen, aber nur wenige Antworten.

1975 fing ich gemeinsam mit einer Gruppe von Freunden an, diese Personen „Kirchendistanzierte" zu nennen, und wir beschlossen, eine Gemeinde zu gründen, die diese Menschen erreichen kann – eine Gemeinde, die ihre Fragen beantworten würde, die auf ihre Bedürfnisse eingehen, ihnen den Weg zu Jesus zeigen und ihnen hier auf der Erde einen Vorgeschmack auf Gottes Reich geben würde. Wir wollten Kirche für Menschen sein, die dachten, dass Kirche für ihr Leben keine Bedeutung habe, die aber diese Kirche so verzweifelt brauchten.

Was 1975 galt, gilt heute noch genauso. Menschen brauchen die Gemeinde Jesu – nicht diese leblose Institution, die oft als Kirche bezeichnet wird, sondern die wahre Kirche, die Gemeinde, von der im 2. Kapitel der Apostelgeschichte berichtet wird. Nichts anderes wird die zunehmende Individualisierung unseres Lebens und den Kurs, den viele westliche Nationen eingeschlagen haben, ändern können. Wir brauchen eine echte Veränderung unseres Herzens, die unsere Art, Beziehungen zu leben, unseren Umgang mit sozialer Ungerechtigkeit, unsere Ausbeutung der Erde, unseren Umgang mit den Schwachen und dem ungeborenen Leben verändert.

Bei manchen Menschen ist *Willow Creek* in erster Linie für den „avantgardistischen Laser-Zeitalter-Stil" ihrer vorevangelistischen Veranstaltungen bekannt, in denen wir der Kreativität unserer Musik- und Theaterteams freien Lauf lassen. Die Wahrheit ist, dass ich Mühe mit dem habe, was es kostet, solche Veranstaltungen auf die Beine zu stellen. Ich ringe mit dem Aufwand an Geld und Zeit, den sie fordern. Ich hinterfrage den persönlichen Tribut, den sie von den Programmgestaltern, den Mitarbeitern und von mir selbst fordern. Ich habe Angst vor den Briefen der Kritiker, die mir vorwerfen, „Programme abzuspulen", und meinen, ich solle doch einfach „nur predigen".

Warum machen wir das Ganze also? Weil irgendein Mann

oder eine Frau, die Gefahr laufen, verloren zu gehen, für Gott viel wichtiger sind, als wir jemals verstehen können. Weil sie gemeinsam mit einem unserer Gemeindemitglieder kommen und eine erste Ahnung davon erhalten könnten, was Christsein bedeutet. Und dieser erste Anstoß setzt vielleicht den „Dominoeffekt" in Gang: Eines Tages wird diese Person verstehen, wer Christus ist, dann eine Beziehung zu ihm aufbauen und schließlich in einem kleinen Kreis von Christen erleben, was Gemeinde ist.

Darum geht es in diesem Buch. Es geht nicht darum, wie man große Gemeinden baut. Es geht nicht darum, wie man hoch technisierte Programme gestaltet. Und es geht genauso wenig um Macht, Kraft und Stärke. Sehen Sie, ich bin nicht sicher, ob man biblische Gemeinschaft erleben kann, ohne persönliche Schwäche zu zeigen. Als ich jünger war, fest im Sattel eines kräftigen „Hengstes" saß, vorwärts stürmte und alle Hindernisse für das Reich Gottes niederrannte, glaubte ich das nicht. Ich hatte damals *power* und war voller Durchsetzungskraft, aber ich wusste nicht viel darüber, wie man Liebe weitergibt und empfängt. Ich lernte das erst, als mein „Hengst" anfing zu straucheln und die Hindernisse allmählich nahezu unüberwindlich wurden.

Ich möchte ehrlich zu Ihnen sein. Ich war der Mann, den ich am Anfang dieses Kapitels beschrieben habe – der Mann mit dem gebrochenen Herzen in der Planungssitzung. Ich war der Mann, der von anderen Menschen Stärkung brauchte, der Mann, der im Kreis saß und durch Menschen etwas erhielt, das sich wie eine direkte Infusion göttlicher Liebe anfühlte. Wenn ich das Buch meines Lebens noch einmal neu schreiben könnte, würde ich mehr solcher Szenen und weniger Geschichten mit vorwärts stürmenden Hengsten einfügen.

Wenn Sie also wissen wollen, wie man eine große Gemeinde baut, oder lernen möchten, wie man die modernsten Programme gestalten könnte, dann lesen Sie dieses Buch bitte nicht. Und wenn Sie voller *power* und so richtig stark sind, dann lesen Sie dieses Buch bitte auch nicht.

Wenn Sie sich aber danach sehnen, Teil einer Gemeinde zu

sein, die sich wirklich darum bemüht, Kirche zu sein, dann lade ich Sie dazu ein, die Seiten dieses Buches zu lesen. Sie werden nicht alle Antworten bekommen, die Sie brauchen. Aber Sie werden – von meiner Frau Lynne geschrieben, die auf dem gesamten Weg einen Platz in der ersten Reihe hatte – die Geschichte einiger Menschen finden, die genug von der wahren Kirche erlebt haben, um über beide Ohren in sie verliebt zu sein. In der zweiten Hälfte dieses Buches werden Sie die Vision, die Werte und die Strategien kennen lernen, die mein Herz in den mehr als drei Jahrzehnten Dienst schneller schlagen ließen.

Falls diese einführenden Seiten noch irgendeinen Zweifel gelassen haben, will ich es noch einmal ganz klar sagen: Ich liebe die Gemeinde Jesu. Ich bin überzeugt, dass sie die Hoffnung für unsere Welt ist. Ich denke, ich verstehe, warum Jesus sie seine Braut nannte. Und ich danke Gott demütig jeden Tag aufs Neue dafür, dass er mich einen Teil von ihr sein lässt.

Anmerkungen

1 Russel Chandler: *Racing Toward 2001*. Grand Rapids 1992, S. 84.

2 Hai Zina Bennett/Susan J. Sparrow: *Follow Your Bliss*. New York 1990, S. 7.

Teil I

Die Geschichte

Kapitel 1

Son City
1972–1975

„Wir erlebten ein Wunder. Das sagen wir nicht nur im Rückblick. Zu der Zeit, mittendrin, wussten wir, dass es ein Wunder war. Wir wussten, dass etwas sehr Mächtiges passierte, etwas, das über unsere eigenen Möglichkeiten und Fähigkeiten weit hinausging. Die Frage war nur: Wie reagieren wir auf das, was Gott hier tut? Wie können wir unseren Beitrag verbessern? Wie können wir es voll und ganz auskosten?"
Dave Holombo, Mitbegründer von *Son City*

Anders als Bill, der als Teenager in einem christlichen Ferienlager zum Glauben kam, wurde ich schon als Kind durch die Arbeit mit Kindern in unserer Ortsgemeinde Christ. Und während meiner Grundschulzeit und auch noch als Teenager besuchte ich treu jeden Sonntag zwei Gottesdienste, einen jeden Mittwochabend und nahezu jede Veranstaltung, die unsere Jugendgruppe organisierte. Als ich einundzwanzig war und kurz vor dem Abschluss an einer freien christlichen Kunstakademie stand, hatte ich keinerlei Illusionen mehr über die Kirche. Alles, was ich über die Gemeinde der ersten Christen las, schien so lebendig und lebensverändernd; wenn ich mir hingegen die Kirche des 20. Jahrhunderts ansah, schien alles tot und unproduktiv zu sein. Hatte die Bibel das Leben der Urgemeinde übertrieben dargestellt? Oder stellte die frühe Gemeinde ein Ideal dar, nach dem sich die jetzige Gemeinde ausstrecken sollte? Dann schien die Kirche dieses Ziel allerdings weit verfehlt zu haben.

Zu dieser Enttäuschung in meinem geistlichen Leben kam eine ebenso große Enttäuschung in meinem Beziehungsleben.

Bill Hybels und ich wollten im April 1972, während meines vorletzten Jahres am College, heiraten. Aber im Januar dieses Jahres löste ich die Verlobung. Ich ging ans College zurück und machte eine kurze Bekanntschaft nach der anderen, nur um eines zu erreichen: Bill zu vergessen. Zur selben Zeit flog er mit dem gleichen Ziel nach Südamerika: mich zu vergessen. Wenn ich jetzt die Briefe wieder lese, die er mir in dieser Zeit schrieb, und mich an die Leidenschaft erinnere, mit der ich sie zum ersten Mal las, kann ich rückblickend sagen, dass es keinem von uns gelang, den anderen zu vergessen, gleichgültig, wie sehr wir uns auch darum bemühten. Doch für die nächsten eineinhalb Jahre ging jeder seinen eigenen Weg. Bills „Weg" nahm eine dramatische Wende in eine Richtung, die weder ich noch er erwartet hatten.

Harte Arbeit, hartes Spiel

Ein halbes Jahr bevor ich unsere Verlobung löste – im Sommer 1971 –, hatte Bill beschlossen, sich nach zwei Jahren College mehr den praktischen Seiten des Geschäftslebens zuzuwenden. Aus diesem Grund ging er in seine Heimatstadt Kalamazoo in Michigan zurück, um dort seinen Platz im familieneigenen Großhandelsunternehmen zu übernehmen. Dies hatte er seit seiner Kindheit vor. Er hatte eine natürliche Begabung für das Geschäftsleben, und sein Vater hatte ihn darauf vorbereitet, indem er ihn den Wert harter Arbeit lehrte und in ihm die Liebe eines Unternehmers zu Herausforderung und Risiko weckte.

Vom Kindergartenalter an verbrachte Bill jeden Samstagvormittag zusammen mit seinem Vater im Familienunternehmen. Zuerst sortierte er Waren und reinigte Tiefkühlbehälter, später be- und entlud er die Lkws, dann belieferte er die örtlichen Restaurants und Lebensmittelhändler mit Waren und fuhr schon auch mal einen Sattelschlepper nach Chicago, um am *Water-Street*-Großmarkt Waren einzukaufen. Während seiner Highschool-Zeit war es für Bill nichts Außergewöhnliches, ohne Unterbrechung mit einem Sattelschlepper nach Florida zu fahren, dort eine Ladung Waren aufzunehmen und gerade rechtzeitig zum Vormittagsunterricht wieder zurück zu sein.

Während seiner Sommerferien arbeitete Bill auf familieneigenen Farmen. Während seine Freunde am Strand waren, verbrachte Bill heiße, feuchte und staubige Augusttage damit, Trupps von Wanderarbeitern zu beaufsichtigen und Kartoffel- und Zwiebelfelder zu bepflanzen und abzuernten. Oft kam er direkt von der Farm zu mir, um mich zu treffen, und sah eher wie ein Feldarbeiter als wie der Schwarm aller Highschool-Mädchen aus. Unsere erste Anlaufstelle war dann auch das Haus seiner Eltern, wo er sich mit Hilfe einer Dusche in eine Form brachte, die einem Rendezvous angemessen war.

Die eindrücklichste Illustration seiner Arbeitsethik vermittelte Bills Vater seinem Sohn an dem Tag, als Bill eine Wagenladung verfaulter Kartoffeln abladen sollte. Nachdem Bill Stunde um Stunde Säcke voller schleimiger, übel riechender Kartoffeln abgeladen hatte, beschwerte er sich bei seinem Vater über die Menge der noch abzuladenden Säcke. „Mach dir nichts draus, Billy“, sagte sein Vater, „du musst nur einen Sack nach dem anderen abladen.“ Auch wenn ich mich in späteren Jahren oft über Bills Neigung, zu viel Zeit und Energie in die Arbeit zu investieren, aufregte, verliebte ich mich mit siebzehn in diese hart arbeitende, disziplinierte Seite von ihm. Im Laufe der Jahre hat ihm diese Fähigkeit, so mit Herausforderungen umzugehen – „einen Sack nach dem anderen“ –, gute Dienste geleistet.

Trotzdem bestand das Leben für Bill nicht nur aus Arbeit. Es gab Skiurlaube und das Sommerhaus. Es gab die *Ann Gail,* das fünfzehn Meter lange Segelboot, mit dem sein Vater den Atlantik überquerte. Bill und sein Freund segelten damit alleine auf dem Michigansee, als sie in der siebten Klasse waren. Da war die *Harley Davidson* und der glänzende, schwarze *Pontiac GTO,* bei dem ich immer aufpassen musste, dass ich mit meinen Fingernägeln nicht den Lack an der Beifahrertüre zerkratzte, wenn ich sie öffnete! Da gab es das Flugzeug, das Bill mit sechzehn alleine flog. Da waren die Kreditkarten.

Und da waren die Reisen – die Reisen, die dazu gedacht waren, Bills Horizont zu erweitern und ihn „erwachsen" zu machen. Als Bill in der Grundschule war, gab sein Vater ihm Skier und setzte ihn in einen Zug nach Aspen, Colorado. Bill fuhr mit dem Zug bis zur Endstation, fragte den Schaffner, wie er am besten zum *Aspen Inn* käme, und wurde unfreundlich davon in Kenntnis gesetzt, dass es noch fünfundzwanzig Kilometer bis Aspen wären und der Zug nicht bis dorthin fahren würde. Bill lernte schnell, Fragen zu stellen und Alternativen zu finden.

Als er fünfzehn war, gab ihm sein Vater einen Haufen Flugtickets und eine Reisebeschreibung, die ihn – wiederum alleine – auf eine achtwöchige Reise durch Afrika und Europa führten. In Nigeria ging Bill das Geld aus, und er schlief zusammen mit einer sechsköpfigen nigerianischen Familie auf dem schmutzigen Boden einer winzigen Hütte, bis sein Vater ihm wieder Geld schickte.

Es war ein Leben voller Herausforderungen, Chancen und Verheißungen. Bill war sich ganz sicher, dass er sich auf dem schnellsten Weg zum Erfolg befand.

Hartnäckige Fragen

„Was fängst du mit deinem Leben an, Bill?"

„Ich arbeite ein bisschen. Ich habe ein bisschen Spaß. Ich habe eine nette Freundin. Ich mache freitags und samstags einen drauf. Am Sonntag gehe ich dann in die Kirche." Kaum dem Teenageralter entwachsen, hielt Bill seine Antwort für clever und angemessen. Der Fragende war anderer Meinung.

„Spaß beiseite, Bill. Tust du etwas mit deinem Leben, das wirklich Bedeutung hat? Tust du etwas, das eine Bedeutung für die Ewigkeit hat?"

„Nicht viel, glaube ich." Eine ehrlichere Antwort, sagt Bill heute, wäre gewesen: „Nichts." Und die ehrlichste Antwort wäre gewesen: „Ich verbeuge mich vor einem Spiegel. Ich diene mir selbst. Ich verbeuge mich … vor mir selbst. Und ich kümmere mich einen Dreck um andere Menschen, um ihre Probleme oder ihre Zukunft." Diese einfache Frage offenbarte Bill schonungslos die Wahrheit über sich selbst und diese Wahrheit traf ihn tief.

Kurz danach begab sich Bill auf diese Reise nach Südamerika, die ich schon erwähnt habe, und unsere Wege trennten sich zeitweise. Auf dieser Reise besuchte er verschiedene Missionare, die mit seinem Vater befreundet waren. Er fühlte sich im Familienunternehmen zunehmend unwohl und hatte das Gefühl, dass Gott ihn in irgendeine Form des Dienstes rufen wollte, vielleicht in die Mission. An einem Abend gegen Ende seiner Reise saß er auf der Dachterrasse eines Restaurants mit Blick auf den Strand von Copacabana in Rio de Janeiro, damals die „Hauptstadt" der reiselustigen, finanzstarken Amerikaner. Während er dort über seine Sehnsucht und die Richtung, die sein Leben nahm, nachdachte, hörte er zufällig die Unterhaltung eines etwa sechzigjährigen Ehepaares in seiner Nähe mit an. „Das war es wirklich wert", sagten sie zueinander. „All diese Jahre des Arbeitens und Sparens haben sich in Anbetracht dieses Urlaubs und dieses Abends wirklich gelohnt."

Die Absurdität des Ganzen überwältigte Bill. Viele Jahre harter Arbeit, nur damit sie an einem Abend in diesem Restaurant mit Blick auf die Copacabana essen konnten? Er ging zurück in sein Zimmer, fiel auf die Knie und betete: „Gott, es muss in meinem Leben mehr als das geben." Er war damals zwanzig Jahre alt.

Mit Rock 'n' Roll an die Spitze

Während der restlichen Wintermonate und im darauf folgenden Frühjahr arbeitete Bill im Unternehmen seines Vaters. Danach machte er sich wie jedes Jahr auf den Weg nach Fredonia in Wisconsin, um dort als Sommer-Seelsorger, Rettungsschwimmer, Sporttrainer und Leiter von Bibelarbeiten in einem christlichen Ferienlager einer Chicagoer Gemeinde mitzuarbeiten. In diesem Ferienlager, Camp Awana, war Bill mit sechzehn Jahren zum Glauben gekommen. Als er eines Abends zu seiner Hütte zurückging, kam ihm auf einmal ein Vers aus dem Titus-Brief in den Sinn, den er in seiner Kindheit auswendig gelernt hatte: „Er hat uns gerettet – nicht weil wir Werke vollbracht hätten, die uns gerecht machen können, sondern auf Grund seines Erbarmens." Das Bewusstsein, dass die Erlösung ein Geschenk von Gottes Gnade war, ließ ihn innehalten. „Ich dachte, mein Herz würde explodieren", erzählte er später, „ich konnte mir diese Art von Liebe nicht vorstellen. Ich erinnere mich, wie ich einfach dastand und sagte: ‚Du machst wohl Witze?! Das ist zu gut, um wahr zu sein. Wenn das wahr ist, dann ist das das Größte, was die Welt je gesehen hat.'"

Im Juli 1972 war er wieder in Fredonia, also an dem Ort, an dem er die bisher wichtigste Entscheidung seines Lebens getroffen hatte, und die zweite wichtige Entscheidung stand kurz bevor: Was sollte er mit seiner Zukunft anfangen? Er liebte das Familienunternehmen, aber die dortigen Aufgaben erfüllten ihn nicht mehr. Er fühlte sich zum Dienst berufen, wusste aber nicht, wohin er gehen oder wie er es anfangen sollte. Er hatte sein Studium abgebrochen und war jetzt in einem Ferienlager für Jugendliche mitten in Wisconsin.

Während dieser verwirrenden Zeit kam ein Besucher ins Ferienlager. Dave Holombo war einige Jahre älter als Bill, aber sie waren schon seit vielen Jahren gute Freunde und hatten beide jedes Jahr einen Teil des Sommers im Camp Awana verbracht. Dave arbeitete in diesem Sommer nicht im Ferienlager mit, weil er eben erst die Stelle als zweiter musikalischer Leiter der *South Park Church* in Park Ridge angetreten hatte. Park Ridge ist ein Vorort von Chicago, der nur etwa zwanzig Minuten vom Stadtzentrum entfernt liegt. Während seines Besuches erzählte er Bill von der aus Highschool-Schülern bestehenden Musikgruppe, die er in *South Park* gegründet hatte. Dave war ein musikalisches Genie, aber die Musik, die er liebte, war weit von dem entfernt, was man normalerweise in den Gemeinden der frühen siebziger Jahre hörte. Aus diesem

Grund hatte Dave auch die Gemeinde, in der er aufgewachsen war, verlassen, weil dort seine musikalische Ader abgeklemmt worden wäre. Die Leiter dieser Gemeinde hatten seine Begabung und seine Idee, nach einer Veranstaltung eine Melodie von den *Beach Boys* zu spielen, nicht sehr geschätzt und auch sein beharrliches Bedürfnis nicht verstanden, christliche Musik zeitgemäßer zu gestalten.

Die unabhängige Gemeinde *South Park* war in ihrer theologischen Ausrichtung vorwiegend evangelikal, aber sie zeichnete sich durch ein ungewöhnliches Maß an Offenheit und geistlicher Wahrhaftigkeit aus. Vor Daves Zeit hatte der Pastor von *South Park,* Leroy „Pat" Patterson, einen zeitgemäßen Gottesdienst ins Leben gerufen, der nach dem normalen Sonntagvormittag-Gottesdienst stattfand und sich durch moderne christliche Lieder und eine zwanglose Zeit des Austausches auszeichnete. Für die frühen siebziger Jahre war dies eine ausgesprochen radikale Neuerung. Zu der Zeit, als Dave den aus Highschool-Schülern bestehenden Chor gründete, verließ Pastor Patterson die Gemeinde, und *South Park* hatte plötzlich nur noch ältere Pastoren. Ohne die starke Reglementierung in der Jugendarbeit fand Dave endlich größere Freiheit, seine Vorstellungen von christlicher Musik umzusetzen. Nachdem er bis dahin alle musikalische Energie in seiner Seele gespeichert und seine Kreativität unterdrückt hatte, war Dave jetzt wie ein musikalischer Vulkan, der nur darauf wartete, auszubrechen.

Das Ergebnis dieses Ausbruchs war eine christliche Rock'n'Roll-Band mit dem Namen *Son Company,* in der neben Sängern alle Arten von Instrumenten zum Zuge kamen: Gitarren, Saxophone, Trompeten, französische Hörner, Flöten, eine Oboe und – natürlich – ein Schlagzeug. Dave hatte die besondere Fähigkeit, die mittelmäßigen Begabungen von unerfahrenen Jugendlichen so zusammenzustellen, dass das Endergebnis geradezu außergewöhnlich war. Innerhalb weniger Monate tourte die *Son Company* durch die Chicagoer Vororte und gab Konzerte in Kirchen und Gemeindezentren. Schließlich fuhr die Band regelmäßig nach Wisconsin und Indiana und gab zuletzt auch zwei Konzerte in der berühmten *Orchestra Hall,* der eleganten Heimat der Chicagoer Symphoniker.

Dave schrieb die Musik selbst und wurde dabei durch die Musik von Michael Omartian, Larry Norman und Chuck Girard inspiriert, den führenden Köpfen der damaligen Revolution in der christlichen Musikszene, die aus der *Jesus People*-Bewegung der sechziger Jahre hervorgegangen war. Ihre Lieder spiegelten die Sehnsüchte und Überzeugungen der Jugendlichen wider, verbanden aber ihre Texte mit der Musik der siebziger Jahre. Jugendliche wie ich, die mit moderner, christlicher Musik aufgewachsen sind, können sich nicht vorstellen, was dies für eine Generation von Jugendlichen bedeutete, die ohne Musik aufgewachsen war, die ihrem Lebensgefühl entsprach. Es war aufregend. Es war emotionsgeladen. Und die *Son Company* gab in der christlichen Musikszene in der Umgegend von Chicago den Ton an.

Eine tief greifende Veränderung

Als das Ferienlager zu Ende war, hatte Bill den Entschluss gefasst, aus dem Familienunternehmen auszusteigen, um nach Illinois zu gehen und in der nationalen Leitung der *Awana Youth Association* mitzuarbeiten, die ihren Sitz damals in Rolling Meadows hatte. Nachdem er umgezogen war, besuchte er die Gemeinde in South Park, wo die *Son Company* die Gottesdienste am Sonntagabend mitgestaltete. Zu diesem Zeitpunkt bestand die Band erst seit einigen Monaten und Dave bereitete die Jugendlichen auf ihren ersten richtigen Konzertauftritt vor. Er brauchte noch einen weiteren Gitarristen und auch Unterstützung bei den Sängern, und so fragte er Bill, ob dieser nicht in die Band eintreten wollte. Nach Daves Aussagen war Bill ein schrecklicher Gitarrist, aber auch hier zahlte sich wieder Daves Fähigkeit aus, aus mittelmäßigen Begabungen etwas zu machen. Was das Musizieren anging, passte Bill perfekt zu Daves Spezialbegabung.

Als Bill das Familienunternehmen verließ, musste er alle

seine Kreditkarten und die Schlüssel zu den Booten und Flugzeugen abgeben. Als er sie auf den Tisch seines Vaters gleiten ließ, ernüchterte ihn dies schlagartig. „In diesem Augenblick wurde mir bewusst, dass ich eine weitreichende Entscheidung getroffen hatte", erinnerte sich Bill. Doch er war keineswegs entmutigt – und sehr dankbar, dass ihm sein Vater wenigstens den *GTO* und die *Harley Davidson* ließ. Als er in Illinois ankam, hatte er nur etwas Geld in der Tasche, und seine Besitztümer passten in einen Wäschesack, aber er war ganz sicher, dass er auf dem Weg ging, den Gott für ihn vorbereitet hatte.

Dave fragte Bill, ob er nach den wöchentlichen Bandproben eine Bibelarbeit für die Jugendlichen halten könnte. Bill war damit einverstanden. Die Jugendlichen in South Park wussten von Bill nur, dass er Daves Freund war, dass er aus einem Ort namens Kalamazoo kam und zwei interessante „fahrbare Untersätze" besaß. Aber sie waren bereit, ihm zuzuhören. Sie hatten nämlich seit dem Weggang des früheren Jugendleiters für einen neuen Leiter gebetet. Sie hofften auf einen dauerhaften Ersatz, aber in der Zwischenzeit würden sie dem Typen aus Kalamazoo eine Chance geben.

Eine einfache Formel

Bill hatte weder pädagogische Erfahrung noch höhere Ambitionen, aber er hatte während seiner College-Zeit eine Bibelgesprächsgruppe geleitet, und so machte er einfach in dieser Form weiter. Er bat die Jugendlichen, sich jeweils mit einigen Versen zu einem bestimmten Thema vorzubereiten – Glaube, Gebet, Sündenbekenntnis, Freundschaft oder Gehorsam –, und half ihnen dann, die Verse auf ihr alltägliches Leben anzuwenden. Dahinter stand eine ganz einfache Formel: „Lies einen Vers und übertrage ihn auf dein Leben." Aber durch dieses Konzept wurde in den Jugendlichen ein neues geistliches Gespür wach. Viele von ihnen hatten zuvor einen Zwiespalt zwischen ihrem Leben als Christen und ihrem „wirklichen" Leben festgestellt. Sie kannten Jesus als Erlöser, aber sie wussten nicht, was es bedeutete, von Montag bis Samstag mit ihm unterwegs zu sein. Sie wussten nicht, wie sie ihr christliches Leben in der Schule leben und ihren Glauben mit ihren Freunden teilen sollten. Wie ein Schüler damals sagte: „Wir waren Jugendliche mit moralischen Prinzipien. Wir waren Jugendliche mit einem christlichen Glauben. Aber wir lebten und starben nicht Tag für Tag für Jesus. Dann begannen die Prinzipien der Bibel plötzlich für uns zu ‚leben'. Bisher war Christus unser Erlöser. Jetzt wurde er auch unser Herr."

In diesem Winter begannen einige Jugendliche, ihre Freunde zu den Bibelstunden einzuladen. Anfang Frühjahr 1973 kamen an jedem Mittwochabend schon fast achtzig Jugendliche. Dadurch entstand eine schwierige Situation, weil die Jugendlichen erst bei der Bandprobe mitmachen mussten, bevor sie an den Bibelstunden teilnehmen konnten. Einige fanden das großartig, aber andere waren entweder musisch nicht begabt oder hatten kein Interesse daran. Auch das inspirierende Genie von Dave Holombo konnte einem Chor von monotonen Stimmen nicht das nötige Feuer verleihen. Deswegen traf man schließlich die Entscheidung, die Bandproben auf Samstagnachmittag zu verlegen und die Bibelstunden weiterhin am Mittwochabend abzuhalten.

Kurz danach, im Mai 1973, beendete ich mein Studium. Seit der Auflösung unserer Verlobung vor siebzehn Monaten hatte ich zahlreiche Briefe von Bill erhalten, in denen er seinen Abschied von Michigan und dem väterlichen Unternehmen sowie seinen Weg nach Illinois und in die Jugendarbeit beschrieb. Über ein Jahr lang ließ ich die Briefe unbeantwortet, aber schließlich veranlasste mich die Neugierde auf die Veränderungen in Bills Leben dazu, ihm zu schreiben. Er rief mich sofort an und fragte, ob er mich im College besuchen dürfte. Ich stimmte zu. Als meine Studien ihrem Ende zugingen, spielten wir mit der Idee, unsere zerbrochene Beziehung wieder zu flicken, und so entschloss ich mich, nach Illinois zu fahren und ihn dort zu besuchen.

Ich kam am Freitagabend dort an, gerade rechtzeitig, um ein Konzert der *Son Company* zu erleben. Ich blieb fast eine ganze Woche und besuchte ein weiteres Konzert und auch die Bibelstunde am Mittwochabend. Die Jugendgruppe hatte noch nicht ganz die Größe erreicht, die sie später einer breiteren christlichen Öffentlichkeit bekannt machen sollte, aber für mich war das alles, als würde ich die Apostelgeschichte live erleben. Gott handelte ganz real in dieser kleinen Gruppe von Schülern. Jugendliche, die fünfzehn Jahre lang in der Kirche gegähnt hatten, waren plötzlich mit einer geistlichen Energie aufgeladen, von der ich in der Bibel gelesen, die ich aber niemals erlebt hatte. Und zusammen bildeten sie eine Gemeinschaft der Liebe, die schließlich unwiderstehlich für Hunderte von kirchendistanzierten Schülern war – und für mich. Ich zog kurz nach meinem ersten Besuch nach Illinois und begann, Flöte in der Band der *Son Company* zu spielen. Ich hatte das Gefühl, mitten in ein Wunder geraten zu sein.

Was wäre, wenn ...

Die Bibelstunden am Mittwochabend wuchsen weiterhin, einige Schüler wurden nebenbei Christen – meistens eher durch Zufall. Bill und Dave begannen, sich zu überlegen, was wohl passieren würde, wenn sie eine Veranstaltung planten, die das Evangelium gezielt kirchendistanzierten Jugendlichen verkünden sollte. Bill beschloss, in der Kerngruppe fünf Wochen lang über Evangelisation zu sprechen und die Jugendlichen dann dazu herauszufordern, ihre kirchendistanzierten Freunde zu einer besonderen Veranstaltung einzuladen, die er und Dave konzipieren würden. Mit der Zeit wurde der Plan zur Realität.

Dann entschlossen sich Bill und Dave, wöchentliche Veranstaltungen anzubieten, um den Jugendlichen mehr Möglichkeiten zu bieten, ihre kirchendistanzierten Freunde einzuladen. Und die beiden würden sich wöchentlich an einem anderen Abend weiterhin mit der Kerngruppe der Jugendlichen treffen.

Als sie den Jugendlichen diese Idee präsentierten, waren

diese sofort begeistert, aber auch etwas vorsichtig. Ein Junge hob die Hand und sagte: „Also, du weißt, Bill, ich mag dich und das alles hier. Aber es wäre mir doch etwas peinlich, einen aus meiner Football-Mannschaft hierher in diese Gruppe einzuladen. Ich meine, wir sitzen hier im Keller auf dem Teppichboden. Ich sitze seit der vierten Klasse auf dem Teppichboden, deswegen ist das für mich okay, aber mein Freund wird nicht wissen, was er von diesem ‚Möbel' halten soll. Er wird vermutlich das Ganze hier unten für reichlich komisch halten."

Bill entgegnete: „Du hast ein tolles Gespür; da ist wirklich etwas dran. Ich werde mit den Ältesten darüber sprechen, ob wir nach oben in den Versammlungsraum umziehen können. Sonst noch was?"

Ein anderer Jugendlicher meldete sich und meinte: „Ich bin mir nicht ganz sicher, ob der Manndecker aus meinem Basketballteam so gerne ‚Kumbaya' und ‚Ins Wasser fällt ein Stein' singt. Und noch was zu dieser zwölfsaitigen Gitarre, die nur neun Saiten hat – sie sollte von der Bildfläche verschwinden."

Dave antwortete: „Kein Problem. Wir werden die ‚Son Company Band' einsetzen. Wir werden biblische Texte nehmen – aber wir werden sie verrocken!"

Dann hob ein Mädchen die Hand, brachte den Kaugummi in die richtige Lage und meinte: „Habt ihr euch schon mal Gedanken darüber gemacht, ob man nicht Theaterstücke einsetzen könnte?" Bills verständnisloser Gesichtsausdruck sagte ihr, dass man in Kalamazoo nicht sehr oft über Theaterstücke redete, und sie erklärte ihm: „Es geht darum, einen kleinen Sketch zu spielen. Wenn ihr zum Beispiel über Liebe redet, könnte ich einige Leute finden, die einen kleinen Sketch spielen, der das Gegenteil von Liebe zeigt, und es würde die Leute zum Nachdenken bringen. Dann würden die Treffen auch nicht nur aus Reden, Reden, Reden bestehen. Es würde etwas passieren und die Leute lieben so was. Ihr wisst schon, die Fernsehgeneration und der ganze Kram."

„Weißt du, wie man das macht?"

„Klar, wir machen das in der Schule ständig."

„Dann ist das dein Job."

Ein anderer Jugendlicher meldete sich und fragte: „Warum setzen wir keine modernen Medien ein?“ Wieder musste Bill erkennen, dass er als „Junge vom Lande“ nicht viel Ahnung hatte. „Du stellst einige Dias zusammen“, wurde ihm erklärt, „und unterlegst sie mit guter Musik. Das ist ziemlich ausdrucksstark.“

„Kennst du dich damit aus?“

„Sicher.“

„Dann bist du dafür verantwortlich.“

Dann sagte ein anderer Jugendlicher: „Und noch was zu dem, was du sagst, Bill.“ *Jetzt kommt es,* dachte Bill. Und es kam. „Weißt du, Bill, einer der Gründe, warum wir dir zuhören, ist, dass wir dich mögen, aber meine Freunde mögen dich noch nicht. Warum beschränkst du dich nicht auf einen Punkt, statt diese langen Gewaltmärsche durch die schwierigen Seiten der Bibel zu machen, auf denen du sechs oder sieben Themen streifst? Nimm dir ein Thema, das biblisch ist, aber auch etwas mit dem Leben von Jugendlichen zu tun hat, erzähle ein paar gute Geschichten, um es zu veranschaulichen, und versuche, das Ganze in etwa fünfundzwanzig Minuten durchzuziehen. Ich bitte dich nicht darum, die Bibel aufzugeben – aber gib sie uns einfach in einer verdaulichen Dosierung.“

„In Ordnung“, flüsterte Bill. Es war, als ob ihm jemand einen Ellbogen in den Magen gerammt hätte, aber Bill wusste, dass der Typ Recht hatte.

Rückblenden

Nachdem die Jugendlichen gegangen waren, saß Bill in diesem leeren Raum im Keller der *South Park Church* und dachte an ein Gespräch, das er mit seinem Vater geführt hatte, als er zur Highschool ging.

„Hey, Billy, erinnerst du dich noch an Bud Johnson? Er hat gerade erfahren, dass seine Frau Krebs hat, und das hat ihn aus der Fassung gebracht. Er ist kein Christ, aber ich denke, er braucht geistliche Hilfe. Am Wochenende wird er in unserer

Stadt sein. Ich denke, dass ich ihn zum Gottesdienst einladen werde."

Bill erinnerte sich, dass er damals dachte: *Ich kann es nicht glauben. Dad ist ein intelligenter, weltgewandter Mensch. Wie kann er auch nur daran denken, einen kirchendistanzierten Geschäftsmann in unsere Gemeinde einzuladen? Es ist Sonntagnachmittag. Hat er jetzt schon wieder vergessen, was er vor zwei Stunden erlebt hat?*

„Dad, was du auch tust, alles, bloß das nicht. Wenn dieser Mann wirklich einen winzigen Funken Hoffnung auf Gott hat und du ihn in die Gemeinde mitnimmst, wird dieser Funke innerhalb weniger Minuten ausgelöscht sein! Verschone ihn!"

In diesem kurzen Gespräch mit seinem Vater wollte Bill keineswegs die eigene Gemeinde abwerten. Zu dieser Zeit schätzte Bill die Werte und Lehren, mit denen er aufgewachsen war. Dennoch wusste er schon im Alter von elf Jahren, dass seine Heimat-Gemeinde sich nur für Leute eignete, deren Überzeugung sich bereits gefestigt hatte. Wenn man in dieser Gemeinde aufgewachsen und mit der Routine vertraut war, dann fühlte man sich wohl. Aber dies war kein Ort für kirchendistanzierte Menschen.

Bill erinnerte sich auch an eine Begebenheit später in der Highschool.

Der wildeste Kerl der ganzen Schule war der rechte Stürmer im Basketballteam, in dem auch Bill mitspielte. Er war, ohne zu übertreiben, ein starker Typ. Er trank regelmäßig zu viel Alkohol und experimentierte – es war in den späten sechziger Jahren – als Erster an der Schule mit Marihuana. Seine Wochenenden verbrachte er mit einem Mädchen vom College und außerdem war er ein großartiger Geschichtenerzähler. Am Montagmorgen scharten sich alle um ihn, um jedes schmutzige Detail seiner Wochenend-Story zu hören.

Bill teilte die meisten seiner Freizeitaktivitäten nicht, aber sie waren Freunde. Sein Kumpel sagte zu Bill: „Schau, du lebst auf der frommen und ich auf der wilden Seite des Lebens, aber lass uns einfach zusammen Basketball spielen und Spaß haben." Und das taten sie auch.

Eines Tages gingen alle anderen nach dem Spiel nach Hause, nur Bills Freund hing noch herum und wollte offensichtlich über etwas sprechen. Er setzte sich auf die Einwurflinie und sagte: „Bill, mein Leben läuft gerade voll daneben. Meine Freundin hat mich verlassen. Ich trinke viel zu viel. Und diese netten kleinen Zigaretten vernebeln meinen Verstand. Ich brauche Hilfe. Ich weiß, dass du ziemlich religiös bist. Ich überlege, ob ich mit dir zur Gemeinde gehen und wieder in Ordnung kommen kann."

Bevor Bill nachdenken konnte, hatte er auch schon „Ja, natürlich" gesagt.

Am Sonntagvormittag holte Bill ihn ab, fuhr mit ihm zu seiner kleinen weißen Kirche auf dem Land und erlebte die längsten sechzig Minuten seines Lebens. Zum ersten Mal besuchte Bill einen traditionellen Gottesdienst mit einem niedergeschlagenen, aber durchaus offenen Nichtchristen an seiner Seite, der es ernst meinte. Und es war eine vollkommene Katastrophe. Alles, was passierte, war für einen kirchenfernen Jugendlichen völlig falsch. Während des Orgel-Vorspiels sah er aus, als ob er einen Schock erleiden würde. Die „schon Überzeugten", die mit dieser liturgischen Nahrung groß geworden waren, hatten sich daran gewöhnt, altertümliche Kirchenlieder, „interpretiert" von einem zehnjährigen Flötisten oder einem unprofessionellen Pianisten, zu hören; sie schätzten die „dahinterstehende Herzenshaltung". Aber es war absolut anders als alles, was Bills Freund bisher in einem öffentlichen Rahmen gehört hatte.

„Warum werfen die Leute keine Sachen nach ihnen?", flüsterte er Bill in verständnislosem Ärger zu.

Von da an ging es bergab. Sie machten eine Aufstehen-hinsetzen-Übung, bei der Bills Freund immer den richtigen Einsatz verpasste. Er hörte einen Solisten von Seraphim und Cherubinen singen und hatte keine Ahnung, um was es ging. Dann kam das Glaubensbekenntnis. Das war ein Hit, weil all die alten „Veteranen" es auswendig gelernt hatten und Bills Freund auffällig stumm daneben stand. Die Zehn Gebote trafen auch ins Schwarze, weil er nahezu alle gebrochen hatte und deshalb dachte, hier sicher nicht sehr willkommen zu sein. Dann kam die Predigt. *Nein, bitte nicht, nicht die kleinen Propheten,* betete Bill im Stillen. Aber natürlich ... Amos ... Heuschrecken ...

Es dauerte und dauerte und war schließlich zu Ende. Auf dem Heimweg unterhielten sie sich über Basketball, Mädchen, Schule, über alles Mögliche, nur nicht über Gemeinde. Daraufhin sahen sie sich drei Tage lang nicht. Schließlich stöberte Bill den Jungen auf.

„Hey, was ist los? Gehst du mir aus dem Weg?"

„Schau, Bill, ich kann dir das ganz schnell erklären. Ich lebe auf der wilden und du auf der frommen Seite des Lebens. Aber trotzdem habe ich dich immer für normal gehalten. Du ziehst dich normal an. Du fährst normal. Du spielst normal. Du redest normal. Aber das, wozu du mich am Sonntag mitgenommen hast, war nicht normal. Ich habe mich nur gewundert, warum ein normaler Typ wie du an so einen Ort gehen kann."

Das Gesicht seines Schulfreundes, der für immer von der „Religion" kuriert schien, kam Bill wieder ins Gedächtnis, als seine Gedanken in das Jahr 1973 zurückkehrten: *Genau das haben mir die Jugendlichen heute Abend zu sagen versucht. Und genau das hatte ich mit elf Jahren verstanden und mit achtzehn Jahren wieder gelernt. Die typische traditionelle Kirche ist kein Ort für kirchendistanzierte Menschen. Für jeden, der nicht zu den Eingeweihten gehört, scheint der durchschnittliche Gottesdienst schrecklich unnormal zu sein. Er bleibt unverständlich für alle, die damit nicht aufgewachsen sind und diesen Drill nicht kennen. Die Lieder, die wir singen, die Art, uns zu kleiden, die Sprache, die wir verwenden, die Themen, über die wir sprechen, die armselige Qualität von allem – all das veranlasst den durchschnittlichen kirchendistanzierten Menschen zu der nüchternen Feststellung: „Das ist definitiv nichts für mich."*

Als ich in meinem neuen Job als Empfangsdame Fuß gefasst (so viel zur Karriere in sozialen Berufen) und eine neue Wohnung hatte (genauer gesagt, ein winziges Zimmer bei einer allein stehenden Frau mit einem Sohn), verbrachte ich die Stunden nach meiner Arbeit damit, die Schüler der *Son Company* kennen zu lernen und meine Beziehung zu Bill wieder aufzubauen. Bill und ich genossen die Stunden, die wir miteinander verbrachten, voll und ganz, aber es war schwierig, solche Zeiten zu finden, weil er und Dave so damit beschäftigt waren, in ihrem Dienst eine neue Richtung einzuschlagen. Sie nahmen die Vorschläge der Jugendlichen auf und planten eine ganze Serie von wöchentlichen Veranstaltungen, die kreativ und energiegeladen, zeitgemäß und praxisnah, aber absolut biblisch fundiert sein sollten. Sie wollten einen einladenden Ort für kirchendistanzierte Jugendliche schaffen, an dem diese die gefährliche, lebensverändernde Botschaft von Jesus Christus hören konnten.

Am ersten Abend kamen hundertfünfundzwanzig Jugendliche. John Ankenberg, ein angesehener Lehrer und Evangelist, sprach in den ersten drei Wochen. In der vierten Woche, als Bill die Predigt übernahm, kamen bereits hundertfünfzig Jugendliche. Dann hundertfünfundsiebzig. Innerhalb von sechs Monaten waren es dreihundert. Jede Woche präsentierte Bill die biblische Sicht eines Themas, das für das tägliche Leben der Schüler von einiger Bedeutung war, und sprach darüber, wie man eine Beziehung mit Gott eingehen kann. Einige der Schüler kamen zum Glauben und wurden in die Gruppe der Christen eingeführt, die sich am Sonntagabend traf. Wir nannten den evangelistischen Gottesdienst am Mittwochabend *Son City* und das Treffen der Christen am Sonntag *Son Village*. In *Son City* erklärte Bill, was die Bibel zu wichtigen Themen sagte. In *Son Village* lehrte er eher Vers für Vers und leitete mit Dave zusammen den Lobpreis.

Als Bill damit anfing, jede Woche in *Son City* zu lehren, war er sich seiner Verantwortung so stark bewusst, dass er einen christlichen Leiter um Rat fragte. Dieser sagte: „Predige nach Berghofs Handbuch christlicher Grundsätze." Bill hielt sich an seinen Rat. In der ersten Woche sprach er über „Theophanie" oder die besonderen Erscheinungsweisen Gottes. Nach fünf Minuten erkannte er, dass die Jugendlichen ihn entgeistert anschauten. Er legte seine Aufzeichnungen weg, entschuldigte sich bei den Jugendlichen und sagte: „Wenn ihr nächste Woche wiederkommt, verspreche ich euch, über etwas zu sprechen, das mit eurem Leben zu tun hat." Seit damals fragt er sich immer: „Was hat diese Textstelle, diese biblische Aussage, dieser Grundsatz mit meinem Leben zu tun?"

Bald wurde offensichtlich, dass Bill die Gabe des Lehrens hatte, auch wenn darüber niemand mehr überrascht war als er selbst. Nach einer Predigt über Reue und Schuldbekenntnis sagte er zu mir: „Ich weiß nicht, was heute Abend passiert ist. Ich habe vorgeschlagen, dass die Kids voreinander und vor Gott ihre Schuld bekennen sollten, und sie haben es getan. Ernsthaft!" Es war wahr. Nachdem Bill gesprochen hatte, standen Jugendliche von ihren Plätzen auf, gingen durch den Raum zu anderen Jugendlichen und sagten: „Ich habe dir unrecht getan. Ich war dir böse. Es tut mir Leid. Ich will meine Schuld vor dir und vor Gott bekennen." Bill stand vor einem Rätsel, was die Wirkung seiner Predigten betraf, aber wir, die ihm zuhörten, waren nicht überrascht. Seine Lehre war praxisnah und alltagsrelevant, durch und durch biblisch, herausfordernd und – auf geradezu unheimliche Weise vollmächtig.

Ein Grund, warum ich mich in Bill verliebt hatte, war das Gefühl, dass er immer auf ein Ziel zusteuerte. Er hatte starke Überzeugungen, er war entschlussfreudig und energiegeladen und brachte die Dinge zum Laufen. Ich verstand damals nicht, dass ich auf seine natürliche Leitungsbegabung reagierte, aber diese Gabe wurde in den Jahren von *Son City* immer offensichtlicher. Bill war vertrauenerweckend. Jugendliche wollten ihm folgen, weil sie spürten, dass sie der Richtung, in die er ging, Vertrauen schenken konnten. Bill ging verantwortungsbewusst mit diesem Vertrauen um, und er und Dave gaben ihr Bestes, um diese jungen Menschen weise zu leiten. Während

Dave Musiker und Schauspieler ausbildete, unterstützte Bill Schüler dabei, Nachfolger und Leiter zu werden.

Eine perfekte Partnerschaft

Fast jeden Morgen trafen sich Bill und Dave in einem kleinen Café in Park Ridge – *The Tasty Platter* – und sammelten Ideen für den nächsten evangelistischen Abend. Während des Frühstücks kämpften sie miteinander um die jeweils besten Ideen. Beide waren ansteckende, kreative Träumer, Menschen mit großen Visionen, Optimisten, risikofreudig und – bis zu einem gewissen Grad – Rebellen, die miteinander die Frustration über eine Gemeinde teilten, die viel zu oft in eingefahrenen Gleisen lief. Aber es gab auch einige Unterschiede, die ihre gemeinsame Leitung von *Son City* so effektiv machten. Dave war der Künstler, Bill der Geschäftsmann. Dave war für die Programmgestaltung zuständig: Musik, Theater und besondere Einlagen. Bill war für die geistliche Leitung zuständig und hatte das Gespür des Geschäftsmannes für die harten Nüsse; er hatte einen großartigen Riecher dafür, was rein logistisch möglich war. Daves wirklich radikale Ideen wurden von Bill gefiltert und zusammen brachten sie jeden guten Gedanken in eine umsetzbare Form. Wenn ein Plan zustande kam, hatten sie ihn beide ausgedacht und umgesetzt, aber jeder in seinem eigenen Erfahrungsbereich. Nach einer Veranstaltung, in der junge Menschen zum lebendigen Glauben gefunden hatten, gingen sie zusammen aus und feierten.

Viele Menschen fragen sich, wie *Willow Creek* darauf kam, künstlerische Darstellungsformen so intensiv in ihren Gottesdiensten einzusetzen. Eigentlich war dies nur das unvermeidliche Ergebnis eines Zusammentreffens von Dave Holombos Gaben und den Fähigkeiten der Jugendlichen der *South Park Church*, die die Initiative ergriffen hatten. Warum waren diese Jugendlichen so besonders? Weil viele von ihnen eine Highschool besuchten, in der künstlerische Aktivitäten hohes Ansehen hatten und Spaß machten, wo es genauso „cool" war,

Musik zu machen oder Theater zu spielen wie Football oder Basketball. Diese Jugendlichen verstanden Kunst, sie reagierten darauf, und sie wussten, wie man Kunst anwenden kann. Ich denke, Gott war sich dessen wohl bewusst und hat diese besondere Zeit und diesen Ort ausgewählt, um die zeitgemäßen darstellenden Künste für seine Ziele zu gebrauchen.

Zwei Hände

Evangelisation wurde in *Son City* zum Lebensstil. Bill und Dave waren beide in ihren Herzen Evangelisten und so spiegelte sich diese Einstellung in allen künstlerischen Darstellungsformen und den Predigten wider. Sie versuchten überall und andauernd, die Vision zu vermitteln, dass es gilt, sich um die Menschen „da draußen" zu kümmern. Als die Jugendgruppe ungefähr achtzig Teilnehmer hatte, teilten Bill und Dave sie in vier Teams auf, die jeweils von Schülern geleitet wurden: ein Leiter, ein Koleiter und ein Sekretär. Wenn diese Teams zu groß wurden, teilte man sie erneut. Als sich die Jugendlichen anfänglich weigerten und sich nicht in Teams aufteilen lassen wollten, erinnerte sie Bill daran, für was sie letztlich alle angetreten seien. Bald mussten sie sich teilen, um neue Jugendliche aufnehmen zu können. Schließlich gab es zwanzig Teams, die durchschnittlich aus fünfzig bis sechzig Schülern bestanden.

Die Realität von Himmel und Hölle hielt sich in den Predigten immer die Waage, wodurch eine unglaubliche Eindringlichkeit entstand. Dave schrieb ein Lied mit dem Titel *Crossroads* („Wegkreuzungen"), in dem es hieß: „Haben wir alle vergessen, dass es wirklich eine Hölle gibt?" Diese Jugendlichen hatten es vergessen, und weil sie jung waren, hatte der Gedanke an die Ewigkeit noch keine große Bedeutung für sie gehabt. Doch sie hatten andererseits noch kein durchdachtes Verteidigungssystem entwickelt, um die Wahrheit abzuwehren oder ihre Verantwortung wegzurationalisieren, als Bill von der Hölle sprach. Sie sagten bloß: „Oh, wenn das wahr ist, werden meine Freunde nicht mit mir zusammen im Himmel sein. Ich sollte besser etwas tun."

Ich erinnere mich an Gebetstreffen im Untergeschoss der Gemeinde, in denen die Jugendlichen buchstäblich um die weinten, die Gefahr liefen, verloren zu gehen. Vielleicht gab es ein Konzert der *Son Company* und ihre Eltern oder ihre besten Freunde wollten zum ersten Mal mitkommen. Überall waren kleine Gruppen von vier oder fünf Jugendlichen, die auf dem Zementfußboden knieten und Gott anflehten, er möge die Menschen, die sie liebten, zu sich ziehen. Die Jugendlichen legten dieselbe Intensität und denselben Gebetsgeist an den Tag, wenn sie ein Konzert gaben, ein Teamtreffen leiteten oder wenn bei Bills Predigten ihre Freunde neben ihnen saßen, die Jesus noch nicht kannten.

Sie sangen in dieser Zeit ein Lied mit dem Titel *Two Hands* („Zwei Hände"), das man gut als Motto von *Son City* betrachten könnte: „Nimm ihn mit deinem ganzen Herzen auf und gebrauche deine beiden Hände: Mit der einen strecke dich nach Jesus aus und mit der anderen bringe einen Freund zu ihm."[1] Genau das taten diese Jugendlichen. Gott belohnte ihre Ernsthaftigkeit mit einem stetigen Strom an Lebenswenden. Der halbjährliche Höhepunkt waren die Taufgottesdienste in den Schwimmbecken der öffentlichen Parkanlagen.

Harter Wettkampf

Am Erntedankfest 1973 verlobten Bill und ich uns – zum zweiten Mal. Während der langen Zeit unserer Trennung hatten wir beide Gelegenheit zu wachsen, in unserer Hingabe an Gott und in unserem Verständnis unserer persönlichen Werte und Ziele. Wir teilten mehr als je zuvor eine ähnliche Vision, und uns verband der unausgesprochene Wunsch, mit unserem Leben etwas Wesentliches anzufangen. *Son City* bot uns die Möglichkeit, dies zu tun – gemeinsam.

Die Abendveranstaltungen von *Son City* begannen mit Teamtreffen, in denen neue Teilnehmer willkommen geheißen und besondere Termine und Veranstaltungen bekannt gegeben wurden. Danach kamen alle Teams zum Teamwettkampf zusammen. Wenn das Wetter es zuließ, veranstalteten wir Wettkämpfe in den öffentlichen Parkanlagen – Volleyballturniere, Hindernisläufe, Baseballspiele. Bill leitete die Wettkämpfe, ich nahm daran teil. An einem Abend brach ich mir während eines chaotischen Footballspiels, in dem vier Teams auf einmal in einem gigantischen Footballfeld nach freien Regeln gegeneinander spielten, einen Zeh. In der adrenalingeladenen Stimmung dieses Abends war der Schmerz leicht zu ignorieren, aber in den folgenden Tagen wünschte ich mir sehr, ich hätte mit etwas weniger Einsatz gespielt. Vielleicht war meine Teilnahme bei einem solchen Spiel nicht unbedingt ein einem „Leiter" angemessenes Verhalten, aber was *Son City* unter anderem auch so schön machte, war, dass wir fast keine Unterschiede zwischen leitenden Mitarbeitern und Teilnehmern, zwischen Lehrern und Schülern machten. Es gab kein „wir" oder „sie". In diesem Abenteuer waren wir alle zusammen unterwegs und lernten gemeinsam, wie wir vorangehen und auch den Augenblick genießen konnten, egal, ob es eine Zeit in ernsthaftem Gebet oder mit überschäumendem Spaß war.

Im Winter mussten wir im Haus bleiben, und so starteten wir kreative Wettkämpfe in den Gemeinderäumlichkeiten, von Frisbee-Zielwerfen durch den Mittelgang bis zu „Fordere den Champion heraus"-Shows, die einen Eintrag in das „Guinnessbuch der Rekorde" wert gewesen wären. Manchmal mussten die Teams vorher etwas vorbereiten, um es dann zum Wettkampf vorzustellen, wie z. B. einen gigantischen Kuchen (ein Team setzte fünfundsechzig Kuchen zu einem riesigen Telefon mit „musikalischen" Tasten zusammen) oder ein überdimensionales Poster oder eine komplizierte Figur aus Papiermaché.

Diese Wettkämpfe förderten den Teamgeist und halfen den Jugendlichen, aus einer Zuschauerrolle in eine Teilnehmerrolle zu finden. Außerdem zeigten sie den kirchendistanzierten Jugendlichen, dass auch Christen wissen, wie man zusammen

Spaß haben kann. Und nicht zuletzt dienten sie dazu, überschüssige Energie loszuwerden. Wir dachten uns, dass es besser wäre, jugendliche Energie kreativ einzusetzen, als sie eine Stunde lang zu bekämpfen. Nach dreißig oder fünfundvierzig Minuten konzentrierten Wettkampfes waren die Jugendlichen bereit, sich für das Programm in Ruhe hinzusetzen.

Große Wirkung

Das Programm begann oft mit einem Lied, das die Jugendlichen jeden Tag im Radio hörten, wie *Mighty Clouds of Joy* oder *I Believe in Music,* manchmal mit etwas abgewandelten Texten, um eine tiefere Botschaft auszudrücken. Die Theaterstücke zeigten Szenen aus dem täglichen Leben, an denen die kirchendistanzierten Jugendlichen sahen, dass „diese Leute mich wirklich verstehen". Multimedia-Shows veranschaulichten das Thema der nachfolgenden Predigt. Bevor Bill zu sprechen anfing, konnte es sein, dass eine Schülerin ein Lied über einen Fremden sang, „der starb, um mich zu befreien". Oder eine Gruppe von Jungen machte ganz ernsthaft den Stil der *Imperials* nach und sang: „Christus bedeutet mehr für mich, als du jemals verstehen wirst." Oder die *Son Company* sang: „Er wird dich von Sünde befreien, und du wirst wiedergeboren sein, wenn du den Sohn in dein Leben kommen lässt."

Obwohl Spaß und Spiele dafür sorgten, dass *Son City* erfolgreich war, bestand nie der geringste Zweifel am eigentlichen Ziel – nichtgläubigen Schülern biblische Aussagen überzeugend zu vermitteln –, und der ganze Abend führte auf dieses Ziel hin. Wenn Bill anfing zu sprechen, konnte man eine Stecknadel fallen hören. Er sprach über Themen wie „Jesus ist Gott", „Die Bibel ist wahr", „Der reiche junge Geschäftsmann" oder „Wie man Christ wird" oder er hielt dreiwöchige Predigtreihen über „Jesus, der mir vergibt", „Jesus, der Freund" und „Jesus, der mein Leben leitet".

Nach Bills Predigt verteilten sich kleine Gruppen von Schülern im ganzen Gemeinderaum und redeten und beteten. Abend für Abend mussten wir sie liebevoll aus der Kirche werfen und heimschicken, damit sie keinen Ärger mit ihren Eltern bekamen. Woche für Woche kamen weitere Jugendliche zum Glauben. Dadurch wurden neue Energien freigesetzt, die die Schüler und die leitenden Mitarbeiter zu weiterem Wachstum anspornten. Die Jugendlichen, die den harten Kern bildeten, wurden geschult, wie sie den Freunden, die sie mitbrachten, helfen konnten, im Glauben zu wachsen. In *Son Village* wurden diese jungen Christen, die zu Jüngern werden sollten, mit Themen herausgefordert wie „Du bist das Licht der Welt", „Der Mut Davids", „Die Berufung des Mose" oder „Dein Traum oder Gottes Traum?". Alle Schüler, die *Son Village* besuchten, erinnern sich an Bills Aufforderungen, Entscheidungen über ihren Schulabschluss, ihren Partner und ihre Berufung sorgfältig zu treffen und ihre Zeit, ihre Begabungen und alles, was ihnen wichtig war, Gott voll und ganz zur Verfügung zu stellen.

Diese Jugendlichen nahmen ihr Christsein ernst. Natürlich wollten sie auch Spaß haben; sie liebten die Spannung der verrückten Wettkämpfe und die emotionale Kraft der kreativen Programme. Aber was sie mehr als alles andere haben wollten, war eine Umwandlung von innen nach außen. Hunderte von Schülern lasen das Buch „Allzeit in Gottes Gegenwart" von Bruder Laurentius und bemühten sich ernsthaft darum, jeden Augenblick bewusst auf Gottes Ziel hin zu leben. Die Abendmahlsfeiern in *Son Village* waren lebendiger Ausdruck der Liebe und der Dankbarkeit gegenüber dem Sohn, der für sie gestorben war und sie verändert hatte.

Das natürliche Ergebnis dieser Lebensveränderung war die Entwicklung eines starken Gemeinschaftslebens. Genauso ausdrucksvoll, wie Bill über unsere Beziehung zu Gott predigte, sprach er auch über unsere Beziehungen zu anderen Menschen: wie man mit Ärger umgeht, wie man Konflikte löst, wie man mit Verletzungen umgeht und wie man jemand sein kann, der andere ermutigt. Er sprach über Geduld, Mitleid, Vergebung und Sanftmut. Und die Jugendlichen setzten das Gehörte in die Praxis um.

Son City setzte die sonst an Highschools geltende soziale Ordnung außer Kraft. Wenn ein kleiner, wenig selbstbewusster Highschool-Anfänger zu einem Team gehörte, in dem auch eine Sportgröße aus der Oberstufe war, dann waren sie Kumpel und Gleichwertige; sie gingen zusammen zu Veranstaltungen, kämpften zusammen für ihr Team, lachten, weinten und beteten zusammen. Schüler der Highschool wollten genauso geliebt sein, wie die Jugendlichen von *Son City* geliebt wurden. Manchmal kamen sie einfach nur, um herauszufinden, was hinter dieser freundschaftlichen Wärme steckte.

Wenn sie einmal kamen, blieben sie meistens. Hunderte von Jugendlichen verbrachten nahezu jeden Abend in der Gemeinde oder bei irgendeiner Teamaktivität. Und sie waren nicht nur damit zufrieden, die Vorzüge dieses Gemeinschaftslebens zu genießen, sie wollten auch etwas dazu beitragen. Diejenigen, die einen Job hatten, stifteten Geld für die Teamausgaben, sie richteten einen Fonds für Jugendliche ein, die sich nicht leisten konnten, an *Son City*-Freizeiten teilzunehmen, sie zahlten eine Tankfüllung Benzin, damit andere ihre Freunde zur Gemeinde mitbringen konnten, oder sie liehen ihren eigenen Wagen her. Wer auch immer an einem beliebigen Tag Geld hatte, zahlte an diesem Abend die Rechnung eines späten Imbisses für seine oder ihre Teammitglieder. Wenn aus irgendeinem Grund ein Schüler eine Übernachtungsgelegenheit brauchte, konnte er bei seinen Freunden von *Son City* immer „eine Heimat fern der Heimat“ finden.

Ein anderer Grund, aus dem Jugendliche gerne zu *Son City* kamen, war die Tatsache, dass jeder etwas beitragen konnte. Wer gerne zeichnete oder malte, gestaltete in der Kunstabteilung Poster oder dekorierte Teamräume. Die Konstruktionsabteilung baute Bühnenbilder. Die Produktionsabteilung war für Ton und Licht bei den Veranstaltungen verantwortlich. Die Abteilung Fotografie gestaltete Dias für die Medieneinsätze. Die Kochabteilung bereitete Essen für die Team-Abende vor. Andere Jugendliche übernahmen Telefonanrufe mit neuen Teilnehmern, lernten Verse für Teamtreffen auswendig, spielten in der Band, halfen in der Leitung der Wettkämpfe mit oder spielten Sketche. Jugendliche mit offensichtlicher Leitungsbegabung wurden für die Teamleitung vorbereitet. All dies half mit, dass sich jeder die „Sache" zu Eigen machte. Jeder Schüler hatte etwas zu tun, einen Beitrag zu leisten, der für die ganze Gruppe wichtig war. Obwohl wir den Begriff noch nie gehört hatten, wurden wir mit dem Erfolg eines „gabenorientierten Dienstes" belohnt.

Das Team

Während der Geschichte von *Willow Creek* war die Zusammensetzung des Dienst-Teams eines der offensichtlichsten Zeichen für das konkrete Eingreifen Gottes, und all das begann in *Son City*. Zusätzlich zu der großen Offenheit für eine kreative Gestaltung der Gottesdienste gab es in der ursprünglichen Gruppe von *South Park* eine außergewöhnliche Geschlossenheit. Viele der Jugendlichen waren seit ihrer Kindheit zusammen aufgewachsen. So kannten sie sich sehr gut, und ihre Zusammenarbeit und ihr Zusammenspiel hatten eine eigene Geschichte. Viele von ihnen wuchsen in stabilen Familien auf und hatten einen starken Charakter und gesunde Werte. Sie hatten von dem festen Fundament profitiert, das frühere Jugendleiter gelegt hatten, besonders Bruce und Loita Dart, ein begnadetes und begabtes Paar, das den ersten Jugendlichen die Bedeutung von „Liebe, die Beziehungen gestaltet", beigebracht hatte.

Als Bill und Dave auf der Bildfläche erschienen, waren diese Jugendlichen also für das weitere Wirken Gottes in ihrer Mitte vorbereitet. Sie waren ausgerüstet zu wachsen, ihre Freunde zu erreichen und Leitungspositionen zu übernehmen. Bei vielen von ihnen ist die Berufung zum Dienst, die sie mit fünfzehn oder sechzehn Jahren erhalten haben, immer noch aktuell. Nancy Moore, das Mädchen, das erst seinen Kaugummi in die richtige Lage bringen musste, bevor es Bill die Bedeutung von Theaterstücken erklären konnte, wurde zu Nancy Beach und ist seit den frühen achtziger Jahren Programmdirektorin von *Willow Creek.* Laurie McLennan, die Sekretärin des „Roten Teams" (alle Teams hatten verschiedene Erkennungsfarben), heißt jetzt Laurie Pederson und ist seit 1978 Älteste in *Willow Creek.* Don Cousins, der Leiter des „Roten Teams", war in den achtziger und frühen neunziger Jahren Bills Pastorenkollege. Der Leiter des „Violetten Teams", Bruce Horgan, war im Produktions-Bereich aktiv und wurde später der Baubeauftragte von *Willow Creek.*

Andere Jugendliche aus dieser Gruppe sind heute aktive Mitglieder von *Willow Creek* oder bekleiden Leitungspositionen in Gemeinden im ganzen Land. Sie besuchen regelmäßig die Leitungskonferenzen in *Willow Creek,* sitzen mit einem wissenden Blick in den ersten Reihen und erinnern sich an die Anfänge im Kellergeschoss.

Ein denkwürdiger Abend

Bill und ich heirateten am Samstag, den 18. Mai 1974 in Kalamazoo, Michigan. Wie alles andere in unserem Leben zu dieser Zeit war auch unsere Hochzeit eine *Son City*-Veranstaltung. Teamleiter stellten den Begrüßungsdienst, während des Gottesdienstes spielten die Flötisten der *Son Company,* zum Empfang sang ein Chor, und lächelnde Schüler halfen überall mit – vom Gästebuch bis zur Punschbowle. Außerdem nahmen fast hundert Schüler den vierstündigen Weg auf sich, um an der Hochzeitsfeier teilzunehmen. Bei ihrer Ankunft am Freitagabend brachten sie unsere Proben durcheinander, sie genossen ein spätes Essen, zu dem Bills Vater sie großzügig einlud, und sie nahmen das örtliche Holiday Inn in Beschlag – und Bill – und machten die Nacht zum Tage.

Aber unsere Hochzeit war in diesem Monat nicht das wichtigste *Son City*-Ereignis. Im Schuljahr 1973/74 wuchs *Son City* weiter regelmäßig an, aber die christlichen Jugendlichen hatten natürlich noch nicht alle ihre Freunde eingeladen. Es schien manchmal so, als ob diese evangelistischen Veranstaltungen für sie nur eine tolle Idee wären. Darum schlug Bill eines Abends in *Son Village* vor, einen *Son City*-Abend im Mai auszuwählen und ihn als große Evangelisations-Veranstaltung anzusetzen. Die Jugendlichen sollten ihre Freunde mitbringen, und Bill würde das Evangelium so klar predigen, wie er nur konnte. „Lasst uns einen Pakt abschließen", sagte er, „der uns verpflichtet, zu fasten und zu beten und an die Türen des Himmels zu schlagen. Lasst uns zu Gott um seine Gnade beten, dass er die Blindheit von den Augen unserer Freunde, die noch weit weg von Gott sind, wegnimmt. Lasst uns auf die Macht des Evangeliums vertrauen, das Menschen zur Umkehr leitet." Wir waren uns alle einig, legten einen Termin fest und setzten alle Gott sich widersetzenden Mächte davon in Kenntnis, dass wir vorhatten, für das Reich Gottes zu kämpfen und ihnen großen Schaden zuzufügen.

Und die Jugendlichen begannen, ihre Freunde einzuladen. Bill versuchte, ruhig zu bleiben, als er die Predigt für diesen Abend vorbereitete, aber der Druck war zu groß. Ein sommersprossiges Mädchen, das im ersten Semester auf dem College war, kam und sagte: „Ich habe mein ganzes Cheerleader-Team eingeladen. Also vermassel es nicht." Und ein älterer Schüler sagte: „Ich habe alle Verteidiger unserer Footballmannschaft eingeladen. Ich zähle auf dich, Kumpel."

Bills Knie waren schon Wochen vorher weich. Er versuchte, eine Predigt aus seinen bisher besten Geschichten zusammenzubasteln. Er wollte, dass die Jugendlichen Jesus mochten, aber ich glaube, dass ihm genauso daran gelegen war, dass sie auch ihn, Bill, mochten, und so rang er damit, worüber er predigen sollte. Dann hatte er das, was man nur eine Eingebung des Heiligen Geistes nennen kann: *Lies die Geschichte der Kreuzigung Jesu und erzähle den Jugendlichen, warum Jesus starb.*

O je, dachte Bill. *Das ist etwas für Wanderprediger. Wie sieht Plan B aus?* Aber der Heilige Geist gab ihm keine andere Möglichkeit. Bill führte Plan A aus bloßem Gehorsam durch.

Der Abend kam, und als ich mich der Kirche näherte, schienen die Jugendlichen schon aus allen Fenstern zu quellen. Fast sechshundert extra eingeladene Schüler füllten den Kirchenraum, und alles – von der Eingangsimprovisation (unsere Version von einem Orgel-Vorspiel) bis zum Gebet am Ende – war speziell auf sie zugeschnitten. Wir hatten tolle zeitgemäße Musik, ein urkomisches Theaterstück, eine ausdrucksstarke Multimediashow und mitreißende Musik zur Hinleitung auf die Predigt. Dann kam Bill in Jeans und T-Shirt mit einer offenen Bibel in den Händen.

„Ich will euch die tollste Story der gesamten Weltgeschichte vorlesen", begann er. „Sie handelt von einem wirklichen Mann Gottes. Sein Name ist Jesus." Er las den Kreuzigungsbericht vor und gab einige kurze Erklärungen dazu. Am Ende der Predigt sagte er: „Jesus tat, was er getan hat, weil er wusste, dass es Jugendliche wie euch gibt, die sich gegen ihn gewandt und viele Dinge getan haben, die nicht in Ordnung sind, auch schon in eurem relativ jungen Alter. Aber ihr seid Gott immer noch wichtig. Er hat seinen Sohn gesandt, um an eurer Stelle zu sterben. Wenn ihr ihn jetzt in euer Leben aufnehmen wollt, steht auf."

Es standen so viele Jugendliche auf, dass er dachte, sie hätten ihn missverstanden, und hieß sie alle sich wieder hinsetzen. Er war so nervös, dass er kaum wusste, was er sagen sollte, aber er gab sein Bestes und erklärte die Geschichte noch einmal. Und wieder standen sie auf – fast dreihundert Jugendliche. Die Veranstaltung war um halb neun zu Ende, und von da an bis fast um Mitternacht standen Jugendliche in langen Reihen an und warteten darauf, dass jemand mit ihnen betete, um Jesus in ihr Leben aufzunehmen. Schließlich holten wir die Ältesten aus ihrer Besprechung, damit auch sie mit den Jugendlichen beten konnten. Für uns war klar, dass es nichts Wichtigeres geben konnte, als uns zu helfen.

Die Ereignisse dieser Nacht erinnerten mich an die Worte des Paulus (1. Korinther 2,4–5): „Meine Botschaft und Verkündigung war nicht Überredung durch gewandte und kluge Worte, sondern war mit dem Erweis von Geist und Kraft verbunden, damit sich euer Glaube nicht auf Menschenweisheit stütze, sondern auf die Kraft Gottes." Es gab in Bills Worten an diesem Abend nichts, das die Herzen und Seelen dieser Schüler hätte berühren können – außer der einfachen Wahrheit des Evangeliums und dem dramatischen Eingreifen des Heiligen Geistes. Dies war ein Abend wie viele andere, die wir seitdem erlebt haben, ein Abend, an dem Gott schwache, unzureichende menschliche Bemühungen gebrauchte, um seine außerordentlichen Ziele zu verwirklichen.

Bill war der Letzte, der in dieser Nacht das Gebäude verließ. Langsam ging er durch das Portal der Gemeinde und lehnte sich an die rote Backsteinmauer. Seine Knie gaben nach, er rutschte die Mauer hinunter und brach auf dem Gehsteig zusammen. Plötzlich weinte er wie ein kleines Kind.

„Ich konnte es nicht verstehen", sagte er später. „Ich war durch und durch ein Verstandesmensch, alles andere als emotional. Ich hasste Tränen. Und da war ich nun, ich krümmte mich und schluchzte." Dann schließlich klärte sich alles für ihn. Der Heilige Geist gab ihm etwas ein, das er nie vergessen sollte. Es war, genauer gesagt, eine Frage mit ungefähr folgendem Inhalt: *Wo würden alle diese Jugendlichen sein, die an diesem Abend Christus in ihr Leben aufgenommen hatten, wenn es keinen Gottesdienst gegeben hätte, der speziell auf sie zugeschnitten war, keinen sicheren Ort, an dem sie Woche für Woche zusammenkommen und die gefährliche, lebensverändernde Botschaft von Christus hören konnten?*

Diese einfache Frage überwältigte ihn. In dieser Nacht legte er ein Versprechen ab, das seine Zukunft prägen sollte: „Gott, mit deiner Hilfe und solange ich im Dienst stehe, will ich immer sicherstellen, dass unser Konzept einen regelmäßigen, qualitativ hochwertigen, geisterfüllten evangelistischen Gottesdienst enthält, zu dem Menschen, die weit von dir entfernt sind, kommen und in dem sie entdecken können, dass sie dir wichtig sind und dass Christus für sie starb."

Ein Gottesdienst für Kirchendistanzierte

Ich werde nie den Abend vergessen, an dem der Heilige Geist das Herz und die Seele dieses zweiundzwanzigjährigen Mannes, der eben erst die wunderbare Wirkung der versöhnenden

Kraft Gottes erlebt hatte, zutiefst erschütterte. Ich blicke voller Ehrfurcht auf diesen Augenblick zurück, in dem Bill sich diesem Konzept verschrieb, das wir nun den „Offenen Gottesdienst“ nennen. Ich danke Gott dafür, dass er diesen Moment bewahrt hat. Wie leicht hätte er verloren gehen können. Ein verspäteter Schüler oder ein gewissenhafter Hausmeister hätten Bill stören können. Oder ein Gedanke hätte ihn ablenken können. Aber in dieser Nacht, wie bei vielen anderen Gelegenheiten seither, ließ Gott sich den Augenblick nicht entgehen und sprach zu Bill. Ich bin froh, dass Bill zugehört hat. Und ich bin froh, dass er die Vision ergriffen hat, die über dreißig Jahre hinweg unsere Hingabe bestimmen sollte.

Als wir später *Willow Creek* gründeten, formulierten wir unsere Pläne um diese gegebene Größe herum: ein wöchentlicher „Offener Gottesdienst“, der einen neutralen und informativen Raum bilden sollte, zu dem kirchendistanzierte Menschen kommen und in dem sie sich ein genaueres Urteil über den christlichen Glauben bilden konnten. Wir haben einen hohen Preis für diese Entscheidung bezahlt, sowohl was die harte Arbeit anging, die nötig war, als auch was die Kritik betraf, die wir im Laufe der Jahre einstecken mussten. Aber diejenigen von uns, die diesen unvergesslichen Abend im Mai 1974 miterlebt haben – wie viele der gegenwärtigen leitenden Mitarbeiter von *Willow Creek* –, wissen, dass uns Gott damals auf denselben Weg berufen hat, auf den er uns auch heute ruft: offensiv und unnachgiebig zu sein, wenn es darum geht, in unserer Gemeinschaft Möglichkeiten für kirchendistanzierte Menschen zu schaffen. Und immer wieder erleben wir, wie Gott durch unsere evangelistischen „Offenen Gottesdienste“ Menschen zu sich zieht.

Ich erinnere mich an die Predigtreihe zum Thema „Glaube hat Gründe“, die Bill später in *Willow Creek* hielt, in der viele Menschen zum ersten Mal eine klare Verteidigungsrede für den christlichen Glauben hörten – und Hunderte vertrauten ihr Leben Christus an. Ich erinnere mich an die Predigtreihe zum Thema „Öl ins Feuer der Ehe gießen“, in der Bill sagte, dass es wichtiger sei, in seiner persönlichen Beziehung zu Gott zu wachsen, als sich um Wachstum in seiner Ehe zu bemühen. Viele kamen nach dieser Predigt zu Christus. Eine ernsthafte Stimmung lag über dem Zuhörerraum während der Predigtserie „Ihre Ewigkeit danach". Viele Menschen kehrten um, als sie zum ersten Mal mit den ewigen Realitäten von Himmel und Hölle konfrontiert wurden. Ich könnte viele solche Beispiele nennen. Zweimal im Jahr feierten wir in *Willow Creek* Taufgottesdienste, in denen Hunderte von Menschen öffentlich ihren neu begründeten Glauben in Christus bezeugten. Viele dieser jungen Menschen wurden Christen, nachdem sie zusammen mit einem gläubigen Freund einen „Offenen Gottesdienst" besucht hatten.

Ich werde auch nie das Wochenende vergessen, an dem Bill über das Thema „Zeig mir den Weg" predigte. Der Gottesdienst als Ganzes war vielleicht die klarste und mitreißendste Vorstellung dessen, was es heißt, Christ zu werden, die Bill und dem Programmgestaltungsteam von *Willow Creek* bis dahin jemals gelang. Bill forderte den Kern der erwachsenen Gläubigen genauso heraus wie fast zwanzig Jahre zuvor die Jugendlichen in *Son City:* „Ihr ladet eure Freunde ein; wir garantieren, dass sie das Evangelium hören." Der Zuschauerraum war bei jedem Gottesdienst voll. Als Bill predigte, stand die gesamte Gemeinde unter Hochspannung. Die Christen bebten vor Aufregung und Anteilnahme, weil rechts und links von ihnen Menschen saßen, die sie seit Jahren zu Christus und in die Gemeinde führen wollten. Diese Energie in Strom umgesetzt hätte ganz Chicago beleuchten können.

Heute findet sich in *Willow Creek* dieselbe pulsierende Leidenschaft, Menschen zu Jesus zu führen, die die frühen Jahre von *Son City* kennzeichnete. Menschen zu Jesus zu führen ist natürlich erst der Anfang; unser letztendliches Ziel ist es, dass sie hingegebene Nachfolger Jesu werden. Ebenso ist der „Offene Gottesdienst" nur ein Teil der Geschichte von *Willow Creek,* nur ein Schritt in einem umfassenden Dienstkonzept, das entwickelt wurde, um Menschen auf ihrem Weg zu ständig zunehmender Hingabe an Christus zu ermutigen.

In dieser Nacht im Mai 1974 hatten wir keinerlei Vorstellung davon, was uns die Zukunft bringen würde. Als Bill mit dem Rücken an diese raue Mauer gelehnt dasaß, wusste er nur eines: Es würde auch in Zukunft seine Aufgabe sein, kirchendistanzierte Menschen zu erreichen. Er hatte keine großartige Vorstellung davon, was dieses Versprechen wirklich beinhalten würde. Er hatte keinen Langzeitplan. Zu diesem Zeitpunkt kam ihm der Gedanke, eines Tages eine Gemeinde zu gründen, überhaupt nicht in den Sinn.

Aber irgendetwas passierte tief in ihm. Er war von dem Bewusstsein gepackt: Alle evangelistischen Anstrengungen, die das Leben von Menschen, die weit von Gott entfernt sind, berühren, machen Gott Freude und spiegeln das Herz Christi wider.

Anmerkungen

[1] Tom Coome/Chuck Butler: *Two Hands.* 1970 Dynamis Music, Love Song Album, North Hollywood (CA). Good News Records 1972. Vertrieb: Myrrh Records, Word, Inc.

Kapitel 2

Die Phase des Umbruchs – „Kirche sein"

„Ich erinnere mich, wie ich das erste Mal nach South Park *ging, in eine Kirche, die genauso aussah wie die Kirche, aus der ich viele Jahre zuvor weggegangen war. Aber die Band spielte laute Musik und die Jugendlichen hatten viel Spaß. Es verschlug mir einfach die Sprache. Dann nahm ich an einer* Son City*-Freizeit teil, und jeder schien sich um mich zu bemühen, und zwar aufrichtig. An diesem Wochenende hörte ich viel über das Evangelium und über wahre Nachfolge. Ich war bereit dafür, es zu hören. ‚Okay', sagte ich, ‚das ist es.' Und ich vertraute mein Leben Christus an."*
Tim VandenBos, Leiter des *Willow Creek*-Abenteuerlagers

Neulich saß ich an einem frischen Maimorgen im Kirchenraum des würdevollen roten Backsteinbaus der *South Park Church,* die vor über 20 Jahren *Son City* beherbergt hatte. Ich saß unter dem weißen Deckengewölbe, meine Augen wanderten an dem langen, weißen Deckenfries entlang, der die Linie bezeichnet, an der die Gewölbebögen auf die himmelblauen Wände stoßen. Ich zählte die winzigen Scheiben aus mattem Glas, welche die zehn Rundbogenfenster ausfüllten. Ich ging an den sechsunddreißig weißen Kirchenbänken entlang und stand vor der weißen, hölzernen Kanzel mit ihren drei gewölbten Seiten. Zu meiner Linken stand der weiße Flügel, zu meiner Rechten die weiße Orgel mit ihren glänzenden Pfeifen. Ich legte meine Hand auf die weiße Kommunionbank, auf der in goldenen Lettern zu lesen war: „Tut dies zu meinem Gedächtnis."

Die Zeiten vermischten sich und plötzlich war ich wieder in *Son City.* Ich konnte nur lachen. Warum ich? Warum wurde ein ganz gewöhnliches Mädchen wie ich mitten in etwas so

Außergewöhnliches hineingestellt? Für mich und so viele andere, Leiter wie Schüler, war *Son City* unsere Familie, unsere Freunde, unser soziales Umfeld, unsere Freizeit, unsere Leidenschaft und unsere Berufung. Es war, mit einem Wort, unser Leben – ein wundervolles und aufregendes Leben, das Tag für Tag an Bedeutung gewann.

Jahre später bemühten wir uns, die richtigen Worte zu finden, um dies zu beschreiben, aber schließlich fiel uns nichts anderes ein als die Feststellung: „Es musste einfach so sein." Viele von uns haben diese intensive geistliche und beziehungsorientierte Zeit wie das Leben am Hof eines sagenhaften Königs beschrieben. Aber es hatte auch eine Schattenseite.

Die bekamen nicht viele von uns mit, aber diejenigen, die es taten, waren zwischen zwei Extremen hin- und hergerissen: zwischen einer atemberaubenden Erfahrung unseres Dienstes, die unserem Leben mehr Bedeutung verlieh, als wir jemals erhofft hatten, und einer herzbewegenden, persönlichen Enttäuschung, die sich zur Verzweiflung entwickelte. Vielleicht kann ein Blick in Bills Kalender vom November 1974 etwas von dieser dunkleren Seite zeigen:

Sonntagvormittag:	Gottesdienst (Bill sang mit bzw. leitete den Zeugnisteil)
Sonntagnachmittag:	Musikprobe (Bill sang)
Sonntagabend:	Abendgottesdienst (Bill nahm oft an diesen Gottesdiensten teil)
Montagabend:	*Son Village* (Bill predigte)
Dienstagabend:	*Awana Club* (Bill hatte die Leitung)
Mittwochabend:	*Son City* (Bill predigte)
Donnerstagabend:	*Son City* (Bill predigte)
Freitagabend:	Freizeit oder Team-Veranstaltungen oder Gebetsnacht oder Konzert oder Jüngerschaftskurs (Bill war an allen Veranstaltungen beteiligt)
Samstagnachmittag:	sportliche Veranstaltungen (Bill hatte die Leitung)
Samstagabend:	Sportabend (Bill hatte die Leitung)

Zusätzlich zu diesen Aktivitäten verbrachte Bill täglich mehrere Stunden damit, das Programm für *Son City* zu planen, verschiedene Dienste zu leiten und Predigten vorzubereiten. Daneben absolvierte er ein volles Studium am College. Und in jeder freien Minute seines Terminkalenders fand sich ein Schüler, der diese freie Zeit unbedingt ausfüllen musste.

In Gedanken laufe ich an dieser ruhigen, dreispurigen Straße entlang, die von der Kirche zu dem winzigen Haus führt, in dem wir unser Eheleben in Mai 1974 begonnen hatten. Ich sitze an unserem runden Küchentisch mit der roten Tischdecke. Wieder ein einsames Mahl. Wieder ein leerer Abend. Eine Stunde zuvor hatte ich Bill gebeten, zu Hause zu bleiben. Er hatte mich ungläubig angesehen. „Jugendliche sterben und kommen in die Hölle, und du verlangst von mir, zu Hause zu bleiben und deine Hand zu halten?" Ich war zu jung und zu unsicher, um zu wissen, was ich hätte antworten sollen. Die Worte hallten in meinem Kopf wider und ich hörte sie in immer neuen Variationen: „Lass mich damit in Ruhe, Lynne. Wie kannst du das verlangen, Lynne?" Nachdem ich sechs Monate verheiratet war, war ich fest davon überzeugt, einen schrecklichen Fehler begangen zu haben. Ich liebte den Mann, den ich geheiratet hatte. Ich liebte *Son City.* Aber ich hasste unsere Ehe. Ich hasste den Schmerz der Enttäuschung. Ich hasste den Morgen, der den Tod so vieler Träume brachte. Und ich hasste die Einsamkeit.

Rückblickend verstehe ich, dass Bill mich nicht verletzen wollte. Er hatte nur einfach das rechte Augenmaß verloren. Er war in etwas involviert, das so machtvoll, so fruchtbringend, so verlockend, so wundervoll und so viel größer als er selbst war. Um auf diese Aufgabe anders zu reagieren als er, hätte es eines unglaublich reifen Mannes mit einer langfristigen Lebensperspektive bedurft. Aber wie reif kann man mit zweiundzwanzig Jahren schon sein? Und wie kann man in die Zukunft blicken, wenn die Gegenwart so außergewöhnlich ist? Heute spricht Bill von der Suchtwirkung des Fruchtbringens, aber damals wusste er noch nichts davon. Er dachte nur, dass eine langsamere Gangart für ihn dasselbe wie Ungehorsam oder Faulheit wäre. Gott segnete ja offensichtlich seine Bemühungen, darum wollte er immer mehr tun. Der Segen jugendlicher Energie ist, dass man ununterbrochen arbeiten und produktiv sein kann. Leider bedeutet das aber auch, dass man oft an allen Erkenntnissen vorbeiläuft, weil man durch die sonst notwendigen Regenerationspausen nicht zum Nachdenken gezwungen wird.

Heute kann ich voller Verständnis auf Bills ungesunde Terminplanung zurückschauen. Damals aber fühlte ich mich nur verletzt. Viel zu oft wandelte sich mein Schmerz in Ärger und Feindseligkeit, die Bill immer weiter von mir wegtrieben. Ähnliche Kräfte waren auch in den Ehen anderer leitender Mitarbeiter und im Familienleben vieler Schüler am Werk. Aber gerade als einer von uns den Mut gehabt hatte, dieses Problem anzusprechen, erlebten wir eine neue Welle von Entscheidungen für Christus. Wir staunten erneut über Gottes versöhnende Kraft und fühlten uns schuldig, weil wir daran gedacht hatten, den Stecker aus der Steckdose der göttlichen Stromversorgung zu ziehen. Es schien nur eine Möglichkeit zu geben: weiterzumachen wie bisher. Aber würden unsere Ehen das überleben?

Auf Kollisionskurs

Unglücklicherweise spiegelten unsere persönlichen Kämpfe einen größeren Beziehungskampf wider. Auch die Ehe zwischen *Son City* und der *South Park Church* war spannungsgeladen. Und das aus gutem Grund. *Son City* war kein pflegeleichter „Ehepartner".

Eine andere Erinnerung kommt mir in den Sinn. Ich gehe zurück in den eleganten Kirchenraum und sehe Hunderte von Jugendlichen mit staubigen Schuhen, die von den Wettkämpfen im Freien kommen und zu den Klängen der Rock-'n'-Roll-Musik, die aus überdimensionalen Boxen dröhnt, auf den Teppichboden im Mittelschiff stampfen. Lichtblitze malen wilde Muster auf die makellosen Wände. Die Kanzel ist nicht zu sehen, und ich weiß, dass die Abendmahlsbank in irgendeine Toilette gesteckt wurde. Auf der Spitze der weißen Orgel steckt die Anzeigetafel für die Teamergebnisse. Ich sehe einen kleinen Erstsemester vor mir, der vergessen hat, seine Schuhe auszuziehen, bevor er auf die Orgel stieg, um die Ergebnisse der Teams einzutragen.

Ich sehe einen anderen Abend vor mir. Ein riesiges Tau wird quer durch den Mittelgang gespannt. An die hundert Jugendliche stemmen ihre Absätze in den Teppichboden und veranstalten ein gigantisches Tauziehen. Ich sehe ein Softballspiel im selben Mittelgang, Frisbeescheiben, die von Empore zu Empore geworfen werden, und Wettkämpfe im Gewichtheben, die auf dem Podium ausgetragen werden.

Ich erinnere mich an die Woche, in der wir das gesamte Kirchengelände für einen Halloween-Wettkampf verwendeten. Jeder Dienstbereich sollte einen Raum gestalten. Die Kunst-Abteilung landete in der Taufkapelle, die in ein sehr kreatives „Spukhaus“ verwandelt wurde. Am nächsten Morgen führte einer der Verantwortlichen der Gemeinde ein etwas längeres Gespräch mit Art Gay, der inzwischen Pastor in *South Park* geworden war, über die Notwendigkeit, zur Gewinnung von Seelen Tupfen an die Wände der Taufkapelle zu malen.

Jedes Stück Teppichboden und jeder Zentimeter Wand trugen die Spuren von *Son City*. Und Menschen wie Art begannen, sich allmählich darüber aufzuregen. Jede Kirchenbank war locker und voller Schrammen. An *Son City*-Abenden waren die vorderen Bänke, die gewöhnlich dreizehn oder vierzehn Leute fassten, mit zwanzig Schülern besetzt, die natürlich nicht still sitzen blieben. Eines Abends setzte die Last den physikalischen Möglichkeiten von Holz, Leim und Nägeln ein Ende. Die Bank brach zusammen.

Heute, da wir selbst erwachsene Verwalter eines Gemeindegebäudes sind, bedauern wir die Art und Weise, wie wir mit den Räumlichkeiten umgegangen sind, und wir bedauern unsere Ungeduld gegenüber den Verantwortlichen der Kirche und den Gemeindemitgliedern, die sich über unser Verhalten beklagten. „Verstehen diese Leute denn nicht, dass es um das

Leben von Jugendlichen geht?", fragten wir gewöhnlich. „Hören sie denn nicht, was hier gepredigt wird? Haben sie nicht gesehen, wie sich Leben verändert haben? Wer kümmert sich schon um ein Gebäude, wenn es um die Ewigkeit geht? Was sind im Vergleich dazu ein paar Reparaturrechnungen? Es ist doch nur Geld." Inzwischen haben wir gelernt, dass das Geld nicht auf Bäumen wächst, dass sich jemand um ein Gebäude kümmern muss und dass man auch Leben verändern kann, ohne die gesamte Einrichtung zu beschädigen.

South Park war erstaunlich tolerant gegenüber diesen Auswüchsen der Jugendarbeit. In der Tat haben uns viele Menschen in der Gemeinde begeistert unterstützt, haben ihre Autos für weiter entfernte Veranstaltungen zur Verfügung gestellt, haben Essen und Unterkunft für Leiter bereitgestellt und uns finanziell und im Gebet mitgetragen. Andere bewiesen unglaubliche Geduld und einen Geist der Vergebung, wenn ihre Kinder später als geplant von irgendwelchen Veranstaltungen zurückkamen oder wenn ihre Söhne und Töchter an Familienunternehmungen nicht teilnahmen, weil „sie einfach in *Son City* sein mussten", oder wenn die Familienautos daheim mit demselben Staub wieder abgegeben wurden, der den Teppichboden von *South Park* zierte. Wir erinnern uns an diese Menschen mit großer Dankbarkeit und Zuneigung.

Aber schließlich gab es in *Son City* mehr als doppelt so viele Jugendliche wie Erwachsene in der Kirche. Das Jahresbudget für die Jugendarbeit stieg von 3.000 Dollar im Jahr 1972 auf 80.000 Dollar im Jahr 1975 an. Auch wenn Schüler echte Fachleute sind, wenn es darum geht, Geld auszugeben, sind sie nicht ganz so gut, wenn es darum geht, es einzubringen. Wir hatten fast jeden Abend Veranstaltungen, die die bestehenden Budgets und Pläne sprengten und die anderen Veranstaltungen der Kirche durcheinander brachten.

Als die Spannung zwischen *Son City* und den Erwachsenen der Gemeinde zunahm, fragte sich Bill, was Gott wohl vorhatte. *Son City* war so aufregend wie immer, das Leben von Schülern wurde nach wie vor verändert und die Leitung war sich einig. Aber in gewisser Hinsicht wurde diese Arbeit langsam bedrohlich. Es entstand eine unmögliche und höchst belastende Situation in dieser großartigen Gemeinde. Was sollten wir tun?

Fast zwei Jahre zuvor wurde die Antwort darauf schon vorbereitet.

Eine moderne Tragödie

In diesen zwei Jahren bemühte sich Bill um einen Abschluss seiner Bibelstudien am *Trinity College* in Deerfield, Illinois. In seinem ersten Semester fragte einer seiner Professoren: „Will jemand von Ihnen etwas wirklich Großes mit seinem Leben anfangen? Wollen Sie sich der anspruchsvollsten, am schwersten zu erfüllenden Herausforderung in dieser Welt stellen? Wollen Sie etwas wirklich Aufregendes erleben?" Und ohne Überleitung fügte er hinzu: „Dann verschreiben Sie sich der Vision Jesu, hier in dieser Welt die Gemeinde Gottes zu gründen. Verschreiben Sie sich der Kirche!"

Bill dachte: *Macht der Witze? Anspruchsvolle Herausforderung? Aufregung? Denkt er, ich bin von gestern? Ich weiß alles über die Gemeinde. Eine Stunde pro Woche reicht mir völlig.*

Aber von Zeit zu Zeit beendete dieser Professor das Hauptthema seiner Vorlesung vor Ablauf der Stunde, stellte sich vor sein hölzernes Pult, blickte schwermütig auf etwas, das nur er sehen konnte, und vermittelte mit seinem interessanten französischen Akzent einige Visionen, um die ihn keiner gebeten hatte.

„Die frühe Kirche", sagte er, „war lebendig. Sie war vom Geist geleitet, deswegen war sie frisch und energiegeladen, dynamisch und überraschend. Es ging nicht darum, irgendeinen Zustand zu bewahren oder etwas der Form halber zu tun. Es ging darum, dass der Heilige Geist auf dramatische und explosive Weise im Leben von Menschen am Werk war."

Der Professor sprach darüber, wie die frühen Christen das Wort Gottes in ihrem täglichen Leben hatten zum Zug kommen lassen. Von ihm wurden ihre Haltungen, Ziele und ihre

Beziehungen bestimmt. Er beschrieb, wie echte christliche Nachfolge aussieht und was es heißt, die Masken abzunehmen und zusammen zu kämpfen, zu weinen und sich zu freuen, einander Brüder und Schwestern zu sein. Er beschrieb das Abendmahl als eine tief bewegende Gelegenheit, sich wieder mit Gottes Gnade zu verbinden und die größte Tat der Liebe zu feiern. Er beschrieb Gebet als unübertreffliches Privileg und den Kraftkanal, der der frühen Kirche die Energie gegeben hatte.

Seine Litanei über die Kirche des Neuen Testamentes ging ständig weiter. Ein Bewusstsein – nein, eine Erwartung – von Wundern und die Erwartung von übernatürlichen Überraschungen sollten eine vom Geist geleitete Kirche kennzeichnen. Erlöste Menschen würden Privateigentum der Gemeinschaft zur Verfügung stellen – nicht Kommunismus, sondern Gemeinschaft und Gottes materielle Gaben als Möglichkeit, den Armen und Bedürftigen zu helfen.

Die frühe Kirche hatte Wohlwollen gefunden, weil sie aus liebevollen Menschen bestand, die aufeinander achteten, auf Bedürfnisse reagierten und denen soziale Gerechtigkeit ein Anliegen war. Bills Professor erklärte ganz sachlich, dass „zu ihrer Gemeinschaft täglich Menschen hinzugefügt wurden", weil das ganz natürlich geschehe, wenn Gemeinde wirklich Gemeinde ist.

Der mitreißende Franzose beklagte, dass die Realität in den meisten Kirchen und Gemeinden des 20. Jahrhunderts unendlich weit von diesem biblischen Bild entfernt sei: „Die Predigten sind geistlos und ohne jeglichen Bezug zum täglichen Leben. Nachfolge bedeutet wenig mehr, als nach dem Gottesdienst oberflächliche Gespräche im Vorraum der Gemeinde zu führen. Abendmahl ist zum losgelösten Ritual verkommen, Gebet zur reinen Formsache. Überraschungen – im Sinne von Programmen oder Predigten oder Praktiken oder Lebensveränderungen – widerfahren den Gemeinden selten, und allein die Vorstellung von Wundern ist veraltet. Die ‚Besitzenden' schenken den ‚Besitzlosen' wenig Aufmerksamkeit und noch weniger Hilfe. Die Kirche handelt wie eine Subkultur auf einer isolierten Insel und wundert sich, warum sie von der Gesellschaft in weiten Bereichen schlichtweg ignoriert und wenig geschätzt wird. Evangelisation ist etwas, ‚das wir unbedingt tun sollten', aber nie tun.

Dies ist eine moderne Tragödie", fasste Dr. Gilbert Bilezikian seine Ausführungen zusammen. Er erwies sich als meisterhafter Vermittler von Visionen. Bill besuchte zwei Jahre lang jede seiner Vorlesungen. Es war völlig gleichgültig, über welches Thema er lehrte – Bill war wegen der zehn oder fünfzehn Minuten dort, in denen Dr. Bilezikian seine Seele öffnete, wenn er plötzlich vom Thema abschweifte und über die Gemeinde Jesu sprach. Das Bild, das er zeichnete, schien jenseits der Realität zu liegen, aber Bill ertappte sich dabei, dass er sich fragte: *Was wäre, wenn man es verwirklichen könnte? Was wäre, wenn man im 20. Jahrhundert eine echte Gemeinschaft Gottes aufbauen könnte? Es würde die Menschen in dieser Welt verwandeln und sie in die nächste Welt geleiten.*

Gepackt!

Es wäre falsch zu sagen, dass Bill sich diese Vision zu Eigen machte. Die Wahrheit ist, dass die Vision Bill gefangen nahm. Sie nahm ihn gefangen, sie überwältigte ihn und blendete alles Übrige aus. Plötzlich war es die einzig sinnvolle Vision, die einzige Vision, die es wert schien, sein Leben dafür zu geben.

„Innerhalb weniger Monate", erzählte Bill, „schien jedes andere Ziel vor dem Gedanken zu verblassen, das Reich Gottes hier auf Erden zu bauen. Es hatte seinen Reiz verloren, sich vor einem Spiegel zu verbeugen. Sich um Geld, Spielzeug, Freude oder Ansehen zu bemühen schien eine triviale Beschäftigung zu sein. Die Karriereleiter hinaufzuklettern das reinste Sandkastenspiel. Ich spielte diese Lebensentwürfe in meinem Kopf durch, aber keiner von ihnen war es wert, dafür das einzige Leben zu geben, das ich hatte. Auf Grund meines familiären Hintergrundes hatte ich schon entdeckt, dass irgendwann jeder Spaß langweilig wird, dass Reisen nie mit den Katalogbildern übereinstimmen und dass sich meine Lebensqualität nicht ändert, wenn ich tausend Dollar mehr verdiene."

Schließlich sagte Dr. Bilezikian eines Tages: „Vielleicht wird einer von euch Studenten eines Tages versuchen, eine Gemeinde wie diese zu verwirklichen."

Bill erzählte später: „Ich wollte aufspringen und rufen: ‚Nehmen Sie mich! Ich will es tun!' Ich hatte keine Ahnung, welche geistlichen Gaben ich hatte. Ich dachte ganz sicher nicht, dass ich zum Pastor oder Gemeindeleiter bestimmt wäre. Aber egal, welchen Beitrag ich leisten könnte, ich wollte es tun. Ich fühlte mich wie ein Kind, das immer Football gespielt hat und plötzlich entdeckt, dass es in der ersten Liga spielen könnte. Ich musste darüber nicht nachdenken. ‚Nehmen Sie mich!'"

Sich für die erste Liga zu bewerben hieß für Bill nicht, einen Dienst für Erwachsene ins Leben zu rufen. Zu diesem Zeitpunkt bedeutete „Gemeinde" noch *Son City.* Kurz vor der ersten Vorlesung bei Dr. Bilezikian war die erste größere Evangelisationsveranstaltung in *Son City* gestartet. Auf diese Weise hörte Bill die inspirierende Lehre über die Gemeinde Jesu parallel zu den inspirierenden Erfahrungen von veränderten Leben bei den ersten Entscheidungen in *Son City.*

Das 2. Kapitel der Apostelgeschichte

Als Dr. Bilezikian sprach, wurde Bill klar, dass die Kirche die einzige Hoffnung für die Welt war. Nur die Macht Christi, die durch die Aktivitäten der Ortsgemeinden wirkte, und der direkte Einfluss des Heiligen Geistes konnten die fallende Flugbahn der Menschen und der Gesellschaft verändern. Systeme und Organisationen von gottlosen Menschen würden die Gesellschaft ungebremst in den Abgrund stürzen lassen. Aber die Kirche konnte gewaltige – letztlich strategische – Bedeutung in dieser Welt haben.

In privaten Gesprächen fragte Bill Dr. Bilezikian, wie er

das, was er bei ihm lernte, in *Son City* in die Praxis umsetzen könnte.

„Wie ernst ist es Ihnen?", fragte Dr. Bilezikian „Wollen Sie nur eine weitere Jugendgruppe aufbauen, die aus professionellen Aktivitäten, Sportwettkämpfen, Partys und Ausflügen zum Strand besteht? Oder wollen Sie diese Jugendlichen wirklich mit der wahren ‚Krankheit' des Christentums anstecken?"

„Ich will sie anstecken."

„Dann brauchen Sie nur das 2. Kapitel der Apostelgeschichte zu befolgen."

Dr. Bilezikian forderte Bill auch dazu heraus, die Schüler zu völlig hingegebener Nachfolge anzuleiten. Und es war Dr. Bilezikian, der Bill und die anderen leitenden Mitarbeiter dazu brachte, das urgemeindliche Modell für wahre christliche Nachfolge umzusetzen und offene und vertrauensvolle Beziehungen untereinander aufzubauen. Er war es, der Bill motivierte, ein Klima zu schaffen, in dem Gebet, Anbetung und Abendmahl ganz wesentliche Bestandteile waren und in dem Jugendliche ihre Mittel mit anderen teilen würden. Von ihm stammte auch die Anregung, den Schüler etwas über geistliche Gaben beizubringen.

In persönlichen Gesprächen wurde Dr. Bilezikian zunehmend leidenschaftslos, ja, Bill entdeckte in seiner Haltung das Gefühl von Sinnlosigkeit, fast schon Resignation. Er sprach ihn einmal darauf an und Dr. Bilezikian erklärte: „Ich habe mich viele Jahre wie Johannes der Täufer gefühlt, wie der einsame Rufer in der Wüste. Ich verstand, dass Gott von mir wollte, ich solle weiterhin rufen, auch wenn mir keiner zuhören würde. Aber ich werde langsam müde." *Ruft er mich?*, fragte sich Bill. Dr. Bilezikian lehrte nur für zwei Jahre am *Trinity College*, genau die zwei Jahre, in denen auch Bill dort war. War das Zufall oder ein von Gott arrangiertes Zusammentreffen?

Bill kämpfte mit der Radikalität von Dr. Bilezikians Vision. *Vergiss das Ganze*, dachte er oft. *Das ist geistliche Utopie. Evangelikales Nirwana. Veraltete Bibelgeschichte. So etwas funktioniert in der hoch zivilisierten Gesellschaft des 20. Jahrhunderts nicht.* Aber er war noch jung und idealistisch genug – oder genug vom Geist geleitet –, dass er ebenfalls noch denken konnte: *Aber was wäre, wenn es doch geschehen könnte? Und was wäre verloren, wenn ich es nicht glauben und nicht versuchen würde? Wenn ich etwas nicht tue, das vielleicht möglich gewesen wäre?* Diese Fragen begannen, ihn zu überzeugen.

Als in *South Park* die Spannungen zwischen der Gemeinde und der Jugendarbeit allmählich zu Tage traten, dachte Bill wieder an die Worte von Dr. Bilezikian und fragte sich, ob das 2. Kapitel der Apostelgeschichte mit Erwachsenen genauso funktionieren würde wie mit Schülern. Würden Erwachsene flexibel genug sein, etwas Neues auszuprobieren? Würden sie die Herausforderungen annehmen?

Träume

Oft saßen wir bis spät in die Nacht mit Dave, seiner Frau und anderen leitenden Mitarbeitern zusammen und sprachen über das, was sein könnte. Wir träumten von einem Ort, an dem das Wort Gottes auf eine einfach unwiderstehliche Art gepredigt wurde. Wir träumten von Menschen, die in Kleingruppen zusammenkamen, sich in ihren Häusern trafen und miteinander aßen und sich über wesentliche Dinge unterhielten. Wir träumten von einer Gemeinschaft, in der Gebete Gott zum Handeln veranlassten. Wir träumten von einer Gemeinde, die im Gegensatz zur Gesellschaft stand, in der die wohlhabenden Mitglieder sagen würden: „Genug ist genug", und ihre überschüssigen Mittel der Gemeinde zur Versorgung der Bedürftigen zur Verfügung stellen würden. Wir träumten von Gemeindemitgliedern, die untereinander eine so starke Liebe lebten, dass positive Gerüchte unter den Nichtgläubigen kursierten und kirchendistanzierte Menschen, die einfach nur sehen wollten, was hier los war, zum Glauben an Christus kamen. Wir träumten von einem Ort, an dem Platz für Wunder war, an dem das, was geschah, nicht mit menschlichen Begriffen erklärt werden konnte.

Wir träumten nicht davon, eine große Gemeinde zu sein. Wir träumten von Apostelgeschichte, Kapitel 2. Wir träumten von dem Gefühl, zu einer biblischen, funktionierenden Gemeinschaft zu gehören. Wir träumten davon, Gemeinde zu sein. Wir glaubten, dass dieser Traum direkt aus dem Herzen Jesu kam. Die Gemeinde blieb, trotz allem, seine Vision. Sie begann nicht mit einem Schulneuling in einem Klassenzimmer. Sie wurde nicht von einem Haufen Schüler in einem Nachtcafé geträumt. Das Bild wurde zuerst von Jesus gemalt, der sagte: „Ich werde meine Kirche bauen und die Mächte der Unterwelt werden sie nicht überwältigen" (Matthäus 16,18).

Aber was bedeutete der Traum im Winter 1975 wirklich für uns? War es bloß eine gedankliche Anregung? Oder war es der Ruf Gottes, *South Park* zu verlassen und eine eigene Gemeinde zu gründen? Es schien zunehmend Letzteres zu sein, weil Bill eine wachsende Leidenschaft für den Dienst an Erwachsenen spürte. *Wie,* dachte er, *können wir wirklich etwas in der Welt verändern, wenn wir nicht die ganze Familie erreichen?*

Als Bill seinem Mentor, Dr. Bilezikian, von diesem Gedanken erzählte, war dieser besorgt. „Passen Sie auf, dass nicht Ihre Augen größer sind als Ihr Magen", sagte er. „Ich denke, Sie sollten lieber bei den Schülern bleiben. Gehen Sie einfach von ‚Son City' weg und gründen Sie eine unabhängige Jugendarbeit." Dr. Bilezikian war nicht davon überzeugt, dass Erwachsene offen für ein neues Gemeindeverständnis wären und so positiv auf Musik, Theater und Medien reagieren würden wie die Schüler und Studenten. „Aber", fuhr er fort, „wenn Sie wirklich glauben, dass Gott Sie dazu beruft, werde ich hinter Ihnen stehen. Ich werde alles tun, was in meiner Macht steht, um Ihnen zu helfen."

Ein wegweisender Augenblick

Im März machten Bill und ich unseren dringend benötigten Urlaub in Florida und sprachen weiter darüber, wie man eine neue Gemeinde gründen könnte, die auf den Prinzipien und

Strategien von *Son City* beruhte. Als wir nach Hause zurückkehrten, erklärte Bill den Teamleitern, dass er sich vom Heiligen Geist geleitet fühlte, eine neue Gemeinde zu gründen, und bat sie, darüber zu beten. Im April las er Robert Schullers Buch *Your Church Has a Fantastic Future* („Ihre Gemeinde hat eine fantastische Zukunft"), das ihn in seinem Glauben bestärkte, durch eine Ortsgemeinde kirchendistanzierte Menschen zu erreichen. Im Mai erklärte er den Ältesten der *South Park Church* seinen Rücktritt.

Der schwierigste Prüfstein für Gottes Ruf kam, als Dave Holombo sagte: „Das ist großartig, Bill. Du gründest eine neue Gemeinde und ich bleibe hier und mache mit ‚Son City' weiter." Andere leitende Mitarbeiter sagten dasselbe – verständlicherweise. *Son City* war mit den fast zwölfhundert Schülern, die jede Woche kamen, auf seinem Höhepunkt angelangt. Wir dachten alle, wir würden für den Rest unseres Lebens in *Son City* sein. Unsere Einstellung war: „Gott tut hier große Dinge. Lasst uns also bis zum Ende weitermachen." Jetzt wollte Bill plötzlich alles aufgeben und etwas Neues anfangen, ohne Garantien, ohne Vorläufer, ohne Unterstützung einer Gemeinde, Organisation oder eines bedeutenden Geldgebers. Bill konnte Daves Entscheidung verstehen, aber er war aus dem Gleichgewicht gebracht. Das gesamte Wunder von *Son City* geschah unter der Leitung von Bill *und* Dave. Wie konnte Bill ohne ihn im Dienst bestehen?

Als Bill an diesem Abend in Gedanken seinen bisherigen Weg nachvollzog, stellte er sich – und Gott – diese Frage. Die einzige Antwort, die er bekam, war: *Du kannst in dieser Welt nichts verändern, wenn du nicht die Erwachsenen erreichst. Jetzt ist die Zeit gekommen. Mach weiter.*

Dieser Augenblick wies den weiteren Weg, es war ein „Auch wenn keiner mit mir geht, werde ich dir folgen"-Gespräch mit Gott. Danach hatte Bill wirklichen Frieden darüber, dass wir beide uns diesem Abenteuer alleine stellen würden.

Aber Gottes Wege sind manchmal unerforschlich. Als Bill im Juni der ganzen Gemeinde offiziell seinen Rücktritt erklärte, hatten Dave, seine Frau Sue und einige andere begabte

Leiter beschlossen, mit uns zu kommen. Gemeinsam leiteten wir eine zweimonatige Übergangsphase ein, in der Bill und Dave ihre Verantwortungsbereiche an andere Mitarbeiter übergaben. Im August traten wir alle zum letzten Mal mit der *Son Company* auf und verließen die *South Park Church* offiziell. Bill und ich waren damals dreiundzwanzig Jahre alt.

Wir hatten beschlossen, unsere neue Gemeinde in Palatine, lllinois, zu gründen, einer Vorstadt, die zwanzig Meilen westlich von Park Ridge lag, weil eine Gruppe von *Son City*-Schülern, die zwei Jahre lang immer mit Bussen nach Park Ridge gefahren war, darauf erpicht war, in dieser Gegend endlich eine eigene Gemeinde zu haben. Wir hatten keinerlei demografische Studien durchgeführt. Wir wussten absolut nichts über Palatine oder das benachbarte Barrington. Wir wussten nur, dass einer der Leiter dieser Gruppe – ein langhaariger Schlagzeuger namens Mick Bourbon, der ein ansteckendes Lachen und ein brennendes Herz für gottferne Menschen hatte – überzeugt war, Gott habe „etwas ganz Großes in Palatine" vor. Was gab es sonst noch zu wissen?

Und so waren wir bereit, eine Gemeinde für kirchendistanzierte Menschen zu gründen. Alles, was wir brauchten, war Geld, ein Gebäude und Erwachsene. Bill setzte das Erste, was ihm einfiel, in die Tat um: Er kaufte zwölfhundert Körbe Tomaten am *Water Street*-Markt in Chicago und brachte die Schüler von *Son City* dazu, in Palatine von Tür zu Tür zu gehen und sie zu verkaufen. Er hoffte, sie für vier bis sechs Dollar loszuwerden. Was Bill nicht wusste: Palatine war ein Paradies für Hobbygärtner, und das Letzte, was sie im August brauchten, war: noch mehr Tomaten. Am Ende des Tages brachten sie die Körbe nur noch für fünfundzwanzig Cent weg. Trotzdem verdienten wir an diesem einen Tag 4.800 Dollar, genug, um uns eine Ton- und Lichtanlage zu kaufen. Und mit dem kleinen Überschuss begründeten wir die Kasse für unsere Mietkosten.

Im September begannen wir mit etwa zweihundertfünfzig Schülern *Son City West.* Ungefähr hundert kamen aus dem harten Kern von *Son Village* und bildeten schließlich auch den

Kern unserer neuen Gemeinde. Die übrigen waren „Neuzugänge“ aus anderen Gemeinden.

Ein neues Abenteuer

Die Entscheidung, *South Park* zu verlassen, fiel in eine Zeit, in der sich unsere persönliche Situation gebessert hatte. Trotz der Spannungen in unserer Ehe wurde unser Leben zuletzt etwas weniger chaotisch – Bill hatte sein Studium abgeschlossen, die Gemeinde bezahlte ihm ein etwas großzügigeres Gehalt und wir wohnten ganz komfortabel in einer winzigen Zweizimmerwohnung in Park Ridge. Auch ich war inzwischen auf einen Neuanfang in Palatine gespannt. Wie Bill glaubte auch ich, dass Gott uns berufen hatte und dass wir ihm gehorchen sollten. Ich hatte vollstes Vertrauen, dass Gottes Macht groß genug war, um Bill zu gebrauchen und den Traum Wirklichkeit werden zu lassen. Vermutlich hätte ich mir um unsere Finanzen Sorgen machen sollen, aber ich tat es nicht. Ich hatte gelernt, aus wenig viel zu machen. Bill hatte in *South Park* als ehrenamtlicher unbezahlter Mitarbeiter angefangen und sich schrittweise zum Teilzeitangestellten hochgearbeitet. Ich verdiente ein Mindestgehalt im Büro einer christlichen Organisation und später in einer christlichen Buchhandlung. Nebenbei gab ich privat Flötenstunden. Wir hatten Besitz verkauft und Untermieter aufgenommen, um Rechnungen zu bezahlen. Bill hatte hin und wieder Waren für die Firma seines Vaters eingekauft und wurde dafür bezahlt. Mehr als einmal hatten wir eine anonym abgegebene Tüte voller Lebensmittel vor der Tür gefunden – immer dann, wenn wir es am nötigsten brauchten.

Wir waren jung, hatten keine Kinder und waren frei von Belastungen. Wir hatten eben erst ein außergewöhnliches Abenteuer erlebt. Warum sollten wir nicht ein zweites ausprobieren?

Viele Leute sagten, es würde nicht funktionieren, aber wir glaubten ihnen nicht. Wir hatten wenig Aussicht auf Erfolg, aber dessen waren wir uns nicht bewusst. Wir wussten nur, dass Gott gerufen hatte, und da er sich in der Vergangenheit als treu erwiesen hatte, beschlossen wir, ihm auch in der Zukunft zu vertrauen. Es war seine Gemeinde. Sicher hatte er größere persönliche Interessen in dieser Angelegenheit, als wir sie hatten. Wir beteten um seine Führung und handelten nach seinen Weisungen.

Eine verschlungene Geschichte

Der Gedanke, dass Gott uns berufen hatte, eine neue Gemeinde zu gründen, stand in den folgenden drei Jahrzehnten im Mittelpunkt all unserer Aktivitäten und aller Entscheidungsprozesse. In den 1990er Jahren wurde *Willow Creek* analysiert, seziert und systematisiert – von wohl gesonnenen Insidern und kritischen Außenstehenden –, bis zu dem Punkt, an dem das Beispiel von *Willow Creek* mehr eine Gebrauchsanweisung zu sein schien (komplett mit Finanzierungsgarantie) als eine Gemeinde. Aber was wie eine Formel aussieht, ist letztlich eine einzige dreißigjährige Antwort auf die tägliche, unvorhersehbare Weisung Gottes. Die völlig unspektakuläre Wahrheit ist, dass wir die ganze Zeit bei jedem neuen Schritt auf die Führung des Heiligen Geistes vertrauten und nur selten sahen, in welche Richtung der nächste Schritt führte. Wir folgten lediglich der Stimme Gottes, indem wir auf seinen besonderen Ruf für uns hörten, und so konnten wir voller Vertrauen vorwärts gehen.

Die Gewissheit, dass Gott mich berufen hatte, machte mich frei, den Dienst von *Willow Creek* aus ganzem Herzen zu bejahen und zu unterstützen. Natürlich muss ich auch all die Punkte zur Kenntnis nehmen, an denen *Willow Creek* scheiterte und nicht seiner Berufung gemäß lebte. Ich würde gerne eine Geschichte von einem von Gott eingegebenen Traum erzählen, der in tadelloser Perfektion in die Wirklichkeit umgesetzt wurde. Aber das entspräche nicht der Realität. Die Wahrheit ist, dass die Geschichte von *Willow Creek* eine verschlungene

Geschichte aus Gefühlen, Ideen und Aktivitäten ist, die von der Stärke und Schönheit des Göttlichen und von der Schwäche und Hässlichkeit der Sünde gezeichnet ist.

Wenn Sie etwas aus diesem Buch mitnehmen, dann hoffentlich die Erkenntnis, dass die Geschichte von *Willow Creek* eine Geschichte der Gnade ist. Jahre zuvor hatte Gott unsere fehlerhaften Bemühungen angenommen, sie in seine Liebe eingewickelt und in außergewöhnlicher Weise seinen Segen ausgegossen. „Es ist nur ein Haufen Jugendlicher", kann ich ihn sagen hören. „Und dazu ganz schön verletzt und unreif. Aber ich liebe sie. Und ich denke, ich kann etwas aus dieser Mischung von Verrücktheit und Hingabe machen, die sie mir anbieten. Also werde ich sie mit meiner Gnade überschütten."

Ist es vermessen, Gott diese Worte in den Mund zu legen? Lesen Sie mit mir die Worte des Psalmisten: „Wie ein Vater sich seiner Kinder erbarmt, so erbarmt sich der Herr über alle, die ihn fürchten. Denn er weiß, was wir für Gebilde sind; er denkt daran: Wir sind nur Staub" (Psalm 103,13–14). In den letzten zwei Jahrzehnten waren diese Worte eine Wohltat für mich: Gott weiß, dass wir „nur Staub" sind, Geschöpfe der Erde. Lädt er uns ein, uns aus dem Staub zu erheben? Natürlich. Aber er erwartet keine Perfektion. Er weiß, dass, gleichgültig, wie sehr wir uns bemühen, die Geschichte unseres Lebens und unseres Dienstes immer eine verworrene Geschichte sein wird.

Lange Jahre galt *Willow Creek* als das schwarze Schaf unter den christlichen Gemeinden. Die Einstellungen „Es ist möglich", „Egal, was es kostet" oder: „Nach oben sind uns keine Grenzen gesetzt", die uns als die einzig angemessenen Haltungen gegenüber einem so edlen und wertvollen Ideal wie der Kirche galten, lösten regelmäßig starke und unfaire Kritik aus. Wir wurden oft – und werden noch immer – falsch zitiert, missverstanden und falsch beurteilt. Wir wurden „Unterhaltungskünstler" genannt von Leuten, die nicht danach gefragt haben, warum wir unsere Methoden verwenden, und wir wurden von Personen, die unsere Predigten nicht gehört hatten, als Sekte bezeichnet. So manches Mal war es das Schwerste für uns, dass wir uns ständig zur Wehr setzen und mit anderen Gemeinden vergleichen lassen mussten. Mit der Zeit wurden wir der unbegründeten Gerüchte und der unfairen Kritik müde.

Auf der anderen Seite hatten wir die Kritik oft verdient. Wir waren jung und machten wirklich viele Fehler, als wir mit *Willow Creek* anfingen. Und wir werden wohl auch noch weiterhin Fehler machen. Ich habe die Schwächen von *Willow Creek* gesehen, ihre mangelnde Gründlichkeit, ihre einseitigen Reaktionen, ihre hängenden Flügel. Ich habe erlebt, wie Enthusiasmus in Sorglosigkeit umschlug, wie Eifer zu Arbeitssucht wurde und wie Kreativität sich in Respektlosigkeit verwandelte. Ich habe personelle Veränderungen im Mitarbeiterstab erlebt, mit denen wir besser hätten umgehen sollen. Ich habe Menschen gesehen, die Hilfe gebraucht hätten, aber durch die Netze gefallen und schließlich gegangen sind, desillusioniert und verletzt. Ich habe die Folgen von Unreife und Unerfahrenheit und auch von Sünde erlebt. Alles, was menschliche Hände berühren, hat eine Kehrseite.

Aber ich habe auch das Ehrfurcht gebietende und überwältigende Handeln Gottes an *Willow Creek* gesehen. Den ganzen langen Weg hat er uns geführt, herausgefordert, korrigiert und gesegnet. *Willow Creek* wäre ohne dieses Handeln Gottes nie über das Traumstadium hinausgekommen.

In der zweiten Hälfte dieses Buches finden Sie alles über die Vision, die Werte und die Strategie von *Willow Creek.* Sie sollten nicht als Vorlage dienen, nach dem andere christliche Leiter ihre Gemeinden ausrichten sollen, sondern nur als eine Zusammenstellung von Prinzipien, die bei uns in der Praxis funktioniert haben, Prinzipien, über die man nachdenken und die man unter der Führung des Heiligen Geistes möglicherweise anwenden kann. Ich habe erlebt, dass diese Prinzipien Leben und Gemeinden verändert haben in diesem Land und in vielen anderen Ländern – England, Spanien, Deutschland, Polen, Neuseeland und Australien. Ich habe gesehen, dass sie funktionieren, aus der Nähe und über lange Jahre hinweg.

Ich glaube nicht nur an die Prinzipien, die in diesem Buch vorgestellt werden, sondern ich glaube auch an den Mann, dessen Worte und Ideen hinter so vielem stehen, was Sie auf diesen Seiten lesen. Ein Grund, warum ich Bill Hybels geheiratet habe, ist das Wissen, dass er mit seinem Leben etwas Besonderes anfangen wollte. Ich wusste nicht, welche Richtung unser gemeinsames Leben nehmen würde, aber beim Schreiben dieses Buches erinnere ich mich wieder aufs Neue daran, wie spannend Gottes unfehlbarer Plan war. Monatelang setzte ich mich mit der Geschichte von *Willow Creek* auseinander. Ich fragte Bill auf langen Spaziergängen aus, ich sprach mit Freunden und Kollegen aus der Gemeinde und arbeitete mich durch die unsortierten Ablagefächer meines Gehirns hindurch. Dann legte ich mein Büro mit Seiten über Seiten von Abschriften aus, die ich sortierte und exzerpierte und neu sortierte. Als ich dann schließlich zu schreiben begann, merkte ich, dass ich mehr denn je von dem „Material" und dem Mann, der dahinter steht, überzeugt war.

Das Material überzeugte mich, weil es biblisch ist und weil es funktioniert. Der Mann überzeugte mich wegen seiner ehrlichen Leidenschaft. Bill Hybels ist wahrhaftig hingegeben an die Kirche und an die Menschen. Darüber spricht er nicht nur, um die leitenden Mitarbeiter der Gemeinde zu inspirieren. Er lebt es. Neulich rief einer von Bills kirchendistanzierten Freunden an und sagte, dass er krank sei und deshalb nicht wie geplant unseren Samstagabendgottesdienst besuchen könne. Bills Antwort erscheint merkwürdig, wenn man bedenkt, dass er an diesem Wochenende vor Tausenden von Besuchern predigen sollte: „Ich kann es nicht glauben. Dieser Gottesdienst ist auf ihn zugeschnitten. Ich habe gar keine Lust, heute Abend zu predigen, wenn er nicht da ist." Natürlich hat er gepredigt; aber ohne seinen Freund, für den er gebetet und mit dem er über seinen Glauben geredet hatte. Es war eben nicht dasselbe.

Eine persönliche Bemerkung

Für mich waren die letzten dreißig Jahre ausgesprochen schwierig. Dienst ist immer herausfordernd. Eine Ehe aufzubauen ist zuweilen hart. Kinder großzuziehen fordert viel. Seine Gaben zu entdecken und seine Begabungen einzusetzen, kann einen Menschen ziemlich belasten. Für mich wurden diese Herausforderungen noch durch innere Kämpfe und Verletzungen intensiviert, die erst in den neunziger Jahren ans Licht kamen. Und was ich da zu sehen bekam, zwang mich dazu, eine – zugegebenermaßen – unwillkommene Dimension unseres Lebens wahrzunehmen.

Jedes Mal, wenn ich wie vergangenen Abend in einem Taufgottesdienst sitze und weine, wenn ich fast zweihundert Erwachsene sehe, die ein öffentliches Bekenntnis von der erlösenden und verändernden Arbeit Gottes in ihrem Leben abgeben, dann weiß ich, dass es keinen Ort gibt, an dem ich während der letzten dreißig Jahre lieber hätte sein mögen als in *Willow Creek*. Es gibt keine Anstrengung, der ich mich lieber verschreiben wollte, als unerreichte, kirchendistanzierte Menschen zu erreichen, sie in die Wahrheit des Evangeliums einzuführen und auf dem Weg zu einer völligen Hingabe an Jesus Christus zu begleiten.

Wo war ich stehen geblieben? Oh, ja. Es ist August 1975. Wir sind gerade von Tür zu Tür gegangen und haben Tomaten verkauft. Jetzt wird es Zeit, eine Gemeinde zu gründen.

Kapitel 3

Die Wunderjahre

1975–1978

„Bill kam bei uns vorbei, stellte uns einige Fragen zu unseren Kirchengewohnheiten und lud uns ein, zu einem Willow Creek-*Gottesdienst zu kommen. Wir waren lange nicht mehr in die Kirche gegangen, aber unser ältester Sohn Brian machte bei* Son City *mit und überredete uns schließlich zu gehen. Wir besuchten den Abendgottesdienst am ersten Weihnachtstag und fanden ihn toll. Daraufhin beschlossen wir, wiederzukommen, und sind seitdem in* Willow Creek *geblieben. Während des ersten Jahres stellte ich eine langsame Veränderung fest. Je mehr ich hörte, desto mehr verstand ich, dass ich Christus wirklich als meinen Erlöser brauchte. Nach diesem ersten Jahr besuchte ich auch die Gottesdienste für Gemeindemitglieder, weil ich weiter im Glauben wachsen wollte."*
Quigley Fletcher, Gründungsmitglied des *Willow Creek*-Vorstandes

„Besuchen Sie regelmäßig eine Ortsgemeinde?"

„Nein."

„Wären Sie bereit, mir zu sagen, warum nicht?"

Auch wenn die Gemeinde die erste Liebe Jesu ist, wird sie heute von den Menschen in Amerika und Europa sicher nicht mehr auf die ursprüngliche Weise geliebt. In den Jahren seit 1960 erlebte die Zahl der Kirchenbesucher einen stetigen und dramatischen Rückgang. Im September 1975 gingen Bill und einige andere Leiter in Palatine von Tür zu Tür und versuchten, die Gründe dafür herauszufinden.

Eine der häufigsten Antworten war, dass die Gemeinde keine Bedeutung für das tägliche Leben hat. Nicht selten gab es Antworten wie diese: „Wir haben eheliche Probleme. Mein ältester Sohn entgleitet unserer Kontrolle. Mein Mann weiß nicht, wie er seinen Kindern gegenüber Liebe zeigen soll. Ich verliere allmählich die Hoffnung, und ich weiß nicht mehr, was ich tun soll. Manchmal komme ich an den Punkt, an dem ich einfach mit allem Schluss machen möchte, aber ich habe Angst zu sterben. Ich habe mich gefragt, ob Gott vielleicht helfen könnte. Aber wenn ich zur Kirche ging, habe ich keine Antworten gefunden. Die Pastoren sprachen über Themen, die mit meinem täglichen Leben nichts zu tun hatten. Sie erwähnten nicht einmal die Kämpfe, die mich innerlich zerreißen. Als ich ging, fühlte ich mich hilfloser als zuvor. Deswegen spielen Gott oder die Kirche für mich keine Rolle mehr."

Stellen Sie sich Bill vor, dreiundzwanzig Jahre alt, voller Idealismus und der festen Überzeugung, dass die Bibel und die Gemeinden Antworten auf alle Fragen geben können, wie er dreißig Zentimeter von einer Frau entfernt steht, die eigentlich für eine Ewigkeit mit Christus bestimmt war, die aber die Botschaft der Kirche für bedeutungslos hielt. Damals schwor er sich: Wenn er jemals Predigtverantwortung in einer Gemeinde haben sollte, wollte er alles daransetzen, um die praktische Anwendbarkeit und Bedeutung der Bibel zu vermitteln.

Ein anderer Beschwerdepunkt war, die Kirche sei leblos, langweilig und völlig ohne Überraschungen. Ein Mann sagte: „Ich muss nicht mehr zur Kirche gehen. Ich bin fünfzehn Jahre lang zum Gottesdienst gegangen und habe die ganze Routine verinnerlicht. Ich war fünf Jahre lang nicht mehr dort, aber ich kann Ihnen genau sagen, wer wo sitzt, was der Chor am Muttertag singt, ich kenne den Gottesdienstablauf und weiß, was der Pastor höchstwahrscheinlich predigen wird. Wenn ich einen kleinen ‚Schuss' Kirche brauche, setze ich mich einfach daheim hin und lasse das Ganze in meinem Gedächtnis ablaufen. So kann ich indirekt daran teilnehmen."

Ein dritter Punkt richtete sich gegen die hochgestochenen Reden der Pastoren, die oft auf die Gemeindeglieder herabpredigten, sie anklagten und verurteilten und ziemlich hart oder sogar unbarmherzig seien. Eine geschiedene Frau sagte:

„Mein Mann verließ mich wegen einer Arbeitskollegin. Er ließ mich ohne Auto, mit einer Hypothek und drei kleinen Kindern sitzen. Ich ging weiterhin zur Gemeinde, weil ich dachte, dass ich dort Ermutigung, geistliche Stärke oder einen Schimmer Hoffnung finden würde. Stattdessen wurde ich nur ständig für eine Scheidung verdammt, die ich nicht mal wollte. Ich halte das nicht mehr aus."

Ein Mann meinte: „Man übt Tag für Tag auf der Arbeit Druck auf mich aus. Ich kann es nicht ertragen, auch noch jeden Sonntag eines drüberzubekommen. Das heißt nicht, dass ich mir einen Pastor wünsche, der nur predigt, was ich hören will, der mich nie herausfordert oder zur Verantwortung zieht. Ich wünsche mir ganz einfach jemanden, der so viel Zeit in Problemlösungen investiert wie in Problembeschreibungen."

Der vierte Punkt richtete sich dagegen, dass Kirchen immer nur Geld sehen wollten. Die Argumentationskette sah etwa so aus: Wenn die Predigten bedeutungslos sind, die Gottesdienste leblos, langweilig, schematisch und ich jede Woche niedergeschlagener aus der Gemeinde herauskomme, als ich hineingegangen bin, wie kann dann jemand von mir erwarten, dass ich diese Gemeinde auch noch mit Begeisterung finanziell unterstütze?

Dr. Bilezikian hätte gesagt: „Das ist eine moderne Tragödie." Die Hoffnung der Welt, die uns ein überaus weiser Gott zugedacht hat, erweist sich jetzt als bedeutungslos für das wirkliche Leben. Das ist unvorstellbar. Gottesdienste, die darauf abzielen, die Wahrheit über den Schöpfer zu offenbaren, gelten als leblos, langweilig und berechenbar. Das ist ein äußerster Widerspruch. Menschen kommen aus der Gemeinde heraus und tragen eine schwerere Last als bei ihrer Ankunft. Das ist eine Karikatur des Evangeliums. Das ist eine moderne Tragödie.

„Wie war es heute?", fragte ich Bill, wenn er von der Umfrage in der Gegend zurückkam. Ich musste öfters darüber lächeln, welchen starken emotionalen Einfluss seine Gespräche mit kirchendistanzierten Menschen auf ihn hatten.

„Wenn ich jemals eine bedeutungslose Predigt halten sollte,

wenn ich jemals Menschen mit dem Evangelium langweilen sollte, wenn ich jemals das Leben und die Hoffnung aus einem Menschen, der in Not ist, vertreiben sollte – dann schmeiß mich aus diesem Dienst raus. Lass mich nicht einfach weitermachen. Es tötet Menschen. Es bringt sie von dem einzig Wesentlichen weg, das sie zum Glauben bringen kann."

Eine Übergangsheimat

Das Erste, was wir brauchten, um unsere neue Gemeinde zu gründen, war ein Gebäude. Bill entschied sich für das Kino von *Willow Creek,* weil es über eine günstige Verkehrsanbindung und ausreichende Parkmöglichkeiten verfügte. Außerdem hatte es 970 Sitzplätze, was bedeutete, dass wir so lange dort bleiben konnten, bis wir in der Lage waren, selbst Land zu kaufen und ein Gebäude zu bauen. Anders als die meisten Kinos hatte es eine große Bühne, die für unser Programm wie geschaffen war. Und es hatte einen großen Eingangsbereich, der unterteilt war und für die Sonntagsschule verwendet werden konnte.

Der Manager des Kinos sagte Bill, dass der Besitzer deutlich antichristlich eingestellt sei und das Kino deswegen unter keinen Umständen einer Gemeinde zur Verfügung stellen würde. Aber Bill machte ein paar Hausaufgaben und fand heraus, dass das Kino außerhalb der Vorführungszeiten überhaupt nicht genutzt wurde. Daraufhin rechnete er durch, welchen Nettogewinn der Besitzer bei unserer Monatsmiete von zweihundertfünfzig Dollar über drei Jahre haben würde. Dann präsentierte er dem Besitzer des Kinos persönlich unser Angebot und sicherte ihm zu, dass wir das Kino in besserem Zustand verlassen würden, als wir es angetroffen hatten. Der Mann fragte nach, um welche Art von Gemeinde es sich denn handeln würde. Bill sagte: „Die Art von Gemeinde, in der Menschen einen Ausweg aus geistlicher Verwirrung finden, die Familien wieder zusammenbringt und Jugendliche auf einen geraden Weg führt." Der Mann rief seinen Manager an und sagte: „Unterschreiben Sie den Vertrag." In diesem Kino hielten wir vom 12. Oktober 1975 bis zum 8. Februar 1981 Gottesdienst, bis wir am Ende schließlich drei Gottesdienste pro Sonntagvormittag hatten.

Bill entdeckte auch ein Lagerhaus, das wir für siebenhundert Dollar im Monat mieten konnten. Dort konnten wir Büros für die täglich anfallende Arbeit der Gemeinde einrichten. Wir richteten auch einen Konferenzraum ein, der fünfzig Menschen Platz bot und in dem wir zunächst unter der Woche unsere Gottesdienste abhalten konnten. Der Eigentümer war „etwas" skeptisch, ob wir auch unsere monatliche Miete zahlen konnten: Wir hatten die Gemeinde schließlich noch nicht gegründet und Bill war arbeitslos. Doch Bill sagte: „Wenn wir die Miete nicht zahlen können, können Sie mich wegen der Mietschulden vor Gericht bringen, und auf die eine oder andere Weise werden Sie Ihr Geld bekommen. Dann können Sie den Raum doppelt vermieten." Innerhalb von zwanzig Minuten hatte der Mann ein Mietdokument ausgestellt und Bill hatte es unterschieben. Ich erfuhr erst Jahre später, dass Bill und ich persönlich für die Erfüllung dieses Mietvertrages haften mussten.

Mit freiwilligen Helfern und dem Geld aus dem Tomatenverkauf setzten wir Spanplattenwände, um die Büros voneinander abzutrennen. Jedenfalls hatten wir so wenig Geld, dass wir beschlossen, auf jeglichen Luxus zu verzichten. Zwei elektrische Kombigeräte oberhalb der Deckendämmplatten bliesen Wärme bzw. gekühlte Luft nach unten in die Räume. Für die nächsten sechs Jahre bestand die einzige Möglichkeit, die erhitzte oder gekühlte Luft in Umlauf zu bringen, darin, die Dämmplatte unter dem Gebläse herauszunehmen. Personen, die in dieser Zeit mitgearbeitet haben, sprechen noch heute von dieser einzigartigen Atmosphäre, die diese Löcher über unseren Köpfen erzeugten.

Im späten August 1975 begannen sich etwa dreißig von uns, einschließlich ehemaliger Leiter von *Son City* und Teamleiter von *Son City West,* sonntagvormittags zu treffen. Bill hielt eine kurze Andacht, wir sangen einige Lieder, und dann vermittelte Bill Woche für Woche die Vision einer dynamischen Gemeinde, die kirchendistanzierte Menschen erreichen sollte. Er forderte auch jeden heraus, so viel zu geben, wie er sich leisten konnte, um die Kosten der Gemeinde mitzutragen – und er sprach in diesem Zusammenhang nicht davon, nur den Zehnten zu geben! Er sprach davon, dass jeder von uns alles geben sollte, was über unsere absolut nötigen Lebenshaltungskosten hinausging. Und genau das taten wir auch – ehrlich. Vermutlich waren wir die „freudigsten Geber", die eine Gemeinde jemals hatte. Wir hatten vollstes Vertrauen, dass das Geld sinnvoll verwendet wurde – für die Kino- und Lagerhausmiete und für notwendige Ausrüstungsgegenstände –, und wir standen mit ganzer Überzeugung hinter der Sache. Wir waren der festen Überzeugung, dass wir hier die weiseste und wertvollste Investition unseres Lebens tätigten. Bill hielt das Scheckbuch in seinem Schreibtisch unter Verschluss und kümmerte sich äußerst sorgfältig um unsere Finanzen. Bis zu unserem ersten Gottesdienst im Kino im Oktober kamen wir mit den Beiträgen unserer kleinen Kerngruppe aus.

Völlig der Sache verschrieben

Wir werden oft gefragt, wie wir *Willow Creek* ohne bezahlte Mitarbeiter ins Leben rufen konnten. Was man zu oft vergisst, ist die Tatsache, dass wir einen riesigen unbezahlten Stab von Mitarbeitern hatten. Bill war der Hauptleiter und Kommunikator. Dave Holombo war Programmkoordinator und Musikdirektor. Randy BeMent war zuständig für die Organisation. Dave Swetman und später Don Cousins leiteten *Son City*. Rory Noland war für die Musik in *Son City* zuständig. Joel Jager erledigte die Produktion. Rick Wold leitete die Theatergruppe. Rick und Virginia Meredith waren für den Bereich „Multimedia" zuständig. Ich könnte die Aufzählung beliebig erweitern. Wir hatten einen unbezahlten Mitarbeiterstab von etwa fünfzehn bis zwanzig Personen. Viele von ihnen arbeiteten wöchentlich vierzig bis fünfzig Stunden für die

Gemeinde. Um leben zu können, hatten sie Teilzeitjobs, arbeiteten Nachtschichten oder hatten Freunde, die sie regelmäßig unterstützten.

In dieser Zeit arbeitete ich weiter, um unseren Lebensunterhalt zu sichern. Unsere Vorstandsmitglieder, die auch aktive Mitglieder der Kerngemeinde waren, unterstützten uns, soweit sie konnten. Und Bill besserte unser mageres Einkommen weiterhin mit gelegentlichen Fahrten zum *Wafer Street*-Großmarkt auf. Dave Holombo war finanziell durch seine Frau abgesichert, eine begabte Lehrerin und wertvolle Stütze unseres Musikteams.

Dieses System funktionierte, weil die meisten Mitglieder der Kerngemeinde Singles waren. Die wenigen, die verheiratet waren, hatten noch keine Kinder. Deshalb waren wir verfügbar; wir hatten nichts, das uns zurückhalten oder binden konnte. Und die frische Erinnerung an das dreijährige Wunder von *Son City* ließ uns unsere Sache voller Begeisterung verfolgen.

Und wir waren uns unseres Anliegens bewusst. Unser Ziel, dem sich jedes Mitglied unserer Kerngruppe verpflichtet hatte, war es, kirchendistanzierte Erwachsene zu erreichen, sie zu Christus zu führen, ihnen zu helfen, hingegebene Nachfolger Jesu zu werden, und sie in eine Gemeinschaft des Glaubens einzugliedern, wie wir sie in *Son City* erlebt hatten.

Wir waren von unserem Ziel begeistert und davon, es gemeinsam zu erreichen. Wir waren ein Team. Wir waren Kollegen, natürlich, aber wir waren auch Freunde. Wir waren gerne zusammen. Ob wir auf der Bühne standen oder hinter der Bühne arbeiteten, wir genossen unsere großartige Kameradschaft, Einheit und Übereinstimmung. Es gab eigentlich nichts, was wir lieber taten, als zusammenzuarbeiten.

Und ich meine wirkliche Arbeit. Wir hatten eine bemerkenswerte Arbeitsethik – eine Art Angriffsmentalität, die sagte: „Gib nicht auf, bevor du die Aufgabe erledigt hast. Gib immer dein Bestes. Sage nie: ‚Das ist nicht meine Aufgabe' – Wenn etwas getan werden muss, dann geh hin und hilf mit."

Wir arbeiteten nicht nur hart, sondern auch schnell. Unsere

Schnelligkeit war nicht auf irgendwelche Seminare zurückzuführen, da keiner von uns jemals solche Seminare besucht hatte. Aber wir hatten alle ein tolles Training *on the job*. Wir hatten zahlreiche Jugendliche zu Christus geführt und sie entwickelten sich zu echten Jüngern Jesu. Und wir wussten schon, wie wir unsere Gaben und Begabungen einsetzen und einander ergänzen konnten, damit wir wirklich das Beste herausholten.

Neben dem festen Leitungsteam hatten wir etwa hundert Jugendliche von *Son City*, die gerne bereit waren, alles zu geben, was sie hatten und wann immer sie Zeit hatten. Sie krempelten die Ärmel hoch und arbeiteten im Hintergrund. Sie wollten nicht im Rampenlicht stehen. Für sie war die Erfahrung, „Kirche zu sein", so wichtig und wertvoll, dass sie diese Erfahrung auch ihren Freunden ermöglichen wollten. So praktizierten sie Freundschaftsevangelisation. Ohne sie hätten wir nur ein Programm gehabt, aber Programme erreichen keine Menschen, die weit von Gott entfernt sind.

Bill und ich waren auch bereit, ganz allein eine Gemeinde zu gründen, falls keiner mit uns gehen wollte, und ich denke, dass Gott sich über unsere Bereitschaft gefreut hat. Jedenfalls denke ich, Gott wusste, dass der große Einsatz vieler Menschen nötig sein würde, um *Willow Creek* ins Leben zu rufen, und so stellte er ein fantastisches Team zusammen. Wir sind zu der Überzeugung gelangt, dass jedes Unternehmen, das das Ziel verfolgt, einen besucherfreundlichen Gottesdienst ins Leben zu rufen, ein ähnlich zusammengestelltes Team braucht.

Ein unmissverständlicher Ruf

Aber selbst solch ein fantastisches Team ist nur ein kleines Rädchen im Getriebe einer Gemeindegründung, vor allem, wenn es schwierig wird. Wir hätten den Traum oft aufgegeben, wenn wir nicht tief im Innern gewusst hätten, dass wir von Gott dazu berufen waren, eine Gemeinde zu gründen. *Willow Creek* nicht zu gründen oder an einem scheinbar ausweglosen Punkt die Gemeindegründung aufzugeben, hätte Rebellion, Verrat und Ungehorsam bedeutet. Daher mussten wir eine Gemeinde für kirchendistanzierte Menschen gründen, wenn wir nachts noch ruhig schlafen wollten.

Wir hatten nicht nur den unmissverständlichen Ruf Gottes, wir hatten auch ein bedingungsloses Vertrauen in Gott. Wir kamen mit einem Glauben von *Son City*, der uns gelehrt hatte, dass bei Gott nichts unmöglich ist. Wir hatten hautnah erlebt, wie Gott das Unlogische, das Unerwartete, das Dumme und das Schwache gebrauchen kann, um seine Ziele zu verwirklichen. Wir wussten, dass es nicht unbedingt sinnvoll war, eine neue Gemeinde in einem Kino zu gründen. Es war nicht sehr sinnvoll, zeitgemäße Musik, Theater und Medien einzusetzen. Genauso wenig machte es Sinn zu versuchen, erwachsene Menschen zu erreichen, wenn man selbst erst dreiundzwanzig Jahre alt war. Und es machte keinen Sinn, im Glauben voranzugehen, wenn man keine Unterstützung von außen hat. Aber musste es Sinn machen?

In einer bedeutenden Stunde seines Lebens sagte Martin Luther: „Hier stehe ich, ich kann nicht anders." Genau so fühlten wir uns damals.

Hallo, Welt!

„Was Sie schon immer über Sex wissen wollten, aber nie zu fragen wagten" war der Titel des Filmes auf der flimmernden Anzeigetafel. Aber die hundertfünfundzwanzig Menschen, die am 12. Oktober vormittags in das *Willow Creek*-Kino strömten, waren sicher, dass sie in eine Gemeinde gingen. Die meisten waren Jugendliche von *Son City,* ein paar hatten ihre Eltern mitgebracht, und ein paar Freunde und Verwandte, die als neugierige Sympathisanten kamen, damit diese enthusiastischen Abenteurer nicht zu enttäuscht wären.

Unser Lkw – ein alter Truck aus den Beständen von Bills Vater – kam um vier Uhr morgens vor dem Kino an, wie er es in den nächsten fünfeinhalb Jahren Sonntag für Sonntag tun sollte, und war mit neuen Lautsprechern, Mikrofonen, Monitoren, Transformatoren, Sound- und Lichtanlage und einem Kilometer Kabel beladen, das sich durch das ganze Kino schlängelte und mit silbrigem Klebeband sicher festgeklebt wurde. Joel Jager, Bills Freund aus Kindertagen, war der „König des Auf- und Abbaus". An diesem Morgen verwandelten er und eine Hand voll Frühaufsteher ein dunkles und stilles Kino in die erste Heimat der *Willow Creek Community Church.*

Das Musikteam und die Theatergruppe unter der Leitung von Dave Holombo kamen um sechs Uhr für Proben und Soundchecks und eröffneten um neun Uhr den Gottesdienst mit den besten Stücken aus ihrem Repertoire. Danach füllte eine mitreißende Diashow die gigantische Leinwand. Schließlich hielt Dr. Bilezikian die Schriftlesung und Bill predigte zum Thema „Neuanfänge".

Im Laufe der Jahre wurde unser besucherorientierter Gottesdienst zunehmend reifer, wie wir auch, aber damals war alles, was wir taten, von der Energie und Kraft der Jugend geprägt. Die Musik war laut, die Theaterstücke derb (manchmal weit über die Grenze des Akzeptablen hinaus), und Bill lief ohne Aufzeichnungen und ohne Kanzel auf der Bühne hin und her – er hatte nur eine Bibel in der Hand und eine Gliederung im Kopf. Aber diese Gottesdienste waren durch die Kraft Gottes und unsere ernsthaften Wünsche wie elektrisiert.

Wir wollten unbedingt einen Raum schaffen, in den kirchendistanzierte Menschen mit spirituellem Hunger kommen und die Wahrheit hören konnten, die ihr Leben verändern konnte, dieses Leben hier und das Leben in der Ewigkeit. Wir wollten zeitgemäße christliche Musik einsetzen, deren Texte geistliche Erfahrungen vermitteln, die an das wirkliche Leben angebunden sind. Manchmal spielten wir weltliche Lieder, die inhaltlich die Frustrationen und Sehnsüchte der Menschen ohne Gott ansprachen, Lieder wie *Desperado,* das eindringlich die geistliche Leere der siebziger Jahre beschreibt. Mit unseren Theaterstücken und Multimediashows wollten wir den suchenden Menschen zeigen, dass wir die Herausforderungen, Sehnsüchte, die Freuden und das Leid ihres Lebens verstanden. Die Kommentare von Dr. Bilezikian und die Predigten von Bill sollten ihnen zeigen, dass Gottes Wort klar und kraftvoll in jede Situation hineinsprechen kann.

Von Anfang an war es unser Wunsch, Menschen in einen Augenblick der Wahrheit hineinzuführen, in dem sie sich für Gottes Weg entschließen, ihre Schuld bekennen, sich Christus, ihrem Erlöser, zuwenden und ein Teil der Gemeinschaft der Christen werden konnten.

Eine wachsende Herausforderung

In den folgenden Wochen kehrten die Neugierigen und die uns Wohlgesonnenen zu ihrer gewohnten Sonntagmorgenroutine zurück und unsere Besucherzahlen sanken. Viele sagten: „Diese Jugendlichen machen ja ganz interessante Sachen, aber für mich ist das nichts." Eine ganze Reihe von Christen fühlten sich mit unserer einzigartigen Dienstphilosophie nicht wohl und wir hatten unsere Glaubwürdigkeit noch nicht in der kirchendistanzierten Welt bewiesen. Wir befanden uns also in so etwas wie Niemandsland und daher befanden sich in diesem ersten Winter oftmals mehr Leute auf der Bühne als im Zuschauerraum.

Mit der Zeit verlor für unsere Mitarbeiter auch die Umgestaltung des Kinos am frühen Morgen die Faszination des Neuen. An manchen Tagen versuchte Joel verzweifelt, einen launischen Lkw in Gang zu bringen. Manchmal mussten diejenigen von uns, die zu den Musikproben gingen, Popcorn im Vorraum zusammenkehren oder, schlimmer, Erbrochenes wegwischen oder die Toiletten putzen, die auch als Wickelraum genutzt wurden. Als immer mehr Familien mit kleinen Kindern kamen, wurde das Labyrinth aus Raumteilern, mit denen wir die Sonntagsschulklassen abtrennten, immer undurchdringlicher und schwieriger aufzustellen. Als wir später mehrere Gottesdienste abhielten, mussten wir kämpfen, um unsere gesamte Ausrüstung vor der Nachmittagsvorstellung wieder aus dem Kino zu tragen. Oft mussten Mitglieder des

Produktionsteams die Ausrüstung hinausschleppen und im Schnee stehen lassen, während andere den Lkw methodisch beluden und sorgfältig alle Kabel und Boxen und Ständer in ohnehin schon überfrachtete Ecken steckten.

Aber der besucherorientierte Gottesdienst war nicht unsere einzige Herausforderung. Im Januar 1976 wurde uns deutlich, dass die Kerngruppe, die so hart arbeitete und sich so stark investierte, dringend tieferes Bibelstudium und gemeinsame Zeiten von Lobpreis und Anbetung brauchte. Deshalb riefen wir die *New Community* ins Leben, den unter der Woche stattfindenden Gottesdienst für Christen. Dave und Bill gestalteten auch in diesen Gottesdiensten das Programm. Beide waren zudem noch immer stark in *Son City* und *Son Village* eingespannt und betreuten dort die jüngeren Leiter. Bill spielte noch in den Musikgruppen am Wochenende mit, was bedeutete, dass er nahezu jede Woche an den Proben teilnehmen musste. Außerdem war er in den Bereichen Seelsorge und Jüngerschaft gefordert und trug fast die gesamte Verantwortung für die Finanzen der Gemeinde.

Es tut mir Leid, wenn ich mich wiederhole, aber es erwies sich als weitaus schwieriger, eine Gemeinde zu gründen, als wir angenommen hatten.

Und doch gab es noch mehr im Leben, als eine Gemeinde zu gründen. Weniger als ein Jahr nach dem Start von *Willow Creek* wurden Bill und ich Eltern. Unsere Tochter Shauna kam am 7. August 1976 zur Welt. Ich spielte weiterhin in der Band mit und stellte Shauna während der Bandproben um sechs Uhr dreißig in ihrem Kindersitz neben mich auf die Bühne. Bill war zu den Proben auch anwesend und so wurde das Ganze für viele Jahre zur echten Familienunternehmung. Shauna war Gründungsmitglied der *Willow Creek*-Krabbelgruppe und sie und ich wurden zu Pionieren in der Arbeit mit jungen Müttern. Als sie Jahre später alt genug war, um an *Son City* teilzunehmen, hatten wir das Gefühl, die Vergangenheit noch einmal zu erleben.

In den ersten Jahren wurden wir sehr stark von traditionellen Gemeinden kritisiert, oft sogar öffentlich von der Kanzel herunter. Man nannte uns „Betrüger" und „Scharlatane". Es ging darüber hinaus das Gerücht um, dass wir zur *Moon-Sekte* gehörten, daher warnten Jugendleiter ihre Jugendlichen vor der Sekte *Son City.*

Aber unter den kirchendistanzierten Menschen wuchs unsere Glaubwürdigkeit und die Besucherzahlen nahmen ständig zu. Einige Eltern der Jugendlichen von *Son City* kamen zum Glauben und brachten wiederum ihre Freunde mit. Wir hielten Taufgottesdienste ab und feierten in ihnen Gottes Gnade und die Frucht unseres Einsatzes. Diese neuen Christen waren offen und begeistert und brachten keine früheren Erfahrungen mit der Kirche mit. Sie versuchten nicht, Gemeinde so zu gestalten, „wie es schon immer war" – die meisten von ihnen hatten ja auch keine Ahnung, wie es immer schon war.

Wie in *Son City* sprach Bill auch hier über die vertikale und die horizontale Dimension des christlichen Glaubens, das heißt, Menschen kamen zum Glauben an Christus und fanden gleichzeitig tief gehende menschliche Beziehungen. Bald war es an der Zeit, die Gemeinde in kleinere Gruppen zu teilen, so wie die Teams von *Son City.* Wir nannten diese Gruppen „Zellen". Am ersten Geburtstag der Gemeinde hatten wir sechs bis acht Zellen und fast an jedem Sonntag ein volles Haus.

Überall fühlte man sich wie in *Son City,* mit der zusätzlich aufregenden Komponente, dass erwachsene Menschen zum Glauben fanden, dass Ehen gefestigt wurden und Familien wieder neu zusammenfanden.

Unser gigantisches Glaubensprojekt schien sich auszuzahlen. Zu unserem zweiten Geburtstag füllten wir fast zwei Gottesdienste.

Ja, es war wieder wie in *Son City*. Aber wie ich zuvor schon sagte, war es viel schwieriger, mit Erwachsenen zu arbeiten als mit Schülern! Das Leben von Erwachsenen war so kompliziert und verwickelt, sie hatten so wenig freie Zeit zur Verfügung. Ihr geistliches Wachstum ging langsamer voran, und die emotionalen Sperren, die zu durchbrechen waren, erwiesen sich als härter. Schüler sehnen sich nach Gemeinschaft und stürzen sich kopfüber hinein; Erwachsene brauchen Gemeinschaft, fürchten sich aber gleichzeitig davor. Während das Team-Konzept in *Son City* ein absoluter Hit war, erwies es sich als extrem schwierig, in den Zellgruppen der Erwachsenen einen Gemeinschaftssinn zu etablieren. Die Leiter dieser Gruppen erbrachten heldenhafte Anstrengungen, um kreative Veranstaltungen zu organisieren, die die Einheit und das Miteinander fördern sollten, aber wir wussten nicht, wie wir tiefer gehende Beziehungen fördern konnten, die sich bei den Schülern ganz natürlich entwickelt hatten.

Zu dieser Zeit hatten wir kein offizielles Jüngerschaftskonzept, aber Bill erkannte bald, dass Erwachsene, die zum Glauben gekommen waren, nur dann geistlich wachsen würden, wenn sie eine persönliche Zweierbeziehung mit einem reiferen Christen eingehen würden. Er erkannte auch, dass wir einen Kreis von starken, erwachsenen Leitern brauchten, wenn wir als *Willow Creek*-Gemeinde überleben wollten. Dank der guten Beziehung zu seinem Vater und seinen Erfahrungen im Geschäftsleben verstand es Bill, Beziehungen zu älteren Männern aufzubauen, besonders zu Leuten mit unternehmerischen Fähigkeiten, die in unserer Umgebung so zahlreich vertreten waren. Er verstand es auch, Leiterbegabungen aufzuspüren und die persönlichen Möglichkeiten eines Menschen wahrzunehmen. Daraufhin fing er umgehend an, sich privat mit einigen Männern der Gemeinde zu treffen.

Als in den siebziger Jahren Racquetball das Ritual war, das Männer miteinander verband, verbrachte Bill Hunderte von Stunden mit Männern aus der Gemeinde auf dem Racquetplatz. Er organisierte Skiausflüge nach Colorado und lud geistlich wache Männer ein, bei denen er Leitungsgaben vermutete. Fast jeden Tag war er zum Frühstück oder zum Mittagessen verabredet. Bei diesen Treffen fragte er immer ganz direkt und mutig: „Wo stehen Sie geistlich? Wo möchten Sie hinkommen? Wie können wir Ihnen helfen?“ Auf Papierservietten skizzierte er ihnen den „Plan der Erlösung“ und schickte sie mit Fragen zum Nachdenken und mit neuen Herausforderungen an ihre Arbeitsplätze zurück. Viele dieser Männer waren ziemlich standhaft gegenüber geistlichen Veränderungen und brauchten vermutlich Bills direkten konfrontativen Stil, um über spirituelle Belange nachzudenken, aber ich machte mir regelmäßig Sorgen, wenn mir Bill von den Gesprächen mit seinen neuen Freunden erzählte: „Das hast du gesagt?“ Ich konnte es nicht glauben, dass diese Leute wiederkamen und mehr davon haben wollten.

Als diese Männer mit der Zeit wahrhaftige und wachsende Christen wurden, wandelte sich die Frage „Wie können wir Ihnen helfen?“ oft zu: „Wie können Sie uns helfen?“ und: „Wir können diese Gemeinde nicht ohne Sie bauen.“ Viele Männer, die heute Mitglieder unseres Gemeindevorstandes sind, wurden auf diese Weise zu Christus geführt.

Leider hatten nur wenige der jungen erwachsenen Leiter unserer Startgruppe die Lebenserfahrung oder die Fähigkeiten auf der Beziehungsebene, die nötig waren, um mit den erwachsenen Männern zu arbeiten, die zunehmend die Sitze des *Willow Creek*-Kinos füllten. Daraus erwuchs die große Herausforderung für Bill, Menschen in die Nachfolge Jesu zu rufen und in ihrer Jüngerschaft anzuleiten. Die immense Last dieser Verantwortung motivierte uns später, unser umfangreiches Konzept für Jüngerschaftsgruppen zu entwickeln.

Besondere Veranstaltungen

Eine der größten Hürden, die man bei jeder Gemeindegründung überwinden muss, ist, die nötige „kritische Masse“ zu haben, um die laufenden Dienste aufrechtzuerhalten. In den Zeiten, in denen sich auf der Bühne normalerweise mehr Leute befanden als im Zuschauerraum, lernten wir, dass unser Überleben als Gemeinde davon abhing, ob es uns gelang, möglichst schnell neue Leute anzuziehen. Deswegen planten wir besondere Veranstaltungen wie Konzerte, Musicals oder besondere Gottesdienste an Karfreitag, Ostern und Weihnachten und ermutigten unsere Gemeindemitglieder, ihre kirchendistanzierten Freunde dazu einzuladen. Wir fanden heraus, dass viele Menschen, die an einem normalen Sonntag keinen Gottesdienst besuchen würden, offen waren, zu einer einmaligen Veranstaltung zu kommen.

Natürlich waren solche Veranstaltungen für viele zwar der erste, nicht aber der einzige Besuch. Andere folgten. „Ich kam an Ostern zusammen mit einem Freund und es gefiel mir. Ich wollte am nächsten Sonntag wiederkommen und komme seitdem immer hierher. Vor zwei Jahren bin ich schließlich Christ geworden." Im Laufe der Jahre haben wir immer wieder Geschichten wie diese gehört.

In diesen ersten Jahren hielten wir oft wunderschöne Tauffeiern ab und entdeckten, dass kirchendistanzierte Freunde und Familienangehörige oft gerne mitkamen, um diese besondere Erfahrung mit einem neuen Christen zu teilen. Viele von ihnen wurden durch die Musik, die Botschaft der Gnade und die Berichte von verändertem Leben angesprochen – und sie kamen wieder, um mehr darüber zu erfahren.

Wir veranstalteten Frauen-Essen und Männer-Frühstücke, bei denen eingeladene Redner über persönliches Wachstum aus christlicher Sicht sprachen, die Geschichte ihres Weges zum Glauben erzählten oder eine biblische Perspektive zu allgemein interessanten Themen aufzeigten. Diese Veranstaltungen wurden so gestaltet, dass unsere Gemeindemitglieder Freunde dazu einladen konnten, die noch nicht „reif" waren, einen normalen Gottesdienst zu besuchen. Ich habe auch von anderen Gemeindegründungen gehört, die Familienpicknicks, Marathonläufe, Radausflüge, Baseballunterricht, Seminare für Eltern, Sportabende und Jugendfeste veranstalten, um

Anknüpfungspunkte zu kirchendistanzierten Menschen zu schaffen.

Für uns erwiesen sich solche besonderen Veranstaltungen als großer Segen, um Menschen zu uns zu bringen und in den christlichen Glauben und unsere Gemeinde einzuführen. Auf der anderen Seite forderten diese Menschen viel Zeit und Energie von einer kleinen Gruppe, die sich schon zu viele Dienste aufgebürdet hatte. Doch jedes Mal, wenn wir wieder die Geschichte eines „ersten Besuches" hörten, der schließlich zur Bekanntschaft dieses Menschen mit seinem Erlöser führte oder der durch eine Taufe besiegelt wurde, waren wir ermutigt, die nächste außerordentliche Veranstaltung zu organisieren.

Räumlichkeiten und Finanzen

Bevor wir 1981 in unser eigenes Gemeindehaus umzogen, fand unser Gemeindegottesdienst unter der Woche in ständig wechselnden Räumen und sogar an verschiedenen Tagen statt. Das Kino bot den Wochenend-Gottesdiensten eine zwar feste, aber wenig gastliche Heimat. Wenn wir versehentlich einen Teil unserer Ausrüstung im Kino vergessen oder ein anderes kleineres Vergehen begangen hatten, erhöhte sich die Miete, und man drohte uns mit Kündigung. Zum Glück befand sich unter den Ersten, die zum Glauben kamen, ein Geschäftsmann, der außerordentliches diplomatisches Geschick besaß. Öfter, als uns lieb war, musste er sich für uns einsetzen und wegen der Miete für die nächste Woche verhandeln. Manchmal wussten wir am Freitag oder Samstag noch nicht, ob wir am Sonntag das Kino benutzen durften, und wir hatten natürlich wie immer keinen Plan B. Ein Jahr nachdem wir ausgezogen waren, ging das Kino Bankrott und wurde in eine Festhalle umgewandelt. Am fünfzehnten Geburtstag von *Willow Creek* hielten wir dort ein Festessen für alle Leiter und Mitarbeiter der „Kino-Tage" ab. Es war eine wunderschöne Gelegenheit, sich zu erinnern – und sich darüber zu freuen, dass diese Tage weit hinter uns lagen.

Wie für viele Gemeinden in der Gründungsphase war auch für uns die Frage nach den Räumlichkeiten eher sekundär. Im Vordergrund standen die Finanzen. Ich übertreibe nicht, wenn ich sage, dass wir immer nur eine Woche vor dem finanziellen Ruin standen. Weil wir wussten, wie empfindlich kirchendistanzierte Menschen waren, wenn es um Geld ging, sammelten wir in den ersten zwei Jahren keine Kollekte ein. Wir stellten einfach einen Korb auf einen Tisch im hinteren Teil des Kinos und druckten im Programm einen entsprechenden Hinweis ab. Wer uns unterstützen wollte, konnte dies beim Verlassen des Gottesdienstes tun. Offensichtlich wollten dies nur wenige Neuankömmlinge, und bei den anderen wurde die Motivation, „ihre Spende in den Korb zu werfen", durch die zunehmend überfüllte Eingangshalle erstickt.

Durchschnittlich standen uns etwa sechshundert Dollar pro Woche zur Verfügung; davon zahlten wir zweihundertfünfzig Dollar Miete für das Kino und dreihundert Dollar für die Multimediashows. Rückblickend erscheint es haarsträubend, dass wir mehr als die Hälfte unseres wöchentlichen Einkommens für Medien ausgaben, aber Mitte der siebziger Jahre war dies eine frische Kommunikationsform, die äußerst effektiv war, um mit Themen, Werten oder biblischen Aussagen direkt in die Herzen der Menschen zu gelangen. Sicher war dies keine sehr logische Ausgabe, aber Logik war nie eine unserer Stärken.

Schließlich sammelten wir auch in den Wochenend-Gottesdiensten eine Kollekte ein, aber immer mit dem Zusatz, den wir auch jetzt noch verwenden: „Wenn Sie nur zu Gast sind, betrifft Sie dieser Teil des Gottesdienstes nicht. Sie sind unser Gast. Fühlen Sie sich nicht verpflichtet, etwas zu geben." Wenn von der Kollekte so viel übrig blieb, dass Bill ein Gehalt von fünfunddreißig Dollar pro Woche bekam, hatten wir das Gefühl, dass die Fenster des Himmels weit offen standen.

„Wie macht ihr das?"

Während der letzten Jahre von *Son City* und der ersten Jahre von *Willow Creek* besuchte Bill von Zeit zu Zeit als Berater Jugendgruppen. Eine Gruppe, zu der er regelmäßigen Kontakt hatte, war die Jugendgruppe der *Garden Grove Community Church* in Garden Grove, Kalifornien (heute die *Crystal Cathedral).* Anlässlich eines solchen Besuches bat ihn Dan Webster (der damalige Leiter der Highschool von Garden Grove und spätere Mitarbeiter bei *Willow Creek,* wo er über ein Jahrzehnt *Son City* leitete), den Leitern der Schülerarbeit genau zu beschreiben, welchen Prozess die Schüler durchlaufen hätten, bis sie von ungläubigen Schülern zu ernsthaften Nachfolgern Christi wurden.

Bill hatte eine Stunde Zeit, um sich auf diese Präsentation vorzubereiten. Er zog sich in ein Büro zurück, blickte auf die Jahre von *Son City* und versuchte, ein klares Bild des Prozesses zu entwickeln, der sich im Leben der Schüler vollzogen hatte. Auf einer Papierserviette skizzierte er, was er sah. Minuten später stand er vor den Leitern.

Zunächst beschrieb er, wie er die Jugendlichen von *Son City* herausgefordert hatte, Beziehungen zu kirchendistanzierten Jugendlichen aufzubauen. Er hatte ihnen gesagt, dass Menschen, die in Gefahr stehen, verloren zu gehen, Gott sehr wichtig sind und dass Christen sie deshalb kennen lernen und lernen müssten, sie zu lieben.

Danach erklärte er den Leitern, wie er die Jugendlichen von *Son City* ermutigt hatte, über ihren Glauben zu reden, und wie er sie gelehrt hatte, in einfachen Worten und ganz authentisch von der Realität Jesu Christi in ihrem Leben zu erzählen.

Wenn die Jugendlichen merkten, dass ihre Freunde daran interessiert waren, mehr über den christlichen Glauben zu erfahren, luden sie sie zu den wöchentlich stattfindenden evangelistischen Veranstaltungen von *Son City* ein. Woche für Woche bekamen sie dort Antworten auf ihre Fragen zur Bibel, zu Jesus und darauf, was es heißt, Christ zu werden.

Wenn sie zum Glauben kamen, luden wir sie zu *Son Village*

ein, damit sie durch intensivere Gottesdienste und Bibelstudien geistlich wachsen konnten.

Der nächste Schritt bestand darin, in verbindlichere Beziehungen zu den anderen Mitgliedern ihres Teams hineinzuwachsen und so zu lernen, die Predigten und Bibelstudien in ihrem Leben umzusetzen.

Schließlich wurden sie ermutigt, ihre geistlichen Gaben zu entdecken und sie für Gott und andere Menschen einzusetzen. Dienst galt als ein Akt des Gehorsams gegenüber Gott, aber andererseits erlebten die Jugendlichen durch die Zugehörigkeit zu einem Dienstteam Kameradschaft und ein besonderes Zusammengehörigkeitsgefühl.

Zuletzt wurden die Jugendlichen herausgefordert, aus Dankbarkeit für alles, was Gott in ihrem Leben getan hatte, ihre Zeit, ihre Energie und ihr Geld Gott zur Verfügung zu stellen.

Dann beschrieb Bill, wie die Jugendlichen, die diesen Prozess der wachsenden Hingabe an Christus durchlaufen hatten, schließlich den Kreis dadurch wieder schlossen, indem sie selbst ihre kirchendistanzierten Freunde einluden und mit ihnen die Realität ihres Glaubens teilten.

So entstand die „7-Schritte-Strategie" von *Willow Creek* – „Wie aus gottfernen Menschen hingegebene Nachfolger Christi werden" – aus einer Gliederung, die in roter Tinte auf eine weiße Papierserviette geschrieben wurde. In ausführlicher Form finden Sie diese Strategie in Kapitel 11.

Allerdings gab es diese Strategie, schon lange bevor Bill sie in Worte fasste. Sie war aus gesundem Menschenverstand und der Führung des Heiligen Geistes heraus entstanden. Sie bestand aus einer Reihe von Schritten, die ganz natürlich aufeinander folgten. Es war ein ganz einfacher und pragmatischer Weg, um Jugendliche – und später Erwachsene – in das Reich Gottes „hineinzulieben".

Eine von Gott inszenierte Begegnung

Im Herbst 1976 war Bill wieder in Garden Grove, diesmal zusammen mit den Mitarbeitern, den Zellgruppenleitern und anderen leitenden Mitarbeitern von *Willow Creek,* um an einer Pastorenkonferenz teilzunehmen. Während dieser Konferenz landete unsere gesamte Abordnung irgendwie im Büro von Robert Schuller, das sich zu dieser Zeit im obersten Stockwerk des „Gebetsturms" befand. Bill berichtete Dr. Schuller von unseren Bemühungen, eine Gemeinde für kirchendistanzierte Menschen aufzubauen, von unseren besucherfreundlichen Gottesdiensten und von unseren Plänen, Land zu kaufen, um darauf später ein eigenes Gebäude zu bauen. Bill fragte Dr. Schuller, ob er uns einen Rat geben könnte, welche praktischen Schritte wir unternehmen sollten.

Robert Schuller antwortete ihm: „Wenn Sie Gott einen Fingerhut geben, wird er ihn vielleicht füllen. Wenn Sie ihm einen Zwanzig-Liter-Eimer geben, wird er ihn vielleicht füllen. Wenn Sie ihm ein Zweihundert-Liter-Fass geben, wird er vielleicht etwas Außergewöhnliches tun wollen und auch das füllen. Wenn Gott ein Wunder tun will, sollten Sie dafür bereit sein. Wenn Sie also Land kaufen, kaufen Sie keinen Fingerhut voll Land, sondern ein Zweihundert-Liter-Fass."

War dieser Rat logisch? Es war für einen zusammengewürfelten Haufen junger Erwachsener wie uns schon lächerlich, auch nur von einem Fingerhut Land zu träumen. Und hier saßen wir, zusammengedrängt in einem Büro in schwindelnder Höhe, und waren dabei, uns dem Erwerb eines „Zweihundert-Liter-Fasses" zu verschreiben. Wurden wir durch einen cleveren Kommunikator hypnotisiert, der einen geschickten Appell an unsere Gefühle richtete? Wurden wir in einen Traum gelockt, der mehr aus unserer Selbstüberschätzung als aus dem Gehorsam gegenüber Gott gespeist wurde? Wurden wir „aufgeblasen" durch die Bestätigung eines so hoch geschätzten Mannes – des einzigen glaubwürdigen „Erwachsenen", der uns ermutigte? Wurden wir Opfer unseres eigenen jugendlichen Enthusiasmus?

Wenn ich jetzt nach so vielen Jahren zurückblicke, denke ich, dass sich an diesem Tag genau das ereignete, was an der Zeit war: eine von Gott arrangierte Begegnung. Wir kehrten wie verwandelt nach Hause zurück. Wir hatten einen Blick auf unsere Zukunft erhaschen können, wir hatten ein ganz neues Gefühl von göttlicher Vorsehung, das uns geradezu vorwärts katapultierte. Wir wurden demütig, wenn wir an die Verantwortung und an die möglichen Herausforderungen dachten, aber genauso waren wir begeistert von den Möglichkeiten, die sich dadurch eröffneten, und wir waren aufs Neue von unserer unbezweifelbaren Berufung überzeugt.

Wir erinnerten uns wieder an die Worte des alten Kirchenliedes „Vertraue und gehorche", und wir glaubten fest daran, dass wir – egal, wie absurd es auch erschien – im Glauben vorwärts gehen und uns auf das mögliche machtvolle Wirken der wunderbaren Kraft Gottes vorbereiten sollten. Wir mussten nur noch ein „Zweihundert-Liter-Fass" finden.

Auf dem Weg zum Unmöglichen

Etwa sechs Monate nach Gründung der Gemeinde bildete Bill einen Ausschuss aus einigen Erwachsenen, der in Finanzangelegenheiten beraten, bei Entscheidungen helfen und generell für die Finanzen der Gemeinde mitverantwortlich sein sollte. Als Bill begann, sich nach einem Grundstück umzusehen, spielte dieser Ausschuss eine wichtige Rolle. Diese cleveren Geschäftsmänner hatten all die Erfahrungen mit Gesetzen, Finanzen und Grundbesitz, die Bill fehlten. Aber in ihrem noch jungen und eifrigen Christsein teilten sie seinen unverrückbaren Glauben – „mit Gottes Hilfe ist nichts unmöglich" – und seinen Optimismus, diesen Schritt im Glauben zu gehen. Als Bill also erfuhr, dass ein Grundstück von zweiundvierzig Hektar nur siebzehn Kilometer vom *Willow Creek*-Kino entfernt für 600.000 Dollar verkauft werden sollte, besichtigten diese Ausschussmitglieder das Land, beteten um Führung und gaben schließlich ihre Zustimmung. Das Grundstück lag an einer Hauptstraßenkreuzung in dem Chicagoer Vorort South Barrington.

Robert Schuller kam uns dann sehr entgegen und sprach an einem Samstagabend im Juni 1977 bei unserem Bankett, das wir im Ballsaal des *Sheraton*-Hotels in Des Plaines, Illinois, veranstalteten. An diesem Abend wollten wir zu Spenden für unseren Grundstückskauf aufrufen. Wir hatten hierfür eine Multimedia-Präsentation vorbereitet, die kurz die Geschichte unserer Gemeinde darstellte und einen Blick auf unsere Vision für die Zukunft warf. Extra für diesen Anlass hatte Dave Holombo einen Song geschrieben: „Was könntest du dir Besseres wünschen, als mitzuhelfen, dass zerbrochene Leben wieder heil werden? Was könntest du dir Besseres wünschen, als in Augen zu schauen, die einst blind waren und nun sehen?"

Wir sangen diese Worte immer wieder und verpflichteten uns aufs Neue dem Traum, den Gott uns gegeben hatte, dem Traum, eine feste Heimat für eine nach biblischen Maßstäben funktionierende Gemeinschaft zu bauen, die kirchendistanzierte Menschen erreichen und ihnen helfen wollte, zu völlig hingegebenen Nachfolgern Christi zu werden. Robert Schuller bestärkte vor den etwa tausend Anwesenden die Bedeutung und die Möglichkeiten dieses Traumes. Schließlich eröffnete Bill den Anwesenden, dass wir zur Verwirklichung dieses Traumes 600.000 Dollar brauchten, um zweiundvierzig Hektar Land an der Kreuzung *Barrington* und *Algonquin Road* zu kaufen.

Wir waren uns bewusst: Als Ziel für eine junge Gemeinde mit einer Hand voll junger Leute in der Leitung konnte man das eigentlich nicht ernst nehmen. Aber wir waren dennoch überzeugt, dass die Leute bereitwillig spenden würden. Vor diesem Bankett hatte unser Finanzausschuss mit einer örtlichen Bank vereinbart, dass die Bank jedem, der sich an diesem Spendenprojekt beteiligen wollte, ein Niedrig-Zins-Darlehen in Höhe von tausend Dollar anbot, das innerhalb von zwei Jahren rückzahlbar sein sollte. Diejenigen von uns, die sowieso schon alle ihre Ersparnisse in die Gemeinde gesteckt hatten, waren die Ersten, die sich um ein Darlehen bemühten.

Bill und ich nahmen jeweils Darlehen über 2.000 Dollar auf. Andere Mitglieder des Leitungskreises gaben 1.000 Dollar oder 3.000 Dollar. Später sagte jemand sehr treffend: „Die Frage war nicht: ‚Kann ich oder soll ich?', die Frage war: ‚Wie viel kann ich?'"

Wir konnten uns nur vorstellen, was Erwachsene mit einer „richtigen" Arbeitsstelle spenden würden, vor allem, wenn sie von diesem Darlehensangebot hörten. Am Freitag schwirrten durch das Gemeindebüro die wildesten Spekulationen: „Ich denke, wir erreichen ..." – „Nein, ich denke, es werden ..." Wir waren überzeugt, dass wir unser Ziel erreichen würden, und planten schon eine Siegesfeier im Sonntagsgottesdienst.

Bauchlandung in der Wirklichkeit

Nach dem Festessen fuhr Bill ins Büro und zählte das eingegangene Geld und die Karten mit den Geldzusagen. Es waren insgesamt 425.000 Dollar. Bill war am Boden zerstört. Dies war der erste große Rückschlag, den er in seinem Dienst erlebte. Was sollte das bedeuten? Wo hatte er Fehler gemacht? Was sollte er nun tun? Er war völlig durcheinander, aber er wusste, dass er sich den Luxus nicht leisten durfte, sich dieser Verwirrung hinzugeben. Irgendwie musste er mit seiner eigenen Verzweiflung zurechtkommen, damit er andere aus ihrer Enttäuschung herausführen konnte. Er musste sich selbst und die anderen wieder auf die Wahrheit ausrichten, die in *Son City* so offensichtlich war und an die er glauben wollte: Gott hat die Kontrolle und er ist absolut vertrauenswürdig.

Am nächsten Tag verkündete Bill, dass wir unser Ziel nicht erreicht hätten und nicht in der Lage seien, das Grundstück zu diesem Zeitpunkt zu kaufen. Wir würden neu überlegen und entscheiden, welche Schritte wir nun unternehmen würden. Es fiel ihm schwer, diese Worte auszusprechen, und er hatte Mühe, seine Tränen zurückzuhalten.

Die Stimmung war in dieser Woche alles andere als elektrisiert. Bill war nicht wütend. Es hatte sich nur gezeigt, dass nicht so viel Geld zusammengekommen war, wie er gedacht hatte. Natürlich gab es auch Überraschungen. Personen, von denen er gedacht hatte, dass sie nichts geben könnten, nahmen große Darlehen auf. Aber andere, von denen er hoffte, 10.000 Dollar oder 15.000 Dollar oder 20.000 Dollar zu erhalten, gaben nur 5.000 Dollar – oder auch gar nichts.

Gleich nach dem Sonntagsgottesdienst, in dem Bill verkündete, dass wir das Ziel nicht erreicht hätten, kam ein Geschäftsmann der Gemeinde auf Bill zu und sagte: „Das ist ein guter Anfang. Haltet den Spendenaufruf aufrecht und wir werden die Summe in ein paar Wochen zusammenhaben."

Bill entgegnete: „Sie verstehen das nicht. Jeder von uns hat seinen letzten Pfennig gegeben."

„Nein", meinte der Mann, „das glaube ich nicht."

Der Mann hatte vermutlich Recht, aber in diesem Augenblick konnten wir das nicht sehen. Wir konnten uns nicht vorstellen, dass jemand noch Rücklagen hatte. Uns kam nicht einmal annähernd in den Sinn, dass nicht alle Menschen genauso bedingungslos ihren Glauben lebten, wie wir es taten. Im Laufe der Jahre lernte Bill, dass es unrealistisch ist, eine so riesige Summe innerhalb einer einzigen Abendveranstaltung aufzubringen. Menschen halten sich natürlicherweise anfangs etwas zurück und geben dann umso großzügiger, wenn sie genug Zeit haben, sich die Vision zu Eigen zu machen und den Bedarf einzuschätzen. Aber Bill war 1977 in allem noch ein Anfänger.

Gedemütigt

Die Frau, die das Grundstück verkaufte, wollte Bargeld sehen. Sie weigerte sich, eine Anzahlung anzunehmen, und bestand auf dem vollen Betrag. Was bedeutete das für unseren Traum? Wie sollten wir reagieren? Was wollte Gott uns dadurch sagen?

Wir lernten ziemlich bald, was Gott uns dadurch sagen wollte: Er liebte uns mehr, als wir uns vorstellen konnten, und wollte, dass unser Traum – sein Traum – in Erfüllung ging. Wenn er also einschreiten musste, um uns und den Traum zu schützen, würde er dies tun – und er tat es, auch wenn wir die Art und Weise zunächst nicht verstanden.

Kurz nachdem der Grundstückskauf geplatzt war, erfuhren wir, dass dieses Stück Land vom Staat zum Naturschutzgebiet erklärt worden war. Hätten wir das Land gekauft, hätten wir zwar unser Geld zurückbekommen, aber möglicherweise erst nach einigen Jahren und nicht mehr den vollen Betrag! Ich kann diese Geschichte nicht erzählen, ohne innerlich noch einmal den Gefühlsansturm zu spüren, den wir damals erlebten. Wir wurden uns erschrocken bewusst, dass Gott hier souverän eingegriffen hatte. Wir erkannten, wie liebevoll wir bewahrt worden waren. Wir empfanden große Dankbarkeit. Hoffnung. Wir fühlten uns gedemütigt durch die Bestätigung der Berufung, die dem Zweifel auf dem Fuß folgte.

Nach einigen Monaten erfuhren wir, dass ein Grundstück, das mit dem ersten vergleichbar war, für 660.000 Dollar verkauft werden sollte. Der Besitzer wollte eine Anzahlung und einen Vertrag über die Restzahlung. Am 26. November 1977 um 14 Uhr, gerade sechs Wochen nach dem zweiten Geburtstag von *Willow Creek*, wurden wir die stolzen Besitzer von sechsunddreißig Hektar Hügelland, Wiesen und Wald in der *East Algonquin Road* 67 in South Barrington, lllinois. Wir hatten große Ehrfurcht vor dem mächtigen Handeln Gottes.

Das Wunder von *Son City* schien sich fortzusetzen.

Kapitel 4

Schiffbruch

1979

„Für mich waren die Tage von Son City *und die ersten Jahre von* Willow Creek *berauschend. Der Zeitaufwand und die harte Arbeit wurden durch die tiefe Freude in den Schatten gestellt, die das Bewusstsein bereitete, dies alles gemeinsam zu tun und zu erleben. Aber 1980 verließ ich* Willow Creek. *Obwohl ich nur sieben Minuten von dem neuen Gemeindehaus entfernt wohnte, betrat ich das Gelände über drei Jahre lang nicht. Ich fühlte mich wie nach einer schmerzhaften Scheidung. Die Rückkehr dauerte lange und war sehr schmerzvoll."*

Nancy Beach, Programmdirektorin von *Willow Creek*

Die ehrenamtlichen und die leitenden Mitarbeiter, die vom Leitungsteam von *Son City* zum Leitungsteam von *Willow Creek* gewechselt waren, genossen ein außergewöhnliches Gemeinschaftsgefühl. Wir fühlten uns durch eine großartige Sache, die wir uns zu Eigen gemacht hatten, zueinander hingezogen. Wir waren wie Soldaten im Schützengraben, die die Schlacht gegen den Teufel kämpften; wir wussten, welchen Einsatz wir bringen mussten, aber wir glaubten daran, dass wir gemeinsam die Herausforderung annehmen könnten.

Aber unsere Beziehungen gingen noch darüber hinaus. Wir waren Freunde, wir waren eine Familie, und wir genossen unsere Beziehungen, die von Liebe, Vertrauen und Offenheit geprägt waren. Wir verbrachten auch außerhalb der Gemeinde viel Zeit miteinander, einfach nur, weil wir gerne zusammen waren.

Die Hingabe an den gemeinsamen Traum und unsere echte

Freundschaft schufen einen richtigen Teamgeist. In *Son City,* South Range, waren Bill und Dave ganz klar die Leiter des Dienstes gewesen, aber nie in einem autoritären Sinn. Sie waren zusammen und an der Seite der Jugendlichen in diesen Dienst einbezogen und die Lehre Dr. Bilezikians über „Dienende Leiterschaft" bestärkte dieses Leitungsverständnis. Ein Leiter war nicht „Herr über alles", sondern er sollte die anderen ermutigen und unterstützen.

Das Ergebnis unseres Verständnisses von Freundschaft, Teamarbeit und dienender Leiterschaft war, dass wir bei der Gründung von *Willow Creek* keinen Hauptpastor ernannten. Bill hatte den Titel des Pastors für Organisation. Er war dafür verantwortlich, die Arbeit der anderen Mitarbeiter zu koordinieren. „Koordinieren" war ein locker definierter Begriff, der keinerlei Autorität beinhaltete. Es gab tatsächlich keinerlei Autoritätsstruktur unter den Mitarbeitern. Genauso wenig gab es einen leitenden Ältestenkreis. Das heißt, die Gemeinde wurde von einem Mitarbeiterteam geleitet, in dem es keine formalen Verantwortlichkeiten oder Autoritäten gab.

Heute klingt das unglaublich naiv, aber es hatte in *Son City* funktioniert. Drei Jahre lang leiteten Bill und Dave in die Richtung, in die sich jeder von Gott geführt fühlte, und sie schienen letztlich immer in dieselbe Richtung zu gehen. Alle Übrigen folgten ihnen auf dem Fuß und alles funktionierte wunderbar.

Ungefähr um den zweiten Geburtstag von *Willow Creek* herum merkte Bill, dass dieses System nicht länger funktionierte. Weil niemand irgendjemandem Rechenschaft schuldig war, gab es keine Verbindlichkeit. Bill konnte die Arbeit der übrigen Mitarbeiter koordinieren, wenn sie das wollten; wenn sie es nicht wollten, konnte er nichts machen. Und er hatte zunehmend das Gefühl, *dass* sie es nicht wollten. Die Leute schienen in alle Richtungen gleichzeitig zu laufen. Wenn im Büro ein Anruf für einen bestimmten Mitarbeiter hereinkam, konnte es vorkommen, dass niemand wusste, wo die betreffende Person zu finden war – manchmal für Stunden, manchmal aber auch für einige Tage. Ein Mitarbeiter tätigte eine Anschaffung für die Gemeinde, für die kein Geld da war. Ein anderer Mitarbeiter konnte eine wichtige Aufgabe nicht bewältigen oder zeigte Anzeichen von geistlicher Verwirrung oder Selbstverurteilung. Bill rief immer wieder einmal eine Mitarbeiterversammlung ein und bereitete einen wichtigen Tagesordnungspunkt vor, um dann mit Leuten zu kämpfen, die sich nur um ihre eigene innere Uhr kümmerten. Wenn Bill versuchte, einen dieser Punkte anzusprechen, hieß es: „Wer bist du denn? Du hast keinerlei Autorität. Wir glaubten doch, einander vertrauen zu können."

Der Preis des Erfolges

Es lag nicht daran, dass die Mitarbeiter ihre Hingabe an den gemeinsamen Traum aufgegeben oder die Begeisterung für den Dienst verloren hätten. Im Gegenteil: Durch den ständigen Strom von Neuanfängen und durch die Steigerung der Gottesdienstbesucherzahlen auf fast 2.000 am Wochenende stieg die Begeisterung. Wir waren stolze Besitzer eines Grundstückes und konnten von den umfangreicheren Diensten träumen, die diese dauerhafte Heimat ermöglichen würde. Der Traum war so großartig und farbenfroh wie immer.

Aber was der Traum von uns forderte, richtete uns nahezu zugrunde. Die Mitarbeiter arbeiteten härter als je zuvor. Unser Lebenstempo war völlig ungesund. Von Anfang an hatten wir mit der Spannung zwischen unserem Privatleben und dem Dienst zu kämpfen. In dieser Zeit nahm die Spannung ständig zu, weil der Dienst mühelos jede freie Minute unseres Terminkalenders belegte. Unser Privatleben zog den Kürzeren – falls es überhaupt ein Privatleben gab. Zu oft gab es keines.

Bill und ich hatten oftmals den Eindruck, dass wir nur auf dem Papier verheiratet waren – und traurigerweise ging es uns noch besser als einigen anderen Ehepaaren im Leitungsteam. Mit Freundschaften verhielt es sich nicht anders als mit den Ehen; es gab eigentlich keine Zeit mehr, um seine Freizeit zusammen zu verbringen oder gemeinsam zu essen. Bills morgendliche Besprechungen mit den übrigen Mitarbeitern fielen seinen Treffen mit verschiedenen Männern der Gemeinde zum Opfer. Die fröhlichen Feste von Freunden, die hart zusammengearbeitet hatten, um ein Ziel zu erreichen, und die dazu dienten, Gottes Segen zu zeugen, waren zum unerschwinglichen zeitlichen Luxus geworden, den wir uns nicht länger leisten konnten. Es zählte nur noch der nächste Termin, das nächste Programm, das nächste Bedürfnis, alles spielte eine größere Rolle als die Freude des Augenblickes. Selbst Zeit mit Gott zu verbringen wurde zum unerschwinglichen Luxus. Für viele ersetzten die gewaltigen Anforderungen, eine öffentliche Veranstaltung über Gott zu planen, die Gelegenheit, selbst eine persönliche Zeit mit ihm zu verbringen.

Bill erkannte die gefährliche Zersplitterung des Mitarbeiterteams. Er spürte auch das zunehmende Gewicht von Sorgen, um die er sich in *Son City* überhaupt nicht hatte kümmern müssen: Grundstück, Gebäude, Hypotheken, Budgets in Millionenhöhe. Wenn er Personen bat, sich zeitlich und finanziell einzubringen, wollten sie wissen: „Wer ist hier verantwortlich? Wer hat das Sagen? Wer hat den Schwarzen Peter?"

Eine radikale Veränderung

Im Frühjahr 1978 mietete Bill einen Konferenzraum in einem örtlichen Hotel und rief alle Teilzeit- und Vollzeitmitarbeiter zusammen. „Unsere Arbeit fällt auseinander", sagte er. „Wir bewegen uns in zu viele verschiedene Richtungen. Wir brauchen eine Organisationsstruktur für unsere Mitarbeiter. Egal, für welche Form wir uns entscheiden und mit welcher wir alle einverstanden sind – wir sollten auf alle Fälle jemanden haben, der an der Spitze steht. Wir müssen einen Leiter ernennen." Er schlug vor, diesen Leiter auf Grund seiner Begabung auszuwählen. „Wer von uns hat die stärkste Leitungsbegabung?", fragte er. Schweigen. „Gut, ich denke, das bin ich."

Dann zeichnete Bill ein mögliches Organigramm auf. Es gab einige Diskussionen, aber keiner konnte einen besseren

Vorschlag machen, dem alle zustimmen konnten. Einige Mitarbeiter stimmten Bills Vorschlag aus vollem Herzen zu; andere akzeptierten ihn mit einem finsteren Schweigen. Bill war sich bewusst, dass es zum Bruch kommen würde, ja, er rechnete schon mit dem Zusammenbruch der ganzen Gemeinde. Er glaubte tatsächlich, dass der ganze Traum zugrunde gehen würde, wenn er nichts dagegen täte. Bill verließ das Hotel als Hauptpastor der *Willow Creek Community Church,* aber offensichtlich ohne ein von allen mitgetragenes Mandat.

Im Nachhinein fallen uns natürlich bessere und viele andere Möglichkeiten ein, wie Bill mit dieser Krise hätte umgehen können. Aber er war sechsundzwanzig Jahre alt und trug das Gewicht der möglichen Zerstörung eines Traumes mit sich herum, in den Hunderte von Menschen ihre Zeit, ihre Gaben und ihr Geld gesteckt hatten. Er hatte niemals ein Seminar darüber besucht, wie man Menschen die Notwendigkeit der Veränderung vermittelte. Er hatte nie gelernt, in Begriffen von unparteiischen Vermittlern oder Managementberatern zu denken. Er wusste nur, dass es ein ernsthaftes Problem gab und dass er es lösen musste – und zwar schnell.

Wenn Bill heute bei Leiterschaftskonferenzen betont, wie wichtig es ist, einen Leiter zu ernennen, eine klar definierte Mitarbeiterstruktur und feste Verantwortlichkeiten zu haben, bevor man eine Gemeinde gründet, liegt das daran, dass er selbst erfahren hat, wie schmerzvoll es sein kann, wenn man solche Strukturen nicht hat. Andernfalls fordert die unvermeidliche Zersplitterung des Mitarbeiterkreises schließlich die zwangsweise Übernahme einer Struktur, und daraus entsteht ein schwieriger Übergangsprozess, wie wir alle inzwischen sehr wohl gelernt haben.

Einige Mitarbeiter betrachteten die Veränderung als natürlichen und notwendigen Fortschritt und begrüßten sie. Andere akzeptierten sie nie. Sie unterwarfen sich ihr, aber nahmen sie nicht an. Aus ihrer Sicht hatte Bill einen Vertrauensbruch begangen, ihnen Zuständigkeiten entrissen und Freundschaften unterminiert. Das waren eben nicht mehr „wir“.

Und so hielten die Spannungen an. Einige Monate lang

spürte man nur ein unterschwelliges Rumoren. Bill hätte es direkt ansprechen sollen, aber er fand nie Zeit dazu. Das Leben ging weiter. Der Dienst ging weiter. Programme mussten geplant werden. Entscheidungen mussten gefällt werden. Predigten wollten geschrieben sein. Das rasende Tempo hielt an und nahm noch zu. *Die Spannung wird sich nach einiger Zeit schon geben,* dachte Bill. *Jeder wird mitmachen. Es wird kein Problem sein.* Sein natürlicher Optimismus beruhigte seine Befürchtungen. Die Anforderungen, die die Gemeinde an ihn stellte, zwangen ihn dazu, vorwärts zu gehen.

Vorwärts zu gehen hieß für Bill, im Bereich der Predigt einige wenige subtile Veränderungen einzuführen. Nachdem er Aufnahmen von John MacArthur gehört hatte, war er überzeugt, dass er sich in der *New Community* mehr auf ein vertiefendes Bibelstudium verlegen sollte. Zuvor hatte er meist über irgendwelche Themen gelehrt, aber ab dem 15. März 1978 begann er mit der Auslegung des 1. Korintherbriefes, womit er sich für den Rest des Jahres beschäftigte.

Vorwärts zu gehen hieß auch, die geistliche Leitung der Gemeinde zu klären und offiziell einzusetzen. Unter den bestehenden Zellgruppen- und sonstigen Leitern wählte Bill drei Personen aus, die einen außergewöhnlichen Grad an geistlicher Reife zu haben schienen. Bei einem Treffen der Zellgruppenleiter schlug er diese als mögliche Älteste vor, und die Zellgruppenleiter wählten Gilbert Bilezikian, Dick Swetman, Laurie Pederson und Bill zu den ersten Ältesten der *Willow Creek Community Church.* Obwohl Bill diese Aktion für sehr weise hielt, hatte er keinerlei Vorstellung davon, welche Schwierigkeiten die Ernennung dieser Ältesten im kommenden Jahr bereiten würde. Weder er noch irgendjemand sonst ahnte die bevorstehende Katastrophe.

Das soll das Paradies sein?

Kurz nach der Gründung von *Willow Creek* schenkte Bills Vater der Gemeinde achtzig Hektar Waldland am Tahquamenon

River in Michigan. Unberührte Natur, nur mit dem Boot zu erreichen, ohne Elektrizität und andere Spuren der Zivilisation – es sah aus wie eine perfekte Reklame für ein Abenteuerlager. Unter der Leitung von Bills Kindergartenfreund Tim VandenBos und mit gespendeten Baumaterialien und freiwilligen Arbeitskräften bauten wir rustikale Hütten und einen Speise- und Aufenthaltsraum und liehen uns von der nächstgelegenen Stadt den Namen, der der Wirklichkeit ziemlich nahe kam: *Paradise, Michigan.*

In den ersten Jahren von *Willow Creek* veranstalteten wir jedes Jahr in der Woche vor dem „Tag der Arbeit" in *Camp Paradise* eine Freizeit für Leiter, zu der alle Mitarbeiter, Zellgruppenleiter und sonstigen leitenden Mitarbeiter sowie deren Ehepartner eingeladen waren. Dort war Zeit für Erholung, für Bibelarbeiten, für Beziehungspflege und strategische Planung. Für die Nicht-Camper unter uns war es eine große Herausforderung, aber es war immer eine erfrischende Zeit – auch ohne die Zerstreuungen des „normalen" Lebens.

Aber das Camp zum „Tag der Arbeit" 1978 zerstörte den Charme unserer jährlichen Freizeiten. Am Freitagabend entdeckte Bill, dass ein Mitglied des Leitungskreises in etwas verwickelt war, das sowohl sein persönliches seelisches Gleichgewicht als auch die Integrität des gesamten Leitungskreises beeinträchtigte. Einige Monate zuvor waren Bill an dieser Person schon Verhaltensmuster aufgefallen, die in dieselbe Richtung deuteten; er hatte dies angesprochen und wurde daraufhin heftig beschuldigt, übermäßig misstrauisch und wertend zu sein und zu einer Gesetzlichkeit zu neigen, der wir alle entkommen wollten. Bill wollte das Beste annehmen und lenkte ein, aber seine Vermutungen erwiesen sich als richtig.

Ich werde nie vergessen, welche Qualen Bill litt, als er im Dunkeln in unserer Hütte hin und her lief und mir erzählte, was er soeben erfahren hatte. Im Schock des Augenblickes konnte er nur die absolute Katastrophe sehen. „Der Traum ist geplatzt", sagte er.

Sofort nach unserer Rückkehr nach Hause rief Bill die kürzlich ernannten Ältesten zusammen und eröffnete ihnen die tragische Wahrheit. Persönliche Gefühle wie Traurigkeit oder Ärger wurden mit Macht beiseite geschoben, als diese unerfahrenen Ältesten sich einem unerwarteten Problem gegenübersahen: *Was machen wir jetzt?*

Es handelte sich um ein zerstörerisches, fortdauerndes Verhalten, das nicht einfach unter den Teppich gekehrt werden konnte. Aber diese Person war ein lieber Freund, ein Mitglied des Teams, das eine gemeinsame Vision teilte, ein hingegebener Diener, der sich für den Dienst aufgeopfert hatte. Natürlich musste man wegen dieses Verhaltens etwas unternehmen. Aber weder Bill noch die Ältesten konnten sich vorstellen, dass dieser Dienst eine Zukunft hatte, wenn nicht das gesamte Team intakt war. Natürlich war der Gemeinschaftsgeist, der uns Jahre zuvor miteinander verbunden hatte, schwächer geworden, aber unter der Oberfläche hielt sich das Gefühl, dass wir hier zusammengehörten. Sicher gab es Risse durch Frustration oder sogar Feindseligkeit. Aber wir konnten das durchstehen. Und am Ende würden wir alle gemeinsam wie die Western-Helden dem Sonnenuntergang entgegenreiten – zumindest hatten wir schon immer diese Einstellung. Jeder davon abweichende Gedanke war unvorstellbar.

Um die Privatsphäre der betroffenen Person zu wahren, entschieden sich die Ältesten gegen eine öffentliche Aussprache; weder Mitarbeiter noch Leiter wurden von diesem Problem in Kenntnis gesetzt. Der Person wurde gestattet, weiterhin mitzuarbeiten, unter der Bedingung, dass sie eine professionelle Beratung in Anspruch nehmen und sich der Aufsicht der Ältesten unterstellen würde.

Das ist schlecht, dachte Bill, *aber es kann alles gut werden. Es wird an uns vorüberziehen. Bevor wir es merken, werden wir schon wieder unterwegs sein.*

Zu beschäftigt, um zu trauern

Drei Wochen später kam es an einer anderen Front zu einer Tragödie. Auf einer Fahrt nach Chicago, wo er Waren einkaufen wollte, erlitt Bills Vater einen schweren Herzinfarkt. Man fand ihn tot über dem Steuer seines Lkws zusammengesackt. Er war dreiundfünfzig Jahre alt. Bill eilte in die Stadt, um sich dem traurigsten Verlust seines Lebens zu stellen. Bills Vater war ein energiegeladener, exzentrischer Mann gewesen, mit einem überlebensgroßen Wesen. Er hatte jeden Tag dieselbe Kleidung getragen – eine schwarze Hose und ein weißes Hemd ohne Krawatte –, aber sein Leben hatte keine Routine gekannt. Immer wieder einmal war er einer Laune des Augenblicks gefolgt und rund um den Globus geflogen, nur mit einer Zahnbürste und seinem Pass im Gepäck. Einmal hatte er Bill zum Flughafen mitgenommen und ihm gesagt: „Lass uns das nächste Flugzeug nehmen, egal, wohin es fliegt." Der nächste Flug ging nach Jamaica, wo sie dann drei Tage in der Karibik verbrachten …

Obwohl er wohlhabend war, ein eigenes Flugzeug, ein Sommerhaus und eine seetüchtige Yacht besaß, fuhr Bills Vater Gebrauchtwagen und fühlte sich in einem vollbeladenen Lkw am wohlsten. Aber er war mehr als nur ein exzentrischer Geschäftsmann gewesen. Fast jeden Sonntag hatte er eine Gesangsgruppe geistig zurückgebliebener Frauen im Krankenhaus von Kalamazoo geleitet, oft mit Bill oder einem seiner Geschwister im Schlepptau. Er war außerdem – und ich kann dies nicht hoch genug bewerten – Bills größter Anfeurer gewesen, er war der Mensch, der an Bills Möglichkeiten geglaubt und mehr Vertrauen in seine Fähigkeiten gezeigt hatte als irgendjemand sonst. Als Bill das Familienunternehmen verließ, um in den vollzeitlichen Dienst zu gehen, war sein Vater zwar enttäuscht gewesen, aber er hatte Bills Entscheidung respektiert und ihm unentwegt seine Unterstützung angeboten. Gerade jetzt, als die Welt düster aussah und Bill die Unterstützung seines Vaters mehr denn je gebraucht hätte, verstarb dieser.

Ich würde jetzt gerne sagen, dass ich in diesen schwierigen Wochen und Monaten für Bill ein starker Halt war, aber ich war es nicht. Ich trauerte wirklich mit ihm, aber ich war im vierten Monat schwanger, fühlte mich extrem schlecht, hatte ein Kleinkind zu versorgen und focht deswegen meine eigenen Kämpfe aus. Einen Monat nach dem Tod von Bills Vater fand ich mich im Haus meiner Eltern in Michigan wieder, so krank, dass ich Shauna nicht mehr versorgen konnte. Einen verzweifelten Anruf und eine mitternächtliche Fahrt später saß Bill an einem Bett in dem Krankenhaus, in dem er sechsundzwanzig Jahre zuvor geboren worden war. Unser winzig kleiner Sohn wurde tot geboren.

Ein Verlust folgte dem nächsten. Aber Trauern braucht Zeit, und das war etwas, das keiner von uns hatte. Wie Bill später sagte: „Es musste weitergehen. Die Gemeinde brauchte meine Leitung. Es erschien mir unpassend, dazusitzen und darüber nachzudenken, wie es mir ging." Ich entschied mich auch dafür, „dass es weitergehen musste". An unser Gemeindebüro kam eine dringende Anfrage: Eine Ehe war zerbrochen und hinterließ zwei unbeaufsichtigte kleine Kinder. Innerhalb weniger Tage wurde ich inoffiziell Pflegemutter für ein dreijähriges Mädchen und einen achtjährigen Jungen, die fast sechs Monate bei uns blieben. Shauna war damals gerade zwei Jahre alt. Das Leben ging weiter.

Zusammenarbeiten oder auseinander leben?

Als ich heute Vormittag Bills Dienstkalender aus dem Jahr 1978 durchsah, entdeckte ich ein „unwichtiges" Thema, das ich bei den Ereignissen des vergangenen Herbstes fast vergessen hatte. Von Mitte September bis Ende Oktober war Bill mit der zweiten Serie Hausbesuche dieses Jahres beschäftigt. Sechs Wochen lang hielt er sechs Tage pro Woche an jedem Abend zwei Treffen in Privathäusern mit kleinen Gruppen von Gemeindegliedern ab, um die Vision für ein eigenes Gemeindehaus zu vermitteln und um auf den damit verbundenen finanziellen Aufwand hinzuweisen. Er glaubte, dass es wichtig war, die Vision und die Finanzen in einem vertrauten Rahmen vorzustellen, in dem die Leute in einer Frage-und-Antwort-Runde offen ihre Einwände und Fragen vorbringen konnten. Ihm war auch bewusst, dass sich Menschen in einem persönlicheren Rahmen leichter eine Sache zu Eigen machen und die Bedeutung ihres persönlichen Beitrages klarer erkennen können. Bei einer durchschnittlichen Gottesdienst-Besucherzahl von 2.000 kamen Menschen zu leicht auf die Idee, dass ihre persönliche Spende weder gebraucht noch vermisst würde. In Wirklichkeit waren wir darauf angewiesen, dass wirklich alle zusammenarbeiteten. Und Bill wollte sicherstellen, dass dies auch alle wussten.

Nach sechs Wochen Hausbesuchen beraumten wir eine Extraspendenveranstaltung an. An einem Samstagabend nach Ladenschluss mieteten wir ein Einkaufszentrum, stellten im Atrium Tische und Stühle für 1.500 Personen auf, ließen ein Abendessen servieren und präsentierten ein Konzert des *Willow Creek*-Orchesters und -Chores. Danach stellte Bill noch einmal die Vorteile dar, die ein eigenes Gemeindehaus haben würde, und forderte die Besucher auf zu spenden. Wir zählten später 735.000 Dollar. Bills Eintragung für *New Community* lautete in den vorhergehenden Wochen einfach „Gebet". Die Eintragung für die folgenden Wochen war „Lob und Dank".

Die nächsten Monate vergingen für Bill wie ein einziger Wirbel: Treffen mit Architekten; Bildung eines Vorstandes, eines Bauausschusses und einer Camp-Leitung; weiterhin persönliche Treffen mit Männern aus der Gemeinde, um sie dabei zu unterstützen, aktive Christen zu werden (dazu gehörten gelegentliche Skiausflüge und andere verbindende Aktivitäten); Wiederherstellung des Leitungsteams; Predigten in den Sonntagsgottesdiensten und den Gottesdiensten unter der Woche; Hochzeiten (in einer wachsenden Gemeinde mit vielen jungen Leuten gab es fast jede Woche eine Hochzeit); Gastredner und Beraterverpflichtungen bei Jugenddiensten im ganzen Land.

Und mitten im Wirrwarr von bereits den Terminkalender strapazierenden Verpflichtungen gab es noch zahlreiche spätabendliche Treffen mit den Ältesten, um der fortwährenden Zersetzung des Mitarbeiterkreises Einhalt zu gebieten. Der Mitarbeiter, der schon früher angesprochen worden war, hatte mit seiner schwierigen Verhaltensweise noch nicht klar gebrochen und schien sich zunehmend der Verantwortung gegenüber anderen zu entziehen. Nur wenige Mitarbeiter waren sich der Ursache der Spannung bewusst, aber sie spürten sie ganz deutlich; einige nahmen an, es handle sich nur um die Machtpolitik von Bill und den Ältesten. Dies warf diese Mitarbeiter wieder zurück in die extreme Autonomie, die unser Verhalten in früheren Jahren gekennzeichnet hatte. Organisationsstrukturen, Aufgabenbeschreibungen, Terminkalender – dies alles hielten sie für unnötige und übertriebene Errungenschaften.

Unterschiedliche Anschauungen unter den festen Mitarbeitern zeichneten sich ab. Wohin sollten Mittel und Energie der Mitarbeiter fließen? In Jüngerschaft? In Kleingruppen? Erwachsenenbildung? Verstärkte Kreativität bei der Programmgestaltung? Evangelisation durch künstlerische Ausdrucksformen? Bei solchen Fragen gab es nur wenig Übereinstimmung.

Die Spannung wurde durch unterschiedliche Persönlichkeitstypen verstärkt. Das Gründungsteam von *Willow Creek* bestand überwiegend aus jungen „Pferden", deren Natur es widersprach, gezügelt zu werden. Sie waren starke und unabhängige Freidenker – und sie waren nötig, um eine Gemeinde wie *Willow Creek* zu gründen –, aber jetzt waren sie wund gescheuert von der zunehmenden Verantwortlichkeit, die eine wachsende und komplexer werdende Gemeinde von ihnen forderte.

Bills Umschwung zur grundlegenden Bibelarbeit in *New Community,* begleitet von einem eindringlicheren Ruf nach mehr Hingabe und rechtschaffenem Lebensstil, trug zusätzlich zu Meinungsverschiedenheiten unter den Mitarbeitern bei. Einige begrüßten die Veränderung; andere fühlten sich durch einen Ansatz verraten, der ihnen „zu extrem, zu negativ und zu schwerfällig" erschien.

Noch war die Spannung unter den Mitarbeitern nicht stark genug, um die Dienste für kirchendistanzierte Menschen in unserer Gemeinschaft zu schwächen. Nur eine Hand voll Insider war davon wirklich betroffen, und deren Hingabe an die Sache war stark genug, um sie bei der Stange zu halten. Im April kamen über 3.000 Menschen zu unserer Osterfeier, die genauso war wie immer: eine mitreißende Mischung aus praktischer biblischer Verkündigung und hochqualitativem Programm. Es war eine erstklassige Illustration, wie Gottes Weisheit die Gaben eines außergewöhnlichen Teams vereinigen kann. Wie früher war die Kraft da. Energien, die zusammenwirkten. Und ganz offenkundig war der Heilige Geist am Werk.

Das verändernde und kraftvolle Wirken des Geistes wurde auch am 31. März 1979 offensichtlich, als siebzehn Mitglieder des Gemeindevorstandes – die meisten von ihnen waren relativ jung im Glauben – eine Summe von 1,7 Millionen Dollar flüssig machten, um einen Dreimillionenkredit zum Bau unseres geplanten Gemeindehauses abzusichern. Mit anderen Worten: Diese Menschen hafteten persönlich, falls die Gemeinde nicht in der Lage war, den Kredit zurückzuzahlen. Sie stellten der Gemeinde und der Bank ihr persönliches Vermögen zur Verfügung und setzten so buchstäblich ihr gesamtes Hab und Gut aufs Spiel.

Natürlich waren Bill und ich äußerst dankbar für die Hingabe und Großzügigkeit der Vorstände. Aber damals hielten wir es für selbstverständlich. Wir waren jung und naiv. Ich denke nicht, dass wir erkannten, wie ungewöhnlich es war, dass harte, dynamische und erfolgreiche Geschäftsleute ihr Vermögen aufs Spiel setzten. Viele solcher Leute reden nur übers Geben, aber wenn es zur Sache geht, sind sie meistens nicht in der Lage, sich mit dem zu beteiligen, was ihr Erfolgssymbol ist. Ich schaue voll Ehrfurcht auf diese Gruppe von ernsthaften, hingegebenen Männern zurück, die sich an einem Montagabend im Hinterzimmer eines Country-Clubs trafen, um auf der gestrichelten Linie zu unterschreiben. Was bewegte sie dazu? Warum hatten sie sich entschlossen, mit einem Haufen von Mittzwanzigern gemeinsame Sache zu machen?

Einer dieser Männer gab Jahre später die einzig mögliche Erklärung: „Es war so deutlich, dass Gott dabei war."

Am 6. Juni 1979 wurde der Grundstein für die zukünftige Heimat von *Willow Creek* gelegt. Am 20. Juni zogen Bill und ich in die Nähe des Gemeindebesitzes um, damit Bill sich an der Bauaufsicht beteiligen konnte. Und schließlich wurde an diesem Tag auch unser Sohn Todd geboren. Ich ging aus einem Haus ins Krankenhaus und kehrte vom Krankenhaus in ein anderes Haus zurück. Chaos herrschte, aber nach neunmonatiger, beständiger Übelkeit war ich einfach begeistert, wieder gesund zu sein. In diesen Monaten mussten Shauna und ich oft zu meinen Eltern nach Michigan gehen; Bills Terminplan ließ ihm weder die Zeit noch die Energie, sich auch noch um eine kranke Frau und ein Kleinkind zu kümmern. Aber jetzt konnten wir endlich zusammen sein. Und wir konnten eine Familie sein.

Aber schon bald sehnte ich mich danach, wieder in Michigan zu sein – nicht, um von Bill wegzukommen, sondern um den wachsenden Spannungen innerhalb der Gemeinde zu entfliehen. Den Höhepunkt erreichte die Situation Anfang September, als die Ältesten den besagten Mitarbeiter mit seinem fortdauernden sündhaften Verhalten und seiner reuelosen Haltung konfrontierten. Er wollte die Situation nicht besprechen, sondern lieber seinen Rücktritt erklären. Die Ältesten nahmen diesen an.

Am nächsten Tag gab ein Ältester das Ausscheiden dieses Mitarbeiters bekannt. Er nannte als Grund „unterschiedliche Dienstauffassungen“ und wünschte ihm alles Gute für sein neues Betätigungsfeld. Die Ältesten nahmen an, dass die Gemeinde diese oberflächliche Erklärung akzeptieren würde, aber sie irrten sich gründlich. Nach dem Ende des Gottesdienstes waren alle leitenden Mitarbeiter in Aufruhr: „Sagt uns die Wahrheit! Erklärt uns, was hier wirklich los ist!“

Die Ältesten versuchten, in möglichst positiven Begriffen die unterschiedlichen persönlichen Anschauungen zu erklären, die es erforderlich gemacht hatten, „auf getrennten Wegen weiterzugehen“. Aber um die Privatsphäre des zurückgetretenen Mitarbeiters zu schützen, verbargen sie die wahren Gründe hinter einer schillernden Mauer aus Geheimnistuerei. Und auch der ehemalige Mitarbeiter selbst verweigerte jede klare Auskunft.

Bisher war Bills Darstellung der Mitarbeiterstruktur für die Gemeinde nicht wahrnehmbar gewesen. Der Teameinsatz für den Dienst war noch zu offensichtlich. Jedoch teilte sich die Mitarbeiterschaft zunehmend in zwei Parteien: in diejenigen, die die neue Struktur mit ihren Verantwortungs- und Autoritätsebenen unterstützten, und diejenigen, denen die frühere Autonomie lieber war. Als Letztere mit einigen Leitern in Schlüsselpositionen über den plötzlichen Rücktritt sprachen, ebneten die unbeantworteten Fragen allen möglichen Vermutungen den Weg. Während viele Personen der Entscheidung der Ältesten vertrauten und auf weitere Erklärungen verzichteten, füllten andere das Informationsloch mit ihren eigenen Erklärungen: Bill war entmachtet. Die Ältesten wurden beschuldigt, naive Gehilfen bei Bills Fehlentscheidungen zu sein.

Während die Gemeinde größtenteils dieses Problem überhaupt nicht wahrnahm, waren Mitarbeiter, Vorstand, Leiter und Älteste schwer angeschlagen. Über Nacht wurden wir in einen albtraumhaften Teufelskreis aus Anschuldigungen und Misstrauen, aus Verrat und Feindschaft verwickelt. Jahre später ist es für Außenstehende unzweifelhaft schwer zu verstehen, warum die Ältesten weiterhin den wahren Grund verschwiegen, der diese ganzen Missverständnisse ausgelöst hatte. Heute würden sie anders – und auf biblischere Weise – damit umgehen, aber damals erschien es ihnen wie ein Verrat an einer Freundschaft und als unnötige Ungerechtigkeit gegenüber Unschuldigen, wenn man ein Fehlverhalten publik gemacht hätte. Und so dauerten die Verwirrung, die Entzweiung und der Schmerz weiter an. Nachts riefen bei mir Leute an, die mich über die egoistischen und machtgierigen Machenschaften meines Mannes informierten. Die Ältesten trafen sich Abend für Abend und versuchten etwas von dem Traum zu retten, der ihnen unter den Händen wegzusterben schien.

Aber das Leben ging weiter. Der Dienst ging weiter. Die eigentliche Misere begann, ausgelöst durch den Rücktritt, am 9. September, einem Sonntag. Für den Abend dieses Tages hatten wir schon lange zuvor einen „Tag der offenen Tür" auf unserem Gemeindegrundstück geplant, auf dem ja schon der Grundstein zum neuen Gemeindehaus gelegt war. Es gab ein großes Lagerfeuer und überall bildeten sich kleine Gebetsgruppen. Aber sie beteten nicht für Spenden oder für das neue Gemeindehaus, weil es weit wichtigere Gebetsanliegen gab. Zwei Tage später startete Bill seine dritte Runde Hausbesuche in diesem Jahr. Es war wesentlich leichter, Fragen zu Finanzen und zum Neubau zu beantworten, als mit den fortwährenden Fragen zu Bills offensichtlichem Bestreben, „selbst das größte Stück vom Kuchen zu bekommen", umzugehen.

„Ihr kennt nicht die ganze Geschichte", entgegnete er, aber dadurch entstanden noch mehr offene Fragen.

Nach einem Hausbesuch sagte ein großzügiger Spender: „Wenn du zulässt, dass dieses Mitarbeiterteam zerbricht, wird auf diesem Hügel an der South Barrington Road am Ende ein nutzloses Gebäude stehen." Er war nicht der Einzige, der dieses Gefühl hatte. Die positive Energie, die aus dem ständigen Vorwärtsdrängen und dem Wachstum entstanden war und unsere Erfahrungen im Dienst von Anfang an geprägt hatte, wurde durch die negative Energie umherschwirrender Gerüchte und zunehmender Spannungen ersetzt. Am 14. Oktober feierten wir den vierten Geburtstag von *Willow Creek,* aber uns war nicht nach Feiern zumute.

Es gab zum Glück noch viele Personen bei den Hausbesuchen, deren Begeisterung für die Zukunft trotz der Entzweiung des inneren Leitungskreises ungebrochen war. Ihr Enthusiasmus hielt Bill über Wasser, reichte aber nicht aus, um dem Gefühl eines drohenden Verhängnisses entgegenzuwirken, das die Spendenveranstaltung am 20. Oktober durchzog. Monate zuvor hatten wir bereits geplant, einen Pendelzug zu chartern, um fast 1.500 Mitglieder von *Willow Creek* nach Chicago zu bringen. Dort warteten dreißig Busse auf sie, um sie zum *Navy Pier* zu bringen, wo ein Konzert von Chuck Girard stattfand, dessen Musik uns in den frühen Jahren von *Son City* so inspiriert hatte.

Die Leute bestiegen den Zug, in dem Leiter aus der Gemeinde in Bahnuniformen das Essen ausgaben. Das Ganze sollte eine festliche Angelegenheit sein, und das war es wohl auch für die meisten, aber auf Leitungsebene war es sehr ungemütlich. Die Ältesten wussten nicht, wer ihnen freundlich auf die Schultern klopfen und wer sie in einer Ecke zusammenschlagen würde. Bill wusste nicht, welches Lächeln ehrlich gemeint war und hinter welchem sich unausgesprochene Anklagen verbargen. Wir waren zusammengekommen, um Spenden für eine gemeinsame Sache zu sammeln, aber wer saß wirklich noch im Boot? Wer saß wirklich noch in diesem fahrenden Zug?

Entgleist

Es ist unnötig zu sagen, dass unser Spendenergebnis weit vom gesteckten Ziel entfernt war. Viele Leute, mit denen Bill gerechnet hatte, waren desillusioniert und zunehmend über die Zukunft von *Willow Creek* verunsichert. Einige Vorstandsmitglieder hatten ihren Rücktritt erklärt. Unser größter Spender dachte darüber nach, die Gemeinde zu verlassen. 1978 hatte er eine Viertelmillion Dollar gespendet. Zu einem Zeitpunkt, an dem Mitarbeiter und junge Leiter Hypotheken auf ihre Häuser aufnahmen, um zwei-, drei- oder viertausend Dollar spenden zu können, schien der Verlust eines Spenders sechsstelliger Summen das Todesurteil für *Willow Creek* zu besiegeln.

Innerhalb von sechs Monaten verließ uns nahezu der halbe Mitarbeiterstamm. Das Team war zerstört, und wir erkannten immer mehr, dass der Traum nicht gewesen war, eine Gemeinde zu gründen, sondern *gemeinsam* eine Gemeinde zu gründen.

Ich erinnere mich daran, wie ich nachts, als die Kinder im Bett lagen und Bill bei einem Ältestentreffen war, alleine dasaß und dachte: *Das hatte Gott nicht vor. So sollte es nicht werden. Sünde hat seinen Plan zerstört. Wir haben seinen Plan zerstört. Das ist falsch. Wirklich falsch.* Alles schien so sinnlos tragisch zu sein. Warum musste es passieren?

Unter den scheidenden Mitarbeitern befanden sich ebenfalls Dave und Sue Holombo. Auch wenn ich den Verlust jeden Mitarbeiters betrauerte, konnte ich absolut nicht akzeptieren, dass Dave und Sue gegangen waren. Dave und Sue waren ohne Bill und Lynne nicht vorstellbar – und umgekehrt. Dave war Bills bester Freund, Sue war meine beste Freundin. In den ersten Jahren, als Bill und Dave mit ihrem Dienst „verheiratet" waren, hatten Sue und ich uns gegenseitig dabei geholfen zu überleben. Oft waren wir spätabends in den benachbarten Schnellimbiss gegangen und hatten unsere Einsamkeit in einem Eisbecher mit heißen Himbeeren und im Trost der Freundin ertränkt.

Sue war voller Lebensfreude und spontan, der Mittelpunkt jeder Party – ein Gegensatz zu meinem eher zahmen Auftreten –, aber wir ergänzten einander perfekt und waren gerne zusammen. Meine Empfindungen über den Verlust von Sue empfand, ähnelten den Gefühlen, die Bill nach dem Verlust von Dave überfielen. Wären wir in der Lage gewesen, in die Zukunft zu schauen, hätten wir bei der Aussicht Trost finden können, dass sich unsere Wege in künftigen Jahren wieder kreuzen würden. Damals aber empfanden wir nur tiefe Traurigkeit über einen weiteren Verlust.

Schneller ist nicht immer besser

Was ist los?, fragten wir uns immer wieder. *Warum passiert das alles?* Aber als der Schmerz größer wurde und die Abwehrmauern zusammenbrachen, trat die Realität klarer zutage. Wären wir älter und reifer gewesen, hätten wir den Zusammenbruch zweifellos kommen sehen. Wir fuhren von der Gründung der Gemeinde an auf Kollisionskurs.

Eines von Bills Zielen in den ersten Jahren der Gemeinde

war, die Gemeinde an den Punkt zu bringen, an dem sie sich selbst erhalten konnte, an dem genug Leiternachwuchs und eine angemessene finanzielle Grundlage vorhanden waren. Er kannte sich gut genug im Geschäftsleben aus, um zu wissen, dass jedes Unternehmen eine Startphase hat, in der die Leiter absolut alles in die Sache investieren müssen. Bill war wie jedes andere Mitglied im Leitungsteam bereit, mehr als alles zu geben. Unsere Einstellung war: Wir werden alles tun, egal, was es kostet, um diese Gemeinde zu gründen. Wenn das für uns heißt, eine Zeit lang ein ungesundes Lebenstempo vorzulegen, soll es so sein. Es kann sich ja nur um ein oder zwei Jahre handeln, in denen wir auf Messers Schneide leben. Das werden wir überleben.

Aber aus einem oder zwei Jahren wurden drei oder vier. Und wir überlebten es nicht.

Zuerst ging unser Gemeinschaftsgefühl zugrunde, das wir in *Son City* so genossen hatten. Früher hatten wir zusammen gearbeitet, zusammen gespielt, zusammen geträumt und zusammen gebetet. Persönliche Verantwortlichkeit erwuchs ganz natürlich aus der Vertrautheit unserer Beziehungen. Es war ganz normal, dass wir über unsere Gefühle und Beziehungen sprachen. Aber als das Tempo zunahm, nahm im gleichen Maß unsere Vertrautheit ab. Wir hatten kaum noch Zeit, uns mit den Dienstverantwortlichkeiten der anderen zu beschäftigen und erst recht nicht mit unserem persönlichen Leben. Wir vermuteten nur, dass wir uns geistlich noch alle im selben Boot befanden. Und dass unser persönliches Leben und unsere Ehen in Ordnung wären.

Aber beide Annahmen waren falsch. Bei einigen kamen Fragen und Zweifel auf, die ihren Glauben schwächten, und da sie keinen Raum mehr für richtige Gespräche hatten, blieb der Glaube auf der Strecke. Hätten wir davon gewusst, hätten wir uns vielleicht alle gemeinsam um ein tieferes Verständnis von wahrem christlichem Glauben bemüht. Aber wir hatten nicht einmal die Zeit, davon zu wissen. So kämpften Menschen mit ihren Zweifeln alleine, müde und desillusioniert, und einige verloren den Kampf.

Andere verloren ihre Ehe. Traurigerweise folgte auf den Rücktritt einiger Leiter und Mitarbeiter deren Scheidung. Und wie hätte es auch anders sein können? Schwerer zu verstehen ist, dass einige Ehen überlebten. In diesen Jahren liebte ich die Gemeinde wie immer; ich wollte, dass sie überlebte, und ich hasste den Gedanken, etwas zu tun, das ihr Wachstum behindern könnte. Aber wir und viele andere bezahlten einen hohen und immer höher werdenden Preis in unseren Ehen. Forderte Gott diesen Preis?

Heute würde ich sagen, dass unser Preis weit über Gottes Anforderungen hinausging, aber damals wusste ich einfach nicht, was ich denken sollte. Ja, Bill und ich schienen uns auf gefährliche Weise auseinander zu leben und in unseren Herzen – zumindest in meinem – schien mehr Feindseligkeit als Liebe füreinander zu sein. Aber wie konnte ich meinen kleinen Traum von einer gesunden Ehe über den gigantischen Traum von einer Gemeinde stellen? Ich hatte das Gefühl, gegen Gott zu kämpfen. Wie konnte ich da gewinnen? Und wollte ich überhaupt gegen Gott kämpfen? Natürlich nicht. Ich wollte schließlich eine geistliche Frau sein, eine gottesfürchtige Ehefrau und eine hingegebene Nachfolgerin Jesu. Ich wollte jeden erforderlichen Preis für die Arbeit im Reich Gottes bezahlen, genau wie Bill es tat. Genau wie wir alle es taten.

Und so bezahlten wir in unseren Ehen immer zu zweit den Preis. Bill und ich waren die Vorbilder; andere folgten getreu unserem Beispiel.

Bill und ich schauen voller Traurigkeit und Bedauern auf diese Jahre zurück. Wie sehr hätten wir uns gewünscht, ein besseres Vorbild zu sein. Viele Dinge hätten anders laufen können, wenn wir langfristig gedacht und uns nicht nur auf die Begeisterung und die Dringlichkeit des Augenblickes konzentriert hätten. Ein besseres Verständnis seiner eigenen Sucht, Frucht zu bringen, hätte Bill und den anderen Leitern vieles erspart. Wir klagen heute darüber, dass unsere Jugend und Unreife zu solchen Auswüchsen führten.

Ich verstehe bis heute auch nicht völlig, warum unsere Ehe überlebte, während andere Ehen zerbrachen. Natürlich war es ein Unterschied, ob man Kinder hatte oder nicht; keiner von uns hätte den Gedanken ertragen können, dass unsere Kinder für unsere Frustration und unsere Fehler bezahlen müssten. Auch unser Verantwortungsgefühl gegenüber der Gemeinde war anders; wir waren beide nicht bereit, das Wirken Gottes in unserer Mitte zu gefährden. Darüber hinaus können wir es uns nur so erklären, dass wir unsere Ehe wohl der außergewöhnlichen Macht des Gebetes, unserem Durchhaltevermögen und dem gütigen Schutz Gottes verdanken.

Dieser Kuchen ist zu klein

Unser Lebenstempo war nicht unser einziges Problem. In diesen ersten Jahren hielt Bill nichts mehr auf Trab als die finanzielle Belastung, die die Gemeindegründung mit sich brachte. Jede Woche rechnete er durch, wie hoch die Kollekte am Sonntag sein musste, um die Gemeinde über Wasser zu halten, und unweigerlich blieb die Kollekte unter diesem Betrag. Irgendwie ging es immer weiter, aber nur mit extremen Einschränkungen. Einmal schimpfte Bill ernstlich mit einem Mitarbeiter, der in einem Schreibwarengeschäft für 8,50 Dollar Kugelschreiber und Bleistifte für die Gemeinde gekauft hatte, ohne vorher um Erlaubnis zu fragen. Die Gemeinde konnte Ausgaben wie diese einfach nicht tragen und gleichzeitig überleben.

Es gab ständig Spannungen, wie wir unsere Gelder zwischen Programmen, Mitarbeitergehältern, Grundstück und Gemeindehaus aufteilen sollten. Da wir uns der Evangelisation durch „Offene Gottesdienste" verschrieben hatten, versuchte Bill, das Programmbudget so hoch wie möglich zu halten. Andererseits war es ihm genauso wichtig, sobald wie möglich ein eigenes Gemeindehaus zu haben. Durch die steigenden Besucherzahlen und die Programme der verschiedenen Dienste kamen wir schließlich an den Punkt, dass wir jede Woche fünf verschiedene Gebäude anmieten mussten, was den ständigen Auf- und Abbau der Licht- und Tonanlage mit sich brachte und mit der Zeit lästig und frustrierend wurde. Der ständige Wechsel unserer Räumlichkeiten verschaffte uns auch das negative Image von Unbeständigkeit, das viele Menschen wieder aus unserer Gemeinschaft vertrieb. Und wir waren ständig von Kündigungen bedroht. Konsequenterweise versuchten wir also, so viel Geld wie möglich für unser Grundstück und das eigene Gemeindehaus zu verwenden.

Wer kam also zu kurz? Die Mitarbeiter. Aber wir waren alle voller Eifer bei der Sache und zudem bereit, jeden Preis zu zahlen, und so beschwerte sich niemand. Ehefrauen arbeiteten, die Mitarbeiter der Gemeinde nahmen Nebenjobs an. Wir alle konnten uns einschränken, weil wir entweder Singles oder jungverheiratet waren, keine Hypotheken abbezahlen oder Kinder versorgen mussten. Aber das Fehlen angemessener Gehälter kam zu den Belastungen unseres sowieso schon überlasteten Lebens dazu.

Schließlich erhöhten ausgezeichnete Programme und eine ständige Bleibe die Gemeindewachstumsrate, dadurch entstand naturgemäß eine breitere finanzielle Basis, die wiederum angemessenere Mitarbeitergehälter gewährleistete, als die meisten von uns sich je vorzustellen wagten. Aber zu dieser Zeit verließen uns viele Mitarbeiter, die sich aufgeopfert hatten. Wir waren bereit, den Preis zu bezahlen, aber war das weise?

Mitarbeiter gesucht

Auch im Bereich der Mitarbeiterauswahl siegte die Zweckdienlichkeit über die Weisheit. Die Kehrseite einer erfolgreichen Gemeindegründung ist, dass man am Ende mit einer Gemeinde aus lauter „Babychristen" dasitzt. Verstehen Sie mich nicht falsch: Es ist wunderbar, inspirierend und begeisternd. Aber es stellt eine gewisse Herausforderung dar, wenn man neue Leiter finden muss.

Wir dachten immer, genug Leitungspotenzial in unserer Gründungskerngruppe zu haben, aber wir hatten nicht mit dem schnellen Wachstum der Gemeinde in den ersten zwei

Jahren gerechnet. Plötzlich brauchten wir mehr Musiker und mehr Sonntagsschullehrer, mehr Vorstandsmitglieder und mehr Zellgruppenleiter. Wer stand zur Auswahl? Eine Reihe frischer junger Christen. Gut, kein Problem. Sie waren begeistert, lernfähig und vor allem verfügbar.

Und so schulten wir sie in Leiterschaft.

Aber nur wenige von ihnen waren auch reif für ein Leitungsamt. Sie waren ernsthaft bei der Sache und wuchsen an ihr, aber letztlich waren sie geistlich noch unreif. Im Allgemeinen waren sie um die dreißig Jahre alt, bewältigten schwierige Probleme in ihrem persönlichen Leben oder in ihrer Ehe und hatten keinerlei Leitungserfahrung. Sie waren bereit, sich einzubringen, aber sie hatten keine feste Grundlage, von der sie so viel geben konnten. Zu dieser Zeit traten auch die Spannungen unter den Mitarbeitern auf, schwierige Fragen waren zu bewältigen und viele dieser neuen Leiter standen kurz vor einem *Burnout* und waren schlecht darauf vorbereitet, auf dieses Durcheinander in reifer Weise zu reagieren. Viele blieben, wuchsen und sind heute aktive Mitglieder oder leitende Mitarbeiter in *Willow Creek.* Aber viele verließen verletzt und desillusioniert die Gemeinde.

Einige verloren den Glauben.

Eine Frage der Ausgewogenheit

Bill war mit einem klaren Bewusstsein bestimmter wichtiger biblischer Aussagen aufgewachsen: Gott ist heilig. Gott ist gerecht. Wir sind Sünder. Es gibt eine Hölle. Diese Aussagen waren in dicken schwarzen Lettern in seinen jugendlichen Verstand eingegraben. Erst nach seiner Entscheidung für Gott im Alter von sechzehn Jahren lernte er folgende Wahrheiten: Gott ist Liebe. Vergebung ist durch Christus möglich. Erlösung ist Gnade. Vor dem ehrfurchtgebietenden Hintergrund von Gottes Heiligkeit und Gerechtigkeit überwältigte ihn die strahlende Wirklichkeit von Gottes Liebe. Sie bedeutete für ihn Leben, Licht, Freiheit und Hoffnung.

Das war auch die gute Nachricht, die die Herzen von Hunderten von Jugendlichen in *Son City* öffnete. Gott ist heilig und gerecht und wir verdienten eigentlich die Hölle. Aber Gott liebt uns. Durch Christus können wir Vergebung und ewiges Leben erlangen. In *Son City* wurde von Gottes Liebe immer nur in Zusammenhang mit seiner Heiligkeit und seiner Gerechtigkeit gepredigt. Gott war die Liebe, ja sicher, aber Sünde war Sünde, und Gott hasste die Sünde, also mussten auch wir die Sünde hassen. Bills Predigten waren ausgewogen; sie zogen Jugendliche zu Gottes Liebe hin, aber hatten auch einen prophetischen Blick und enthielten den klaren Aufruf zur Nachfolge.

In den ersten Jahren von *Willow Creek* fiel es Bill schwerer, eine biblische Ausgewogenheit zwischen Gottes Heiligkeit und Gottes Liebe zu halten. Es war für einen Dreiundzwanzigjährigen weitaus schwieriger, den Lebensstil oder die Werte eines doppelt so alten Geschäftsmannes zu hinterfragen, als Schüler herauszufordern, ihre Beziehungen an biblischen Maßstäben zu orientieren. Es war hart, ein Prophet zu sein, wenn die Leute einen mit „Hallo, Junge, wie geht's?" begrüßten. Bills Unsicherheit, vor erwachsenen Menschen zu predigen, schwächte die Schärfe und Herausforderung seiner Predigten. Er konfrontierte weniger und tröstete mehr.

„Es ist völlig egal, wer du bist", sagte er, „Gott liebt dich. Egal, was du tust, Gott wird dir vergeben. Egal, wie schwer du gegen seine Gebote verstößt, er wird dich wieder mit offenen Armen aufnehmen." Bill predigte voller Überzeugung von der Liebe Gottes und vertraute darauf, dass diese Wahrheit die Herzen der Zuhörer so erweichen würde, wie sie sein Herz weich gemacht hatte.

Aber die kirchendistanzierten Menschen, die zu unseren „Offenen Gottesdiensten" kamen, hörten viel zu selten die Wahrheit über Gottes Liebe, wie Bill sie gehört hatte: vor dem Hintergrund von Gottes Gerechtigkeit und Heiligkeit. Ohne eine angemessene Ausgewogenheit wurde *Willow Creek* zum Nährboden für geistliche Sorglosigkeit. Die Leute dachten: *Ich kann hier ein wenig betrügen. Ich kann dort ein wenig mit der Sünde spielen. Na und? Gott vergibt mir sowieso.* Gnade wurde viel zu oft zur Erlaubnis, mehr zu sündigen.

Auch einige Leiter und Mitarbeiter übernahmen diese freizügige und unbekümmerte Haltung gegenüber der Sünde. Manche, die die moralischen Aspekte hinter den ganzen Mitarbeiterquerelen entdeckten, schienen sich nur wenig daran zu stören. *Na ja,* dachten sie, *niemand ist vollkommen. Wir haben alle unsere Fehler. Wie können wir uns also zum Richter aufspielen?*

Am seidenen Faden

Auf Grund all dieser Aspekte – ungesundes Lebenstempo, finanzielle Engpässe, unreife Leiter und unausgewogene Predigt – kam es zu einer Situation, die reif für die Katastrophe war. Wenn die Ältesten der Gemeinde die ganze Wahrheit über das Verhalten des Mitarbeiters gesagt hätten und so den biblischen Weg gegangen wären, der die Sünde ernst nimmt, aber zugleich die Tür zu Umkehr und Wiederherstellung geöffnet hätte, wäre der Schaden vielleicht zu begrenzen gewesen. Aber ihr Fehlverhalten an diesem Punkt setzte den Dominoeffekt in Gang und führte schließlich unaufhaltsam zu dem, was wir den „großen Schiffbruch von 1979" nannten.

Im Laufe der Jahre sind unsere Ältesten mit vielen anderen brenzligen Situationen weise und liebevoll umgegangen und haben unsere Gemeinde oft vor Spaltung oder Enttäuschung bewahrt. Aber der Weg, auf dem sie sich ihre Umsicht angeeignet hatten, war schmerzhaft und schrecklich. Dr. Bilezikian, der eine große Bandbreite an Erfahrungen mit Gemeinden hatte, vertraute darauf, dass die Gemeinde den „großen Schiffbruch" überleben würde, aber die Ältesten mit weniger Erfahrung waren sich da nicht so sicher. Es schien ihnen und vielen anderen, als ob unsere Gemeinde am seidenen Faden hängen würde.

Jede Woche, die ohne weitere Zwischenfälle vorbeiging, gab uns etwas mehr Kraft. Aber dann kam eine neue Enthüllung sündhaften Verhaltens, ein weiterer Mitarbeiter, der zurücktrat, ein Leiter, der seinen Hut nahm, und unser Vertrauen brach wieder zusammen.

Hinzu kamen die finanziellen Probleme. Als die Spenden zurückgingen, erfuhr der Vorstand gleichzeitig, dass das Gemeindehaus eine Million Dollar mehr kosten würde, als veranschlagt war. Wir lagen schon einige Hunderttausend Dollar über der ursprünglichen Schätzung. 1979 lag der Zinssatz bei einundzwanzig Prozent, unser Baukredit lag zwei Prozent über diesem Satz. Als wir 17.000 Dollar pro Monat an Zinsen zahlten, brachte uns ein zusammengebrochener Träger drei Monate in Rückstand. Drei Monate zu 17.000 Dollar pro Monat!

Als eine weitere Welle von Mitarbeitern und eine weitere Reihe von wichtigen Spendern die Gemeinde verließen, kam ein Vorstandsmitglied auf Bill zu und sagte: „Wir haben einen Kredit in Höhe von 3,5 Millionen. Wir lassen ein Bauprogramm von sechs Millionen Dollar laufen. Wir können diese Ausgaben nicht tragen, wenn weiterhin Leute die Gemeinde verlassen. Ich habe 250.000 Dollar aufs Spiel gesetzt, um der Bank Sicherheiten zu geben. Wenn du dieses Team auseinander brechen lässt, werde ich alles verlieren. Ich kümmere mich nicht darum, was irgendjemand sich hat zu Schulden kommen lassen, und du hältst dieses Team zusammen."

Erinnerung an einen Traum

An diesem Punkt war Bill nervlich völlig am Ende: *Der Traum ist ausgeträumt. Ich habe alles falsch gemacht. Die Hälfte der Mitarbeiter ist gegangen, die andere Hälfte ist völlig ausgebrannt. Die Leitungspositionen sind falsch besetzt. Wir haben ein Bauprojekt, das wir nicht finanzieren können. Es ist hoffnungslos. Wir gehen zugrunde und wir nehmen die Lebensersparnisse von fünfzehn Männern und meine eigenen mit uns in den Untergang. Was habe ich getan?*

An diesem Abend wurde unser Haus am Alder Drive ein Haus der Tränen und des Gebetes. Mit dem Gesicht auf dem gelbgefassten Teppich unseres Wohnzimmers schüttete Bill

Gott sein Herz aus. Er weinte über seine vergeblichen Versuche, zu organisieren und die Mitarbeiter angemessen anzuleiten und ein besserer Freund zu sein, wenn er sah, dass Mitarbeiter anfingen, sich treiben zu lassen. Er bereute seinen ungesunden Lebensstil und seine unausgewogene Verkündigung. Er bekannte persönliche Sünden, die er nicht ernst genommen hatte. „Oh Gott, ich habe so sehr versagt. Bitte vergib mir."

Er lag in einer Welle der Verzweiflung mit dem Gesicht auf dem Fußboden und in ihm glimmte nur noch ein Funke Hoffnung. Doch da stieg durch die trüben Wasser der Verzweiflung die Erinnerung an den Traum hoch. Er konnte den Gedanken nicht abschütteln, dass *Willow Creek* im Herzen Gottes noch lebte, dass *Willow Creek* immer noch im Willen Gottes stand, „Gemeinde zu sein"; „die Gottfernen zu erreichen" und „völlig hingegebene Nachfolger Christi hervorzubringen".

Bill begann ernsthaft, für eine zweite Chance zu beten: *Wenn du nur irgendetwas tust, um uns hier durchzubringen, will ich nie mehr so sorglos und sündhaft sein. Ich will die Wahrheit lehren, die in deinem Wort steht, und sorgfältig darauf achten, ausgewogen zu predigen. Ich werde bessere Strukturen einrichten. Ich will das Tempo reduzieren. Ich verdiene keine zweite Chance, aber wenn du mir eine gibst, will ich von ganzem Herzen versuchen, es richtig zu machen.*

Spät in der Nacht wartete Bill auf eine Antwort von Gott. Würde Gott seine Gnade fließen lassen? Würde er uns aus unseren Sünden und Irrtümern befreien? Wollte er überhaupt, dass der Traum weiterlebte? Schließlich kam die Antwort. Ein Skeptiker wird sie für die Projektion von Bills Wünschen halten, aber Bill glaubte tief in sich, dass es eine Botschaft von Gott war: *Gib nicht auf! Geh voran. Du hast unschätzbare Lektionen gelernt. Jetzt steh auf und wende sie an. Mach es richtig. Geh voran.*

Danach hatte Bill das Gefühl, die Sache abgegeben zu haben: Die Situation lag in Gottes Hand. Er wollte Gottes Führung folgen, so gut er konnte. Das Ergebnis war Gottes Sache.

Bill traf sich mit dem Vorstand und entschuldigte sich für die Fehler, die er als Leiter gemacht hatte, und für seine unausgewogene Predigt. „Ich habe Menschen nicht zur Heiligung angeleitet“, sagte er, „und das war mein Fehler. Sünde zieht Konsequenzen nach sich. Das hätte ich stärker betonen sollen. Gottes Gnade ist Realität, aber sie ist kein Freibrief zur Sünde.“ Er sagte ihnen auch, dass er weitermachen wolle und hoffe, dass sie mit ihm gehen würden. „Dies wird Gottes Gemeinde werden, und zwar nach Gottes Maßstab.“

Für Bill war es eine schreckliche und qualvolle Zeit, aber auch eine mit großem geistlichem Tiefgang. Er konnte sich nicht an seinen Vater wenden. Ich konnte ihm nicht die Hilfe anbieten, die er gebraucht hätte. Also machte er die Sache mit Gott aus.

Kapitel 5

Der Aufbau

1980–1987

„Bevor wir Schiffbruch erlitten, waren wir eine Hand voll junger Leute, die an einem Strang zogen. Demut war nicht unbedingt unsere größte Charakterstärke. Wir hielten uns einfach für unbesiegbar. Deshalb verursachte der ‚große Schiffbruch' so unglaublichen Zerbruch. Doch so schmerzhaft es auch war, es diente den Zielen Gottes. Aus völligem Zerbruch kann echte Frucht entstehen."
Laurie Pederson, Älteste von *Willow Creek*

Anfang der achtziger Jahre war es Bill ein Anliegen, dass jedem Mitarbeiter von *Willow Creek* klar war, welchen Gefahren die Gemeinde Jesu im Allgemeinen und *Willow Creek* im Besonderen ausgesetzt war. Im Januar 1980 hielt er in *New Community* eine Predigtreihe über Offenbarung, Kapitel 2 und 3 mit dem Titel „Das Schicksal von vier Gemeinden". Im Februar lehrte er über „Das Schicksal vier weiterer Gemeinden". Darauf folgte eine fünfwöchige Predigtreihe zum Thema „Ein Blick auf das gegnerische Team". Mit seinen Studien des 1. Korintherbriefes versuchte er 1979 Gottes Haltung gegenüber Sünde und die Bedeutung eines rechtschaffenen Lebens zu beleuchten. Aber im Vergleich zur Kraft der Predigten von 1980 erschienen die Herausforderungen des vergangenen Jahres nur als heiteres Geplänkel.

„Es gab keine Mäßigung", gab er später zu. „Ich war fest davon überzeugt, dass ich den Weg aus unserem Durcheinander freipredigen musste. Und so predigte ich mit ganzer Kraft."

Leider hatten viele Personen das Gefühl, dass er auf einem persönlichen Rachefeldzug war. „Auf wen bist du eigentlich so böse?", fragten sie ihn, als Bill eine Predigt nach der anderen über Sünde, Enttäuschung und die Notwendigkeit eines untadeligen Lebens losließ.

Nach sechs Monaten predigte er etwas gesetzter, aber er konzentrierte sich noch immer nahezu ausschließlich auf die Themen Heiligkeit und Sünde. Verständlicherweise weckte er damit bei vielen Leuten Bedenken. Die meisten dieser Personen konnten die Aussagen seiner Predigten im Allgemeinen schon akzeptieren; sie machten sich nur Sorgen um die Ausgewogenheit. Es schien, als ob das Pendel von einem Extrem ins andere geschwungen wäre.

In diesem Jahr vertraute Bill mir an, dass er jedes Mal, wenn er zur *New Community* ging, das Gefühl hatte, in den Krieg zu ziehen. Bei jeder Predigt fühlte er sich wie bei einer Gerichtsverhandlung. Im Laufe dieses Jahres verließen weiterhin Mitarbeiter die Gemeinde, gefolgt von verstimmten Gemeindemitgliedern, die sagten: „Wir verstehen, warum diese Mitarbeiter ihre Gemeinde verlassen. Bill versucht, ‚Willow Creek' in eine traditionelle, fundamentalistische und gesetzliche Gemeinde umzuwandeln – genau die Art Gemeinde, von der wir alle wegkommen wollen."

Auch Bills Sonntagspredigten veränderten ihren Charakter. Sein Ziel war es, dass jeder Besucher genau wusste, wofür die *Willow Creek Community Church* stand. Der erste Gottesdienst im neuen Jahr war gleich ein Taufgottesdienst. Bill predigte über „Jesus Christus widerspiegeln" und daran anschließend vier Wochen lang darüber, was es hieß, Christ zu werden. Dann predigte er Vers für Vers über die Seligpreisungen. Er predigte acht Wochen über das Thema Familie, danach ganz freimütig über Reue und beschloss das Jahr mit einer Predigtreihe zum Thema „Ruf zur Nachfolge", in der er über große Männer der Bibel sprach: Noah, Abraham, Jakob, Josef und David.

Dieser Wandel im Predigtmenü war mehr, als die Leute verdauen konnten. Sie hatten ihre Zähne an eine ständige leichte Kost der Gnade gewöhnt, und als die Predigten biblischer und ausgewogener wurden, verließen nicht wenige von ihnen die Gemeinde. Aber es kamen auch viele neue Leute und reagierten positiv auf die Predigten. Und in der Tat kamen gerade in dieser Zeit viele Menschen zum Glauben, die noch heute starke und beständige Leiter und Diener in *Willow Creek* sind.

Bill führte noch weitere Änderungen ein. Es hatte sich herausgestellt, dass unser Zellgruppensystem zwar eine gute Möglichkeit für zwischenmenschliche Beziehungen bot, aber nicht das hervorbrachte, was wir am nötigsten brauchten: geistlich reife Leiter. Deswegen endete mit dem Jahr 1979 auch unser Zellgruppensystem. Jetzt lag die Betonung auf Zweierschaften und Jüngerschaftsgruppen. Im vergangenen Jahr hatten Bill und ich informell eine Jüngerschaftsbeziehung zu Quigley und Diane Fletcher aufgebaut, aber am 27. Januar 1980 fand zum ersten Mal bei uns zu Hause am Sonntagabend eine Jüngerschaftsgruppe mit drei weiteren Ehepaaren aus der Gemeinde statt. Anhand einer Studienhilfe von den „Navigatoren" zum Thema Jüngerschaft riefen Mitarbeiter und Leiter in der ganzen Gemeinde ähnliche Jüngerschaftsgruppen ins Leben.

Auch Bills Kalender für dieses Jahr lässt einige Änderungen erkennen. Mitarbeiterbesprechungen und persönliche Treffen mit einzelnen Mitarbeitern hatten für ihn höchste Priorität. Größere Zeitabschnitte waren mit Predigtvorbereitung belegt, weil sein neuer Predigtstil intensiveres Studium von ihm verlangte. Ältestentreffen wurden wöchentlich nach *New Community* angesetzt, damit die Ältesten auftretende Probleme *sofort* angehen konnten. Und an mehr Abenden als je zuvor lautete die Eintragung in seinem Kalender „zu Hause". In jedem Bereich seines Lebens und Dienstes bemühte sich Bill um eine gesündere Ausgewogenheit.

Von Motocross zu erstaunlicher Gnade

Ausgewogenes Leben beinhaltet auch Entspannung und Sport, besonders dann, wenn das Leben von Verantwortung und

Stress belastet ist. Also entschied sich Bill für den wirklich ausgleichenden Sport Motocross, der ihm die Gelegenheit gab, den gesamten Frust seines Lebens mit hoher Geschwindigkeit in einem verbeulten Lkw mitten auf dem Acker eines Bauern auszulassen. Im Juli 1980 gab der Sport ihm außerdem die Gelegenheit, einige Zeit ruhig im Krankenhaus zu verbringen, sich von einer gequetschten Niere zu erholen und über das vergangene Jahr nachzudenken. Obwohl es angesichts der wachsenden Anforderungen seines Dienstes völlig unangebracht schien, das Arbeitstempo zurückzunehmen, war diese Zeit der Auswertung für ihn unschätzbar wertvoll. Im darauffolgenden Monat sprach Bill in *New Community* über „Kurskorrekturen" und stellte seine Überlegungen vor, die zu den Veränderungen in der Gemeinde geführt hatten. Einige Wochen später erläuterte er im Gemeindegottesdienst detailliert die gegenwärtige Leitungsstruktur und betonte die zunehmend wichtige Rolle des Vorstandes.

Auch wenn Bill auf die Krise von 1979 so schnell wie möglich reagiert und notwendige Veränderungen eingeführt hatte, gab es natürlich nicht über Nacht eine dramatische Rückkehr zur Stabilität. Während der ersten Monate von 1980 hatten wir noch immer permanent das Gefühl, an einem seidenen Faden zu hängen, hatten wir noch immer die Angst, dass hinter der nächsten Ecke die nächste unschöne Überraschung lauerte, noch immer diese überwältigende finanzielle Belastung, noch immer die Sorge der Ältesten, Schuld nicht aufgedeckt zu haben, und es gab noch immer von Zeit zu Zeit Austrittswellen.

Aber als der Frühling langsam in den Sommer überging, schien sich die Lage allmählich zu entspannen. Der größte Teil der Gemeinde stimmte der neuen Predigtrichtung allem Anschein nach zu. Es wurden Mitarbeiterrichtlinien erstellt, jeder konnte sich entscheiden, und diejenigen, die schließlich blieben, schienen die gleichen gemeinsamen Werte und Ziele zu teilen. Wir begannen, etwas freier zu atmen.

Dann schlug erneut eine „Bombe" ein. Wir erfuhren, dass die *Chicago Tribune* einen Leitartikel über *Willow Creek* plante. Kurz zuvor hatte die *Sun Times* einen verleumderischen Artikel über uns verbreitet, der uns mehr als Sekte denn als Kirche bezeichnete. Zu der Zeit, in der das Massaker von Jonestown die Angst vor Sekten auf einen neuen Höhepunkt trieb, war dieser Artikel unserer Sache natürlich ausgesprochen abträglich. Und jetzt die *Tribune.* Warum machten sie das? Mit welcher Tendenz schrieben sie? Wir waren bei dem Gedanken an eine Veröffentlichung des Durcheinanders, das wir im vergangenen Jahr durchlebt hatten, erschüttert. Wochenlang beteten wir für diesen Artikel, beständig in der Angst, dass eine weitere negative Berichterstattung das endgültige Ende all dessen bedeuten würde, was Bill und die Ältesten im vergangenen Jahr zu retten versucht hatten.

Endlich kam der Erscheinungstag. Voller Angst blätterten wir die Seiten des Sonntagsmagazins durch, nur um eine sensible Darstellung der geistlichen Veränderung einer kirchendistanzierten Familie zu finden, eine bewegende Beschreibung eines Wochenend-Gottesdienstes und eine durchdachte Besprechung unserer Motivation für diesen Dienst und unserer Pläne für die Zukunft.

Es war Sonntag, der 13. September 1980, genau ein Jahr und eine Woche nach dem Rücktritt des ersten Mitarbeiters. Ob das von Gott so geplant war oder nicht: Die Ältesten und viele Mitarbeiter, die dieses letzte schreckliche Jahr durchlitten hatten, sahen in diesem Artikel eine Bestätigung von Gott, einen Wegweiser, auf dem stand: *Geht weiter. Ihr habt die richtige Richtung eingeschlagen. Bleibt bei mir und gehorcht mir. Sucht weiter nach der Wahrheit und ihr werdet das Licht am Ende des Tunnels sehen.*

In Anknüpfung an diese Ermahnung, weiterhin die Wahrheit zu suchen, begann Bill im Oktober eine Predigtreihe mit dem Titel „Die Lehren des christlichen Glaubens". Am 12. Oktober feierten wir den fünften Geburtstag von *Willow Creek,* voller Dankbarkeit, das letzte Jahr überlebt zu haben. Im November machte Bill eine weitere Runde Hausbesuche, in dem Bewusstsein, dass noch immer das gesamte Vermögen von fünfzehn Vorstandsmitgliedern – einschließlich uns – auf dem Spiel stand und deshalb der Spendenaufruf am Jahresende von entscheidender Bedeutung war. Der Dezember begann mit einer zweiwöchigen Predigtreihe über „Sorgen überwinden", ein Thema, über das Bill in den vergangenen Monaten viel gelernt hatte, und endete mit einer zweiwöchigen Predigtreihe unter dem Titel „Der Tag der Abrechnung", die das Jahr mit einer weiteren Erinnerung daran abschloss, dass das Leben kurz und die Hölle real ist und wir besser daran täten, Gott im Hier und Jetzt ernst zu nehmen.

Bis zum Dezember 1980 hatte etwa die Hälfte der jungen Erwachsenen, mit denen wir die Gemeinde gegründet hatten, eine beträchtliche Anzahl von Leitern und etwa die Hälfte der Mitarbeiter die Gemeinde verlassen. Aber die *New Community* stabilisierte sich langsam, die Plätze in den Wochenend-Gottesdiensten, die sich in den letzten Monaten von 1979 geleert hatten, füllten sich mit einer neuen Gruppe von kirchendistanzierten Menschen, und unter den verbleibenden Mitarbeitern war ein erneuerter Gemeinschaftsgeist spürbar. Als die Gemeinde am Jahresende großzügig spendete und wir unser Finanzziel erreichten, das es uns erlaubte, an unserem neuen Gemeindehaus weiterzuarbeiten, waren wir überzeugt, von ganz außerordentlicher und erstaunlicher Gnade „heimgesucht" worden zu sein.

Die unwiderstehliche Berufung

Jahre später wurde Dr. Bilezikian gebeten, das deutlichste Beispiel für Gottes Schutz während der Zeit des „großen Schiffbruchs" zu beschreiben. „Dass Bill unter dem ganzen Druck nicht zusammenbrach", erklärte er. „Als ich sah, dass er die Reserven und die Stärke hatte, um auch trotz des enormen Widerstandes weiterzugehen, wusste ich, dass die Standhaftigkeit dieses Mannes auf die Probe gestellt worden war und wir deshalb mit Gottes Gnade vorangehen konnten."

Auch wenn Bill sich gerade in diesen schwierigen Jahren nicht an seinen Vater wenden konnte, glaube ich, dass er sehr stark von den Lektionen über Beharrlichkeit, harte Arbeit und

Risikobereitschaft profitierte, die ihn sein Vater gelehrt hatte. In dieser Zeit erwiesen sich die Erinnerung an die verfaulten Kartoffeln und die Erkenntnis, dass er auch im Leben „nur einen Sack auf einmal" in Angriff nehmen musste, als unschätzbar wertvoll.

Aber sein Durchhaltevermögen wurde von weit mehr als nur der Erinnerung an die Lehren seines Vaters gestärkt. Da war Gottes Berufung. Wieder einmal wünschte ich, ich könnte die Macht dieser Berufung in Worte fassen, die *Willow Creek* von Anfang an bestimmt hat, aber ich weiß, dass ich es nicht kann. Sogar in mir gibt es etwas von dieser Berufung, das ich nicht erklären kann. Die Berufung schien für sich alleine zu stehen, und das einzige Wort, das es wert zu sein scheint, neben ihr zu stehen, ist das Wort „unwiderstehlich". Ich glaube nicht, dass wir Marionetten sind, die nur auf vorgegebene Weise reagieren können. Aber andererseits schienen wir nie die Möglichkeit zu haben, uns von dieser Berufung abzuwenden. Wenn die Versuchung ihren hässlichen Kopf erhob, haben wir sie nicht jedes Mal niederschlagen müssen. Es war eher so: Die Versuchung, die Berufung aufzugeben, wurde nie so stark, dass wir sie hätten bekämpfen müssen. In einem Interview erklärte Bill viele Jahre später, dass ihn unter anderem mein ungebrochenes Festhalten an dieser Berufung ermutigt hatte, diese Zeit zu überstehen: Ich hatte ihn nie gebeten, aufzugeben, hatte nie die Vermutung laut werden lassen, dass der Traum vielleicht ausgeträumt sei.

Wenn ich heute zurückschaue, kann ich mir nicht erklären, warum ich so daran festhielt. In mehr als einer Hinsicht war diese Zeit für mich mehr als nur schwer. Ich war junge Mutter eines Säuglings und eines Kleinkindes. Die Großeltern lebten in einem anderen Bundesstaat, Babysitter kosteten mehr Geld, als wir normalerweise zur Verfügung hatten, und Bills Zeit und Energie waren nahezu völlig durch die Belastungen des Dienstes verbraucht (selbst wenn er zu Hause war, war er nur körperlich anwesend). Zudem fühlte ich mich als die Einzige im Leitungskreis mit kleinen Kindern oft ausgeschlossen, oft von Bills Leben und vom Gemeindeleben isoliert. Dazu kamen unsere persönlichen Verluste – die bereits erwähnte Fehlgeburt und später noch eine Zwillingsfehlgeburt –, um die ich viel zu wenig trauern konnte. Aber es kam mir niemals in den Sinn, wir sollten aufgeben. Widerstand, Missverständnisse, Anklagen – sogar tiefe persönliche Enttäuschung – schienen unbedeutend im Vergleich mit der Berufung. Und schließlich waren da noch die vielen veränderten Menschen, die wir ständig vor Augen hatten.

Ich versuche damit nicht zu erklären, dass es nie eine Gelegenheit gibt, eine Berufung aufzugeben. Im Gegenteil, ich glaube, dass man einigen Initiativen, Diensten und sogar Gemeindegründungen erlauben sollte, einen würdigen Tod zu sterben. Vielleicht wurden sie ohne göttliche Berufung ins Leben gerufen. Vielleicht waren übereifrige Leiter zu früh losgegangen. Vielleicht waren Strategien und Pläne aus Unkenntnis oder Unerfahrenheit schlecht konzipiert. Vielleicht hatte die Sünde zu viel Raum einnehmen können. Vielleicht ist es die weiseste Möglichkeit, die vom Geist geleitete Entscheidung, aufzugeben, sich neu zu gruppieren und später neu zu beginnen. Weder Bill noch ich würden sagen, dass es ein besonderer Verdienst ist, hartnäckig an einem Traum zu hängen, der ausgeträumt ist, oder an einem Dienst, der erwiesenermaßen ineffizient ist. Wir würden jedenfalls beide sagen, dass die Berufung diejenigen von uns, die Ende 1980 den Kern von *Willow Creek* bildeten, eingeholt und neu gepackt hatte. Wir konnten ihr nicht entkommen.

Wir waren uns bewusst, dass Gott seinen Segen von *Willow Creek* wegnehmen könnte und *Willow Creek* in diesem Fall sterben würde. Aber das war ihm überlassen, nicht uns. Und trotz der Fehler, der Zerbrechlichkeit unserer Bemühungen und der cleveren Wege, die Satan fand, um unsere Bemühungen zum Schiffbruch zu führen, griff Gott ein. Er rettete uns aus unserer eigenen Sünde und Unreife und vor den finsteren Plänen der Finsternis.

Am Sonntag, dem 15. Februar 1981, feierten wir unseren ersten Gottesdienst im neuen Gemeindehaus. Der Bürobereich war noch nicht fertig, daher behielten wir die Büros in der Vermont Street noch weitere sechs Monate und warteten, bis wir genug Geld hatten, um die Materialien zu kaufen, mit denen freiwillige Helfer aus der Gemeinde die Büros dann fertig stellen konnten. Aber es bestand keine Notwendigkeit, das große Auditorium, das bereits fertig war, ungenutzt zu lassen, nur weil wir noch auf unsere Büros warteten. An diesem denkwürdigen Wochenende predigte Bill über den „Zeugen eines Wunders". Er sprach darüber, wie Josua das Gelobte Land betrat, und ließ in seinen Worten die Worte des alttestamentlichen Leiters anklingen, als er sagte: „Gott gebührt die Ehre für alles, was wir hier heute sehen."

Euphorie ist das einzige Wort, das die Stimmung im Auditorium an diesem Vormittag treffend charakterisieren kann. Viele von uns, die an der Gründung der Gemeinde beteiligt gewesen waren, trafen früher ein. Im ganzen Auditorium verteilt weinten und staunten wir ehrfurchtsvoll über das Wunder aus Mauern und Mörtel, das Gott vollbracht hatte.

Aber der Erwerb eines sechsunddreißig Hektar großen Grundstückes und der Bau eines geräumigen Auditoriums waren nicht die einzigen Wunder, die wir an diesem Tag feierten. Wir hatten einen Schlag Satans überlebt. Unser Dienst hatte eine neue Chance bekommen, eine Gelegenheit, uns wieder auf die Grundwerte zurückzubesinnen, die uns fast ein Jahrzehnt zuvor motiviert hatten, als wir *Son City* gründeten. Wir saßen im Auditorium, blickten auf die schneebedeckten Hügel und den zugefrorenen Teich und dankten Gott für alles, was er getan hatte.

Wir zogen in unser neues Gemeindehaus, traten in eine neue Ära ein und waren voller Demut. Der „große Schiffbruch" hatte den Stolz und alle jugendliche Naivität gebrochen, die durch den explosionsartigen Erfolg der Wunderjahre gefördert worden waren. Nie wieder konnten wir sagen, dass alles, was wir berührten, zu geistlichem Gold werden würde. Der Zerbruch unserer Seelen und schmerzvolle Bekenntnisse hatten in uns ein tiefes und anhaltendes Bewusstsein unserer Schwäche und Abhängigkeit von Gott eingepflanzt. Gnade war für uns nicht länger eine lockere Angelegenheit. Vertrauen auf die Bibel war nicht mehr nur ein Gesprächsthema. Wir waren mit unserer Verletzlichkeit konfrontiert worden; wir wussten, dass uns nur ein paar Ausrutscher in gegenseitiger Verurteilung, in der Ausgewogenheit der Lehre oder in unseren Beziehungen zurück in den Schmelzofen werfen konnten.

Weil wir inzwischen gelernt hatten, was passieren kann, wenn die Mitarbeiter einer Gemeinde nicht unter der Aufsicht von gottesfürchtigen und kritischen Menschen stehen, deren Ziel es in erster Linie ist, die Vision der gesamten Gemeinde zu schützen, wurden die Leiter der Gemeinde von Mitarbeitern zu Ältesten ernannt, wodurch dieses Gremium auf einmal einige neue Mitglieder bekam. Bill, der weiterhin die Weichen für die Mitarbeiter stellte, wurde unter die Autorität der Gemeindeältesten gestellt und blieb auch selbst noch Ältester.

Die Ältesten gewannen mit der Zeit ein sehr hohes Profil. Einige Male pro Jahr zogen sie sich zu zwei- oder dreitägigen Treffen zurück und besprachen Probleme, Nöte und zukünftige Pläne. Im Gebet ließen sie sich zeigen, wie „gesund" die Gemeinde war, gerade auch in ihrer Hingabe an Gott. In jedem Bereich analysierten sie die Leitung und die Effektivität der Programme und Dienste.

Frühere Fehler hatten sie gelehrt, in Fällen, die Gemeindezucht erforderten, sofort zu reagieren – und wenn es sein musste, auch öffentlich. Wenn Gemeindemitglieder sündige Verhaltensmuster annahmen, die auch andere in der Gemeinde beeinflussten, oder wenn ihr Verhalten Streit oder Spaltung förderte, griffen die Ältesten ein, zuerst im persönlichen Rahmen und dann öffentlich, je nachdem, wie sie es nach biblischen Maßstäben für erforderlich hielten. Wenn Leiter Fehlverhalten begangen hatten, erfuhren die Menschen, die sich in ihrem Einflussbereich befanden, die Wahrheit. In der Vergangenheit hatte die Heimlichtuerei den Prozess der Wiederherstellung eher behindert als gefördert.

Die Lektionen, die sie während des „großen Schiffbruchs" gelernt hatten, leisteten unseren Ältesten in den folgenden Jahren gute Dienste. Im Laufe der Jahre sprachen sie Enttäuschungen offen an, schlichteten Streit, gingen mit vielen heiklen Disziplinarfällen weise und integer um und bewahrten so die Gemeinde vor Irrlehren, Spaltung und Durcheinander.

Seit 1980 kümmerten sich die Ältesten auch intensiver um den Bereich Predigt. Als kritische Menschen, die an das Wort Gottes hingegeben waren und auch die Bedürfnisse der Gemeinde kannten, trafen sie sich mit Bill und anderen Predigern der Gemeinde, um über Predigtthemen und -reihen zu sprechen. Sie begannen damit, Bills Predigten auszuwerten – was sie bis heute tun –, und gaben ihm nach jeder Predigt schriftlich Feedback zu Inhalt, Ton und Ausgewogenheit.

Die Ältesten waren nun dafür verantwortlich, wesentliche inhaltliche Entscheidungen zu treffen, die die Richtung der Gemeinde bestimmen sollten: *Liegt dieser Dienst im Rahmen der Ziele unserer Gemeinde? Ist diese Evangelisationsform wirklich biblischen Maßstäben angemessen? Sind wir als Gemeinde bereit, diese Verantwortung zu übernehmen? Scheint der Heilige Geist uns in diese Richtung zu führen?*

Ebenfalls in den Zuständigkeitsbereich der Ältesten fiel es, neue Mitarbeiter zu finden. Die Ältesten trafen sich mit jedem potenziellen Mitarbeiter, um mit ihm über seine Hingabe an Christus, seine Integrität und Arbeitsethik sowie sein Familienleben zu sprechen und zu überlegen, ob seine persönlichen Gaben, Begabungen und Neigungen mit der Beschreibung der ins Auge gefassten Aufgabe zusammenpassten. Integrität war auf persönlicher Ebene, auf Mitarbeiterebene und auf Gemeindeebene von großer Bedeutung. Begabung und Leistungsstandard waren nicht ganz unwichtig, aber an erster Stelle standen Charakter und Gottesfürchtigkeit. Im Laufe der Jahre waren viele kompetente und begabte Leute zu Mitarbeitern oder Leitern, Musikern oder Schauspielern ernannt worden, weil man ihre Kompetenz höher bewertet hatte als ihre Hingabe an Christus.

Die Ältesten trafen sich als gesamtes Gremium wenigstens

einmal im Monat und in kleineren Gruppen nach Bedarf, und sie begannen, einmal pro Monat für die Kranken zu beten. Außerdem richteten sie ein formales Verfahren zur Erlangung der Gemeindemitgliedschaft ein. Früher hielten wir formale Mitgliedschaft für unnötig, aber mit der Zeit wurde deutlich, dass wir ein Mittel brauchten, um herauszufinden, wer ernsthaft an geistlichem Wachstum und Jüngerschaft interessiert war, und um mögliche Kandidaten für Dienste oder Leitungspositionen ermitteln zu können. Zu dieser Zeit trafen sich die Ältesten mit jedem persönlich, der offiziell Gemeindemitglied werden wollte.

Leitung und Anbetung

Unter der Leitung der Ältesten trat die Gemeinde in eine Phase der Konsolidierung ein. Da in dieser Zeit die Besucherzahlen der Wochenend-Gottesdienste beständig zunahmen, lag das Hauptaugenmerk der Mitarbeiter und Ältesten auf der Integration derer, die schon in der Gemeinde waren, und auf dem Aufbau verschiedener Dienstbereiche. Es wurde eine ausgedehnte Singlearbeit entwickelt, dazu besondere Dienste für Frauen und eine umfangreiche Seelsorgearbeit. Unsere Jugendarbeit explodierte geradezu, als wir mit dem *Sonlight Express* ein Angebot für jüngere Schüler einrichteten sowie mit der Ausweitung von *Promiseland* begannen, unserer Arbeit mit Kindern, die durch die räumlichen Einschränkungen im alten Kino sehr erschwert worden war.

Mit jedem neuen Dienst, der ins Leben gerufen wurde, entstand neuer Leiterbedarf. Bill hatte in den ersten Jahren gelernt, dass Leiter in Jüngerschaftsbeziehungen ausgebildet werden, und deswegen lag in den frühen achtziger Jahren eine starke Betonung auf einer Erweiterung der Jüngerschaftsgruppen, die das Zellgruppensystem der Kinotage ersetzt hatten. Viele Leiter und Mitarbeiter, die *Willow Creek* durch die Jahre des Aufbaus getragen haben, waren „Eigenprodukte“ unserer zweijährigen Jüngerschaftsgruppen.

Bill predigte in der *New Community* weiterhin, indem er Texte auslegte. Das Thema des „Strebens nach Reinheit", das seine Reaktion auf den „großen Schiffbruch" charakterisierte, bekam einen neuen Energieschub, als Bills Wege die von Dr. R. C. Sproul kreuzten. Im Frühjahr und Sommer 1982 verbrachten Bill und ich drei verschiedene Wochen im *Ligonier Valley Study Center* in Pennsylvania und hörten Dr. Sprouls herausfordernde Verkündigung. Bill und Dr. Sproul hatten wegen ihrer auseinander gehenden Meinungen über Evangelisation fast einen verbalen Schlagabtausch, aber es ist nicht übertrieben zu sagen, dass Dr. Sprouls Lehre über die Heiligkeit Gottes für Bills geistliche Entwicklung von zentraler Bedeutung war – sowohl theologisch als auch aus persönlicher Erfahrung.

Das Thema, das Bill in jenem Jahr für die Mitarbeiterfreizeit zum „Tag der Arbeit" auswählte, ging aus seinen Gesprächen mit Dr. Sproul hervor. Wenn Gott so hoch und hocherhaben war, wie Bill ihn erlebt hatte, dann verdiente er auch unsere Anbetung. Bill sprach in dieser Woche darüber, wie sehr wir es nötig hatten, Menschen der Anbetung zu werden und unser Leben – persönlich und gemeinsam als Gemeinde – Gott als Opfer hinzugeben. Jeder bekam in dieser Woche die Aufgabe, ein Stück Holz zu finden und seinen Namen darauf einzuschnitzen. Am letzten Abend im Lager entzündeten wir ein riesiges Lagerfeuer mit unseren Holzstücken. Unsere Lieder drückten aus, was wir empfanden, und die in der schwarzen Nacht lodernden Flammen schienen uns ein wunderbares Symbol für Hingabe und Anbetung zu sein.

Am Sonntag, dem 23. Oktober 1982, hielt Dr. Sproul ein Seminar zum Thema „Heiligkeit" für die leitenden Mitarbeiter von *Willow Creek*. Bill schloss daran eine Predigtreihe in der *New Community* an, die sich an Sprouls Lehre orientierte. „Die wesenhafte Anbetung Gottes" war die erste Predigt dieser Reihe. Damit begann in *Willow Creek* eine neue Phase der Anbetung. Seit 1975 hatten wir unsere Gottesdienste in der *New Community* als Anbetungsgottesdienste konzipiert, aber plötzlich merkten wir, dass wir nicht einmal die Bedeutung von Anbetung und Lobpreis kannten, geschweige denn die

Größe Gottes auch nur annähernd wirklich erfasst hatten. Die Anbetung in der *New Community* sollte Jahre später einen weiteren tief gehenderen Wandel erleben, als Bill durch Dr. Jack Hayford und andere gottesfürchtige Männer und Frauen ein neuer, geisterfüllter Zugang zur Anbetung vermittelt wurde. Aber zum ersten Mal wurde die Anbetung durch den Dienst von Dr. Sproul in *Willow Creek* zum Leben erweckt.

Verantwortlichkeit

Einer der wichtigen Werte, die aus dem „großen Schiffbruch" erwachsen waren, war der Wert der Verantwortlichkeit. Vor 1979 hatten wir Gemeinschaft ohne Verantwortlichkeit gelebt. *Willow Creek* war am Anfang eine „Außenseiter-Gemeinde", die von energiegeladenen „Rennpferden" geleitet wurde, die bereit waren, volle Kraft voraus zu rennen. Jedes beanspruchte Freiheit und Unabhängigkeit. Jedes hatte eine klare Vorstellung davon, wohin es mit seinem jeweiligen Dienst gehen wollte, und glaubte, dass das Allerletzte, was sie brauchten, jemand wäre, der ihnen über die Schulter schauen würde. Die Tatsache, dass sie in gesetzlichen Gemeinden aufgewachsen waren, in denen jeder Schritt verurteilt wurde, der vom vorgegebenen Weg abwich, gab ihrem Wunsch nach Eigenständigkeit und Freiheit Nahrung. Ihr hektisches Lebenstempo machte Verantwortlichkeit unmöglich, selbst wenn sie es gewollt hätten, und die Arroganz und Naivität ihrer Jugend machten sie unverwundbar.

Aber wie ich schon an anderer Stelle erwähnt habe, wandte sich dieses Bewusstsein der Unverwundbarkeit in den achtziger Jahren ins Gegenteil. Bill, die Ältesten, alle Mitarbeiter und Leiter wussten eines ganz genau: *Wir sind verwundbar, als Einzelne und als ganze Gemeinde.* Das erste Gegenmittel gegen unsere Verwundbarkeit war Verantwortlichkeit. Aber wie genau sieht Verantwortlichkeit aus? Wie konnten wir Verantwortlichkeit in unseren Beziehungen leben?

Gott gab uns die Antwort auf diese Fragen durch einen

Bundesrichter aus Oregon. Als Bill Mike Hogan zum ersten Mal bei einem gemeinsamen Freund traf, war er von der Art und Intensität beeindruckt, mit der Mike Beziehungen lebte. „Was ist gerade in deinem Leben los?", fragte Mike und wollte keine oberflächliche Antwort akzeptieren. Über lange Zeit hinweg zeigte Mike Bill, was für Möglichkeiten in Männerfreundschaften stecken.

Unter anderem lernte Bill von Mike, dass er die Bedeutung und die Tiefe von Kommunikation, die nötig sind, um gesunde Freundschaften zu erhalten und Verantwortlichkeit zu fördern, völlig falsch beurteilt hatte. Er lernte, dass auf die unvermeidliche Reibung, die entsteht, wenn zwei Menschen miteinander leben oder arbeiten, die einzige Antwort ist, einander in allem schonungslos die Wahrheit zu sagen. In den stressigen ersten Jahren wurden Probleme in Beziehungen unter den Mitarbeitern oft mit optimistischen Versicherungen abgetan: „Die Zeit heilt alle Wunden", „Wenn ich so tue, als ob nichts wäre, geht es von selbst vorbei", „Es geht mich nichts an" oder: „Ich habe keine Zeit nachzufragen, aber ich bin sicher, es geht ihm gut." Mike lehrte Bill, unangenehme Fragen zu stellen und zuzulassen sowie unbequeme Antworten anzunehmen und selbst zu geben.

Kurz nachdem er Mike kennen gelernt hatte, fing Bill an, sich regelmäßig mit drei Männern aus dem Gemeindevorstand zu treffen – mit Don Albrecht, Rich Schmidt und Quigley Fletcher. Im Oktober 1981 veranstaltete Bill mit ihnen seinen ersten Ausflug „nur für Männer" – ein Ereignis, das regelmäßig wiederholt wurde. In den nächsten Jahren erlebte ich, wie Gott vier unabhängige „Jungstiere" nahm und sie zu miteinander verbundenen Brüdern machte. Ich erlebte, wie die vier einander herausforderten – in ihren Ehen, ihren Berufen, ihrem Verwalteramt und in ihren Zukunftsplänen. Ich erlebte, wie Rich, Quig und Bill miteinander weinten, als ein Gehirntumor Don unbarmherzig das Leben nahm. Ich erlebte, wie Bill im Laufe der Jahre andere Menschen zu engen Freunden machte und einem nach dem anderen erlaubte, ihn zu prägen, jeder in seiner besonderen Weise.

Durch Mike Hogan lernte Bill die Vorzüge von brüderlichen Beziehungen kennen, und die Freunde seiner ersten Männergruppe vertieften Bills Verständnis von Beziehungen, beeinflussten die Richtung, die die Kleingruppendienste nahmen, und wurden schließlich zum Thema einer Predigtreihe für die Wochenend-Gottesdienste.

Heute spürt man das Konzept der Verantwortlichkeit in allen Dienstbereichen von *Willow Creek* – von der Tiefe und Intensität, mit der die Ältesten mit potenziellen Mitarbeitern sprechen, über die Ausgewogenheit, die alle finanziellen Entscheidungen durchdringt, bis hin zum Teilen des persönlichen Lebens, das zum festen Bestandteil der wöchentlichen Leitungsteam-Treffen gehört.

Fester Boden und neues Ansehen

Im Januar 1983 begann Bill in den Wochenend-Gottesdiensten mit einer Predigtreihe zu den Zehn Geboten. Obwohl er insgeheim die Befürchtung hatte, dass die Besucherzahlen in diesen Wochen des „Du sollst nicht" zurückgehen würden, stieg sie während dieser Predigtreihe tatsächlich von 4.100 auf 4.600 Besucher. Bill erklärte nicht nur das „Was" der Gebote, sondern darüber hinaus auch das dahinterstehende „Warum". Und so bekamen viele kirchendistanzierte Menschen, die biblische Gebote gewöhnlich für hart und einengend hielten, einen ersten Eindruck von der dahinterstehenden Liebe und Weisheit Gottes. Für viele Menschen wurde diese Predigtreihe zum Katalysator für eine tief greifende Veränderung ihres Lebens.

Da Bill sich in den Jahren 1982 und 1983 mehr auf die Wochenend-Gottesdienste konzentrierte, füllte sich der Predigtkalender der *New Community* mit Namen wie John MacArthur, Stuart Briscoe, Jill Briscoe, Warren Wiersbe, J. Allen Peterson, Ron Carlson, Dr. Bilezikian und vielen anderen. Auch wenn diese begabten Prediger wirklich ausgezeichnet waren, so litt die *New Community* doch zunehmend daran, keinen ständigen

Lehrer und Prediger zu haben, der die besonderen Bedürfnisse dieser Gemeinde kannte und verstand.

Die Ältesten beschlossen, dass Bill der Hauptprediger für die Gemeinde-Gottesdienste unter der Woche sein sollte, aber seine Verpflichtungen für die Wochenendpredigten und die Gemeindeleitung ließen ihm wenig Zeit, sich *New Community* zu widmen. Die Lösung dieses Dilemmas kam in der Person von Don Cousins, der in den Tagen der Jugendarbeit von Park Ridge Teamleiter und in unseren Kinotagen Leiter von *Son City* war. Don hatte bereits die Jugendarbeit verlassen und arbeitete in der Gemeindeleitung mit. Er war reif genug und bereit, zusätzliche Leitungsverantwortung zu übernehmen, damit Bill mehr Zeit und Energie in die Predigtarbeit investieren konnte, und wurde so Schritt für Schritt zum Kopastor von *Willow Creek*. In den folgenden Jahren betreute Don die Entstehung neuer Dienstbereiche, baute ein ausgedehntes Jüngerschaftskonzept auf und etablierte sich als effektiver Prediger für *New Community* und die Wochenend-Gottesdienste.

Von Anfang 1984 bis Ende 1987 wuchs die Besucherzahl am Wochenende von fast 5.000 auf über 9.000 Besucher, nachdem wir im Oktober 1987 einen dritten Wochenend-Gottesdienst am Samstagabend eingeführt hatten. Die jährliche Spendensammlung am Jahresende erlaubte es uns, einen Flügel für Unterrichtsräume und eine Kapelle anzubauen, wodurch die Gemeinde besser in der Lage war, die Veranstaltungen der verschiedenen Dienstbereiche unter einen Hut zu bringen.

Als die Organisation der Gemeinde und die Verantwortungsbereiche der Leiter zunehmend komplexer wurden, schien es notwendig zu sein, mehr Mitarbeiter von außerhalb der Gemeinde zu gewinnen, um einen größeren Bestand an erfahrenen Experten zu erschließen. Die Vergrößerung des Mitarbeiterstabes machte es erforderlich, ständig die Organisationsstrukturen anzupassen und in neue Bereiche aufzuteilen. Don wurde zum täglichen Mitarbeiterleiter. Bill und Don fühlten sich beide von ihrer Aufgabe, eine so schnell wachsende Gemeinde zu leiten, zunehmend herausgefordert, aber wie in den ersten Jahren war es auch jetzt erfrischend zu sehen, dass so viele Menschen Christen wurden und in ihrer Hingabe an Jesus wuchsen.

Und schließlich schien *Willow Creek* auch sein Image als Schwarzes Schaf unter den christlichen Gemeinden abgelegt zu haben. Bill wurde eingeladen, auf Pastorenkonferenzen im ganzen Land, bei Seminaren und Konferenzen angesehener Gemeinden zu sprechen. Inzwischen besuchten Hunderte von Pastoren regelmäßig die Leiterschaftskonferenzen in *Willow Creek.* Immer mehr Gemeinden schienen für das Anliegen, kirchendistanzierte Menschen zu erreichen, offen zu werden. Wir waren ganz deutlich in eine aufregende, neue Phase eingetreten, in der der Dienst unserer Gemeinde vor Ort und national Bedeutung bekam.

Kapitel 6

Die Welt entdeckt Willow Creek

1988–1991

„Es war, als ob jemand einen Scheinwerfer auf uns gerichtet hätte. Wir gingen unserer ganz normalen Arbeit nach und verrichteten unseren Dienst in Willow Creek. *Und ganz plötzlich strömten von überall her Reporter nach* Willow Creek *und Kamerateams zogen durch alle Korridore. Nun bekam alles, was wir taten, noch mehr Gewicht und Verantwortung – und gleichgültig, wie sehr wir uns auch anstrengten, wir konnten nie mit dem ständig zunehmenden Wachstum der Gemeinde Schritt halten."*
Lee Strobel, ehemals Lehrpastor von *Willow Creek* und Leiter der Öffentlichkeitsarbeit

Ende der achtziger Jahre entdeckten die nationalen Medien *Willow Creek,* und unser erst kürzlich erworbenes Ansehen in der evangelikalen Welt bahnte den Weg für eine totale Faszination, die das Konzept der „Megagemeinde" auf die säkularen Medien ausübte, vom *Time Magazine* bis zur *NBC Today Show.* In den meisten Fällen schauderte uns, wenn wir Reportagen hörten oder lasen, die das, was in *Willow Creek* geschah, mit Begriffen aus dem Geschäftsleben beschrieben. Aus der Gemeinde wurden „Konsumenten". Kirchendistanzierte Menschen wurden zu „potenziellen Kunden". Unsere Umfrage aus dem Jahr 1975 wurde zur „demografischen Analyse" erhoben. Effektive Wege zu finden, um an den Bedürfnissen der Menschen anzuknüpfen, wurde zu „Marketingstrategien". Wir waren erschüttert, wenn weniger über die Umgestaltung von Leben als über Bills „adrette Geschäftsanzüge" berichtet wurde.

Aber viele Christen und Gemeindeleiter schlossen ganz richtig, dass an der Geschichte mehr war, als in den Medien berichtet wurde. Als die Berichterstattung zunahm, rotierte die Zentrale von *Willow Creek*. Informationspakete über *Willow Creek* wurden an Gemeinden in der ganzen Welt verschickt und die Teilnehmerzahl an unseren Pastorenkonferenzen nahm sprunghaft zu. Große Denominationen waren begierig darauf, etwas über „besucherorientierte" Dienste zu erfahren, und so nahmen Bills Verpflichtungen außerhalb von *Willow Creek* zu, als er durch die Vereinigten Staaten, nach Europa, Indien und Australien reiste.

Unsere Ältesten beobachteten diese neue Entwicklung mit Sorge, aber letztlich spürten sie, dass Gott sie dahin führte, Bill zu seinem Dienst außerhalb von *Willow Creek* zu ermutigen. Auch ich war einverstanden. Selbst wenn ich nicht unbedingt begeistert davon war, dass Bill noch häufiger nicht zu Hause sein würde, schien es für mich eindeutig zu sein, dass Gott Bills Leitungs- und Lehrfähigkeiten in einem breiteren Kontext einsetzen wollte. Da Bill weiterhin Hauptprediger für die Wochenend-Gottesdienste und für *New Community* blieb, übernahm Don Cousins mehr Verantwortung im Bereich der Mitarbeiterleitung und predigte von Zeit zu Zeit.

Zwischenzeitlich stiegen die Besucherzahlen in *Willow Creek* weiterhin und stellten uns vor eine neue Herausforderung. Von Anfang an kamen Besucher in erster Linie „am Arm eines gläubigen Freundes", der ihnen half, sich in das Gemeindeleben zu integrieren. Plötzlich hatten wir jedoch einen Zustrom von kirchendistanzierten Menschen, deren einzige Bindung an *Willow Creek* in einem Zeitungsartikel bestand, den sie bei ihrem Morgenkaffee gelesen hatten, oder in einem Spot über „Menschen unserer Zeit", den sie in den Abendnachrichten gesehen hatten. Wir freuten uns sehr über sie, aber leider sahen wir keinen Weg, wie wir sie in die Gemeinde eingliedern konnten. Unsere Zugangstüren waren weit geöffnet: Es gab große Wochenend-Gottesdienste; große *New Community-Gottesdienste;* große Veranstaltungen der einzelnen Dienstbereiche.

Die einzigen Kleingruppen, die wir anboten, waren unsere Jüngerschaftsgruppen, die eine zweijährige Verpflichtung und ein intensives Studienprogramm bedeuteten. Die meisten Neuankömmlinge zögerten, sich so lange zu binden, da sie erst wenig über Gott, den christlichen Glauben oder über *Willow Creek* wussten. Die mutigen Seelen, die bereit waren, sich auf eine solche Verpflichtung einzulassen, mussten sich sechs Monate lang mit einem Platz auf der Warteliste begnügen, weil wir zu wenige ausgebildete Leiter für Jüngerschaftsgruppen hatten.

Es wurde offensichtlich, dass *Willow Creek* seine Stärke im Kleinen ausbauen musste, wenn es weiteres Wachstum verkraften wollte. Wir legten unseren Schwerpunkt auf kleinere Veranstaltungen und kleinere Gruppengrößen, die mehr persönliche Interaktion erlaubten. Beim Übergang in die neunziger Jahre wurde das Problem, im Kleinen zu wachsen, immer drängender, und so begannen wir mit einer völligen Umstrukturierung unserer Kleingruppenarbeit.

Eine Möglichkeit zu finden, im Kleinen zu wachsen, war nicht die einzige Sorge, die wir durch den sprunghaften Anstieg der Besucherzahlen hatten. Ganz plötzlich hatten wir zu wenige Räume für die Arbeit mit Kindern, zu wenige Büroräume für die Mitarbeiter, und alle Räumlichkeiten waren bei den Wochenend-Gottesdiensten zum Bersten gefüllt. So nahmen wir im Frühjahr 1989 ein 23 Millionen Dollar großes Bauprojekt in Angriff, von dem der Gemeindevorstand und die Ältesten hofften, dass es der Gemeinde bei beiden Herausforderungen helfen würde: größer zu werden und im Kleinen zu wachsen.

Der Anbau mit einer Fläche von 2.000 Quadratmetern beinhaltete eine Turnhalle für unsere Jugendarbeit und für evangelistische Sportveranstaltungen, Unterrichtsräume für Kinder und Erwachsene, Konferenzräume für Seminare und Workshops, Räume für Kleingruppentreffen und ein zentral gelegenes Atrium mit Tischen, Stühlen und einem komplett ausgestatteten Restaurantbereich. Dieser einladende, lichtdurchflutete Raum bot den ganzen Tag Gelegenheit, sich vor oder nach den Diensten und Veranstaltungen aufzuhalten, und war ideal für Kleingruppentreffen, Bibelstudien oder gemeinsame Mahlzeiten. Es war das „große Zimmer" von *Willow Creek,* ein Ort, an dem Menschen sich treffen, kennen lernen, sich aufhalten, entspannen und einfach „Teil der Familie" sein konnten.

Mitarbeiterzahl, Gemeinde und Terminkalender – Tendenz steigend

Der neue Anbau würde zwar einigen Herausforderungen begegnen, die das starke Wachstum von *Willow Creek* mit sich gebracht hatte, aber es gab einige frustrierende Bereiche, die mit Steinen und Mörtel nicht zu verbessern waren. Die Neuorganisation der Leitungsämter, die durch Bills häufige Abwesenheit nötig geworden war, untergrub langsam die Moral der Mitarbeiter. Mitarbeiter, die von Anfang an bei *Willow Creek* dabei waren – „die alten Hasen, die jahrelang um Bills Lagerfeuer saßen" –, hatten plötzlich nahezu keinen Zugang mehr zu ihm.

Die rasche Aufnahme neuer leitender Mitarbeiter, die meist nicht aus den Reihen der Gemeinde kamen und ohne Bills direkte Beteiligung eingesetzt wurden, brachte unterschwelligen Ärger und Widerstand. Plötzlich schien es zwei getrennte Mitarbeiterkreise zu geben. Auf der einen Seite standen die, die miteinander fast zwanzig Jahre Erinnerungen teilten. Diese Veteranen von *Willow Creek* hatten während der schwierigen Startphase Zeit, Geld und Energie geopfert, als jede Veränderung ein Glaubensschritt war. Sie wussten, was es bedeutete, von der Gemeinschaft der Christen wie ein ungezogenes Kind behandelt zu werden; sie hatten sich durch den „großen Schiffbruch" hindurchgekämpft; sie waren als Diener und Helfer in den Jahren des Aufbaus „erwachsen" geworden; sie hatten sich die Berufung in fast zwei Jahrzehnten zu Eigen gemacht.

Auf der anderen Seite standen die Neuankömmlinge, die hochtrainierten Spezialisten, denen ein gutes Gehalt angeboten worden war, um sie für ein im ganzen Land berühmtes

Team zu gewinnen. Mit guten Absichten und ernsthaftem Eifer für Gott und den Dienst brachten diese Neuankömmlinge die „neuen Besen" und die „neuen Erkenntnisse" mit, die *Willow Creek* brauchte, um in die nächste Phase eintreten zu können. Aber es war für die „alten Hasen" und die „neuen Besen" nicht einfach zusammenzuarbeiten. Es brauchte Zeit, bis sie die Gemeinsamkeiten ihrer unterschiedlichen Perspektiven entdeckten und ein gegenseitiges Gefühl der Wertschätzung des einzigartigen und wichtigen Beitrages jeder der beiden Gruppen entwickelten.

Während einzelne Mitarbeiter mit der Beziehungsseite einer schnell wachsenden Mitarbeiterschaft kämpften, mussten sie auch noch radikale organisatorische Veränderungen verdauen. Das tröstende Band einer gemeinsamen Geschichte und die wohltuende familiäre Atmosphäre wurden abgelöst von neuen Leuten, neuen Organisationsstrukturen, neuen Verfahren und einem unwillkommenen Gewirr aus Mitteilungen, logistischen Kreisen und offiziellen Anweisungen. Was zuerst recht persönlich zu sein schien, wurde schließlich ganz plötzlich völlig unpersönlich. Die Weihnachtsfeier für alle Mitarbeiter, die lange Jahre ein von allen geliebtes Vorstandsmitglied ausrichtete und die jedes Jahr damit endete, dass alle Mitarbeiter rund um das Klavier standen und Weihnachtslieder sangen, wurde abgelöst von einer sorgfältig vorbereiteten Weihnachtsveranstaltung in einem Konferenzraum der Gemeinde für dreihundert Mitarbeiter, von denen sich die meisten fremd waren. Die jährliche Mitarbeiterfreizeit in *Camp Paradise,* bei der die Mitarbeiter mit Bill Wasserski fuhren und buchstäblich gemeinsam um ein Lagerfeuer saßen, wurde von eintägigen Arbeitstreffen in einem Haus am Ort abgelöst, bei denen sich die Mitarbeiter mit ihrem Dienstbereichsleiter trafen. Für die Veteranen der ersten Jahre war diese Entwicklung vom kleinen Mitarbeiterkreis zum Mega-Mitarbeiterkreis so, als ob sie ihre Familie verlören, und viele von ihnen durchlebten eine Zeit der Trauer.

Erschwert wurde diese Phase, in der die Zahl der Mitarbeiter ständig zunahm und in der komplexere Strukturen nötig waren, dadurch, dass die Termine in Bills Reisekalender zunahmen und er immer seltener persönlich erreicht werden konnte. Die normale Leitung der Mitarbeiter lag in den sehr fähigen Händen von Don Cousins, aber viele Mitarbeiter fühlten sich ohne Bill etwas verunsichert, der von Anfang an die Rolle übernommen hatte, die einende Vision zu vermitteln.

Bill spürte das Gewicht dieser Frustration, aber er war zerrissen. Seine Verpflichtung galt in erster Linie natürlich *Willow Creek,* aber Gott schien seinen ausgedehnten Dienst zu segnen. Er versuchte, beides unter einen Hut zu bringen. Am meisten Probleme machte ihm dabei sein Predigtdienst in *Willow Creek.* Wenn er außerhalb sprach, brauchte er nur wenig Zeit zur Vorbereitung, aber wenn er zu Hause am Wochenende predigte, musste er neue Themen vorbereiten. Es war 1989 nichts Außergewöhnliches, dass Bill am Mittwochabend in der *New Community* predigte, dann am Donnerstag und Freitag auf einer zweitägigen Konferenz irgendwo in den Vereinigten Staaten (oder anderen Ländern) sprach, seine Wochenendpredigt um vier Uhr morgens in einem Hotelzimmer oder um Mitternacht im Flugzeug vorbereitete, um dann am Samstagabend und zweimal am Sonntag zu predigen. Am Montagvormittag begann er mit der Vorbereitung seiner nächsten Predigt für die *New Community.* Dieser Terminplan überschritt das Maß des Gesunden spätestens dann, als es nötig wurde, eine zweite *New Community* am Donnerstagabend einzurichten. Don Cousins predigte in *Willow Creek,* wenn Bill länger unterwegs war und einen Gottesdienst unter der Woche oder am Wochenende versäumte, aber Bill blieb weiterhin der Hauptprediger.

Zusammenbruch!

Im Dezember 1989 arbeitete Bill sieben Tage pro Woche und kam nur nach Hause, um sich so weit zu erholen, dass er weiterarbeiten konnte. Aber er erreichte den Punkt, an dem er völlig am Ende war. An einem Samstag, nur wenige Stunden vor dem Abendgottesdienst und einige Minuten, bevor er den Hochzeits-Gottesdienst eines Freundes feiern sollte, legte Bill seinen Kopf auf die Tischplatte und schluchzte unkontrolliert – physisch, emotional und geistlich völlig am Ende seiner Kräfte. Später sagte er: „An diesem Tag zerbrach irgendetwas in mir. Ich weiß nicht, was es war, aber es erschreckte mich. Ich hatte das Gefühl, aus allen Nähten zu gehen."

Irgendwie gelang es ihm, die nächsten Wochen zu überleben; er predigte in den Weihnachts-Gottesdiensten und fuhr dann mit uns in den Familienurlaub. Liebe Freunde hatten uns einen ruhigen Platz in der Sonne angeboten, doch leider wurde die Ruhe durch den Ferientrubel gestört, und wir fanden nicht die Erholung, die wir so nötig gehabt hätten. Als wir zurückkamen, war Bill in schlechterem Zustand als bei unserer Abreise. Er rief die Ältesten zusammen und sagte: „Ich weiß nicht, was im Moment mit mir los ist, aber ich bin damit ganz sicher noch nicht fertig. Ich muss noch einmal wegfahren." Ich habe oft erlebt, dass Bill das Maß weit überschritten hatte – sein „Erholungsbedarf" war in unserer Familie zum geflügelten Wort geworden –, aber ich war immer wieder erstaunt, wie schnell er meistens fast über Nacht neue Energie bekam. Ich hatte ihn aber nie zuvor so erschöpft erlebt, dass er an einem Punkt angelangt war, an dem er sich nicht wieder selbst „aufladen" konnte.

Als die Kinder wieder in der Schule waren, zog Bill sich für drei Tage auf eine einsame Hütte in Wisconsin zurück. Er bewegte sich in diesen Tagen langsam, genoss geruhsame Mahlzeiten in kleinstädtischen Restaurants und schlenderte ruhige, von Bäumen gesäumte Straßen entlang. Er ging zum Friseur und sagte: „Lassen Sie sich Zeit, ich habe es nicht eilig." Viele Jahre war ein Freund von uns ins Haus gekommen, um Bill zwischen zwei Veranstaltungen in der Gemeinde schnell einen neuen Haarschnitt zu verpassen. Und so war es sehr erfrischend für ihn, beim Friseur keinen Zeitdruck zu haben.

Aber das entspannte Tempo endete abrupt. Die Predigtreihe, mit er im Januar 1990 in den Wochenend-Gottesdiensten begann, hatte das Thema „Den Irrgarten des Lebens überwinden". Wenn jemals eine Predigtreihe aus Bills eigenen

Kämpfen heraus entstanden ist, dann war es diese. Der Monat verging mit den üblichen Vorstandstreffen, Mitarbeiterbesprechungen, den Predigten in der *New Community* und einem Vortrag in Kalifornien. Am Ende des Monats wusste Bill, dass er es nicht mehr schaffen würde.

Er fuhr für eine Woche in das Haus eines Freundes in die Südstaaten, in der Hoffnung, sich dort ausreichend für den „Blitzkrieg" im Februar erholen zu können: Januar-Verpflichtungen, die er abgesagt hatte, Finanzentscheidungen für den Anbau, eine dreitägige Pastorenkonferenz in *Willow Creek*, verschiedene Vortragsverpflichtungen in Kalifornien, Oregon und Texas und ein Autoausflug mit unserem Sohn von Kalifornien nach Chicago. In den Wochenend-Gottesdiensten dieses Monats predigte er über „Den härtesten Wettkampf der Christenheit". In der dritten Woche dieser Predigtreihe, als er über „Moral" predigte, hatten wir mit 15.200 Besuchern den höchsten Besucherstand in einem regulären Gottesdienst. Als die Begeisterung und der Energiepegel in *Willow Creek* ihren Höhepunkt erreichten, glitt Bill immer tiefer in einen Zustand der Erschöpfung und Verzweiflung.

Von Monat zu Monat hatte er weniger Energie für persönliche Beziehungen oder Beziehungen zu anderen Mitarbeitern. Entscheidungen zu treffen, früher eine seiner Stärken, wurde nun zu einer Last, und mehr als einmal verließ er Besprechungen vorzeitig, weil er von den Anforderungen, die Wachstum und Veränderungen mit sich brachten, überwältigt wurde. Und am besorgniserregendsten von allem war, dass er fast nicht mehr in der Lage war zu predigen. Immer häufiger bat er Don Cousins, Dr. Bilezikian oder andere Prediger von *Willow Creek*, ihn zu vertreten. Trotzdem blieb er weiterhin Hauptprediger.

Eine radikale Lösung

Bill litt eindeutig an extremer Erschöpfung, aber was genau bedeutete das? Warum war er an diesem Punkt angelangt? Als er einen genaueren Blick auf sein Leben warf, wurde ihm deutlich, dass er viel zu viel predigte. Bills ausgeprägteste Gaben waren Leitung, Evangelisation und Lehre. Aber er hatte es zugelassen, dass sein Dienst so strukturiert wurde, dass er viel mehr Zeit und Kraft in die Predigt steckte, was ihn Energie kostete, als in Leitung oder Evangelisation, was ihm beides neue Kraft verlieh. Er musste alle zwei oder drei Tage predigen und sich immer neue Themen aus den Fingern saugen.

Emotional fühlte er sich wie ein Soldat, auf den gleich hinter der nächsten Ecke die nächste Schlacht lauerte. Sein Adrenalinspiegel stieg ständig an. Geistlich hatte er das Gefühl, sein Herz und seine Seele würden immer mehr schrumpfen. Er fühlte sich mehr unter dem Gesetz als unter der Gnade. Er wusste um die Pflichten des Dienens, aber er spürte nicht die Freude der Sohnschaft. Er fühlte sich unmotiviert und niedergedrückt. Es wurde deutlich, dass er sich selbst zerstören würde, wenn er nicht lernte, sich so ausgewogen im Dienst einzubringen, wie Gott es für ihn gedacht hatte. Er musste seine Dienstverpflichtungen so umorganisieren, dass er weniger predigen musste.

Seine Lösung? Teampredigt.

Als Bill auf die Idee kam, sich mit einem weiteren Prediger die Verantwortung des Hauptpredigers zu teilen, rieten ihm christliche Leiter aus dem ganzen Land davon ab. „Es wird die Gemeinde spalten“, „Dadurch werden persönliche Parteinahmen entstehen“ oder: „Es wird alles zerstören, was du während der letzten fünfzehn Jahre aufgebaut hast.“ Aber Bill merkte, dass er keine andere Wahl hatte. So wie er im Moment für das Wirken Gottes arbeitete, zerstörte er das Wirken Gottes in sich selbst. Er musste eine andere Möglichkeit finden.

Im Juni 1990 stellten die Ältesten Jim Dethmer an, einen Pastor aus Baltimore, der mit Bill im Team predigen sollte. Bill war außer sich vor Freude. Als wir im Juli in unseren Sommerurlaub fuhren, konnte Bill bereits Licht am Ende des Tunnels sehen. Er begann, sich zu entspannen. Er hatte das Gefühl, ein destruktives Verhaltensmuster durchbrochen zu haben, und spürte in seinem Leben wieder die wohltuende Gegenwart des Heiligen Geistes.

In diesem Sommer nutzte Bill die ruhigen Vormittage fernab von allen Dienstverpflichtungen, um die Verhaltensmuster seines Lebens genauer unter die Lupe zu nehmen. Ihm wurde klar, dass der übermäßige Einsatz seiner Lehrbegabung nicht sein einziges Problem war. Sein durchschnittliches Lebenstempo, das sich in der zweiten Hälfte der achtziger Jahre dramatisch verschärft hatte, trieb ihn in einen chronischen Zustand, den er selbst als „Lebensstil des Krisenmanagements" bezeichnete. Wenn man jede wache Minute eines Tages unter furchterregendem Druck damit verbringt auszutüfteln, wie man alle Ansprüche und Verpflichtungen des Lebens unter einen Hut bringen kann, ist das Krisenmanagement.

Jeder ist von Zeit zu Zeit dazu gezwungen, aber wenn es zu einem anhaltenden Lebensstil wird, wirkt es zerstörerisch. Es gibt keine Zeit mehr zum ruhigen Nachdenken. Keine Zeit, die emotionalen Batterien wieder aufzuladen. Keine Zeit zur Entspannung. Keine Zeit, um sich mit der eigentlichen Wurzel der Probleme auseinander zu setzen. Man berührt Beziehungen nur an der Oberfläche, legt einfaches Heftpflaster auf klaffende emotionale Wunden und findet einen eiskalten Kern aus Ungeduld, wo normalerweise Mitleid sein sollte.

Eine Passage in Dallas Willards Buch „Das Geheimnis geistlichen Wachstums" nahm Bills Aufmerksamkeit in dieser Zeit gefangen:

„Allzu viele Menschen sind vom christlichen Glauben abgeschreckt, weil es Christen gibt, die gefühllos, steif, unnahbar, langweilig, zwanghaft und unzufrieden sind. Leider finden sich solche Christen überall. Was ihnen fehlt, ist jener ganzheitliche Lebensstil voller Vitalität, Ausgewogenheit und Freiheit, den wir bekommen, wenn wir in Gottes liebevollen Ordnungen leben.

Wenn es uns nicht gelingt, zu einer tiefen Zufriedenheit durchzudringen, dann führt das zwangsläufig dazu, dass uns falsche Handlungen als gut und richtig und erfüllend erscheinen. Darin liegt die Macht der Versuchung. Das Gleiche gilt, wenn unser Versagen darauf zurückzuführen ist, dass wir versuchen, falsche Standards zu erreichen, die wir als ‚geistlich' ansehen. Im Normalfalle wird es uns leichter fallen, der Versuchung zu widerstehen, wenn wir zufrieden und erfüllt sind. Wenn wir uns jedoch alle Freuden und Vergnügungen versagen, die ja ein normaler Teil unserer Existenz sind, weil sie uns als ‚ungeistlich' erscheinen, dann wird dies dazu führen, dass wir uns selbst in unserem Bemühen, das Richtige zu tun, sogar schwächen. Wir verlieren die Schönheit des Guten aus den Augen und haben keine Möglichkeit mehr, Kraft daraus zu ziehen."[1]

Selbst unter Aufbietung aller Vorstellungskraft konnte Bill die Hetze seines Lebens nicht als „zufriedenstellend" bezeichnen. Auch wenn er keine sichtbaren Sünden begangen hatte, die viele andere christliche Leiter ins „Aus" befördert hatten, so konnte er doch nicht leugnen, dass er zunehmend mit sündigen Haltungen wie Bitterkeit und Ärger kämpfte. Er hatte immer mehr das Gefühl, in seinem Leben ungerecht behandelt zu werden. Wenn er Menschen sah, die ihr Leben genossen, fühlte er einen Ärger in sich aufsteigen, den er weder erklären noch rechtfertigen konnte. Wenn ihm Freunde von tollen Ferienerlebnissen erzählten, kämpfte er vergeblich gegen Gefühle der Eifersucht an. Er mochte das Leben nicht, das er führte. Er mochte die Sünden nicht, gegen die er ankämpfte. Er mochte das quälende Nebeneinander seiner wachsenden Gemeinde und seines schrumpfenden Herzens nicht.

Bill setzte sich das Ziel, diese ungesunden Verhaltensmuster bis zum Sommer zu durchbrechen. Er verbrachte viel Zeit alleine, um seine leeren Energiereserven wieder aufzufüllen; er las, was ihm Spaß machte; er unternahm lustige und entspannende Aktivitäten mit den Kindern und mir; er genoss die zwanglose Unterhaltung mit engen Freunden; er lebte langsam. Es zahlte sich aus. Er fühlte sich langsam erfrischt. Ihm war bewusst, dass der Heilungsprozess erst begonnen hatte, aber er fühlte sich schon gesünder – als Ehemann, als Vater, als Christ und als Pastor.

Im September 1990 startete Bill in den Wochenend-Gottesdiensten eine neue Predigtreihe mit dem Thema „Ein größeres

Herz", die aus dem Gefühl heraus entstanden war, dass sein eigenes Herz wieder begonnen hatte zu wachsen. Jim Dethmer predigte in der *New Community* und mit ihm bekam die Gemeinde eine neue Stimme mit einer frischen Perspektive. Im Oktober feierten wir den fünfzehnten Geburtstag von *Willow Creek* mit einer fröhlichen evangelistischen Veranstaltung unter dem Titel „Auf großer Fahrt". Für Bill war dieser Geburtstag wirklich ein Fest. Er feierte nicht nur, dass Gott *Willow Creek* fünfzehn Jahre lang gesegnet hatte, er feierte, dass er dieses fürchterliche Jahr persönlich überlebt hatte; er feierte den Erfolg der Teampredigt und seine hoffnungsvolle Sicht der Zukunft.

Verpflichtungen neu definieren

Das heißt natürlich nicht, dass Bills persönliche Kämpfe vorüber waren. Auch wenn das Predigen im Team für Bill eine große Erleichterung war und er sich bemühte, in seine Zeitplanung mehr Freizeitaktivitäten zu integrieren – er wurde Mitglied in der „Barefoot-Skischule" und unternahm während des nächsten Jahres erfrischende Kurzurlaube mit Freunden –, war sein Terminkalender noch immer mit früheren Verpflichtungen überladen, die er einhalten musste. Durch seine Verpflichtungen außerhalb von *Willow Creek* war er mehr unterwegs als je zuvor, und auch wenn er die kritischen Punkte des vergangenen Jahres überwunden hatte, kämpfte er dennoch mit Erschöpfung und schwindender Begeisterung für seinen Dienst. Während unseres Urlaubs im Frühjahr sprach er sogar davon, aus dem Dienst auszusteigen. „Vielleicht ist die Zeit für eine andere Art von Herausforderung gekommen. Vielleicht sollte ich zurück in die Wirtschaft gehen."

Im Sommer 1991 lieh uns ein Freund ein Segelboot, und Bill hatte die Gelegenheit, die Leidenschaft seiner Jugend neu zu entdecken, die durch die Beanspruchung und die finanziellen Einschränkungen, die sein Dienst mit sich brachte, aus seinem Leben verdrängt worden war. Lange Jahre hatten wir im Sommer immer eine Hütte in einem Urlaubsgebiet am Michigansee gemietet. Wenn wir dort waren, ging Bill am Hafen entlang, schaute auf die Boote und dachte an die ruhigen Stunden, die er mit seinem Vater auf dem Wasser verbracht hatte. Endlich konnte er diese Freude seiner Vergangenheit wieder einfangen. Das Boot unseres Freundes trug den Namen „Segen" und drei Sommer lang war es wirklich ein Segen für uns – für die Kinder, für mich und natürlich besonders für Bill. Er verbrachte lange Nachmittage am Steuer und ließ sich wie in früheren Jahren durch den Wind und die Wellen erfrischen.

Die Gedanken, die sich Bill in diesem Sommer machte, liefen fast alle auf eine Frage hinaus: Wie sieht gesunde Hingabe an die Sache Gottes aus? Er kam zu dem Schluss, dass seine Hingabe an Christus schon vor langer Zeit aufgehört hatte, gesund zu sein, aber er war sich nicht sicher, wie oder warum das passiert war. Er suchte nach einer Erklärung, indem er sich Bibelverse ins Gedächtnis rief, die sein Konzept von Hingabe in seinen frühen Jahren als Christ geprägt hatten.

Er erinnerte sich, dass er von „Selbstverleugnungsversen" durchdrungen war wie: „Wer mein Jünger sein will, der verleugne sich selbst, nehme täglich sein Kreuz auf sich und folge mir nach" (Lukas 9,23). Er erinnerte sich an den Einfluss von Apostelgeschichte, Kapitel 20, Vers 24, wo Paulus sagt: „Aber ich will mit keinem Wort mein Leben wichtig nehmen, wenn ich nur meinen Lauf vollende und den Dienst erfülle, der mir von Jesus, dem Herrn, übertragen wurde: das Evangelium von der Gnade Gottes zu bezeugen." Bevor Bill durch diese Verse herausgefordert wurde, hatte sein Leben nur ein einziges Ziel: sein Leben auf seine Art zu leben. Er machte seine Pläne und setzte seine Ziele und beides hatte wenig mit Gott zu tun. Deswegen brauchte er einen radikalen Ruf zur Nachfolge, um seinen „starken Hang zu selbstsüchtigen Zielen" zu durchbrechen und darüber nachzudenken, welche Pläne Jesus wohl mit seinem Leben hatte.

Dann gab es die Verse zum Thema „Anderen dienen". Für jemanden, der so „hoffnungslos egoistisch" war, wie Bill es von sich glaubte, waren Verse wie: „Wer der Erste sein will, soll der Letzte von allen und der Diener aller sein" (Markus 9,35), ein Schock. Das war für ihn eine völlig neue Weltordnung. Und die Worte, die Jesus zu Petrus sprach, sandten ihm eine klare und herausfordernde Botschaft: „Ich werde euch zu Menschenfischern machen" (Matthäus 4,19). Bill war immer völlig in der Wirtschaftsbranche aufgegangen, aber jetzt sagte Jesus, dass das Einzige, was wirklich zähle, die „Menschenbranche" sei. Langsam begannen Verse wie diese den Egoismus aus Bills Leben zu vertreiben.

Und schließlich gab es noch die Verse zum „geistlichen Wachstum". „Müht euch mit Furcht und Zittern um euer Heil", las Bill im Philipperbrief, Kapitel 2, Vers 12. „Übe dich in der Frömmigkeit", im 1. Brief an Timotheus, Kapitel 4, Vers 7. Verse wie diese forderten ihn heraus, mehr Verantwortung für sein geistliches Wachstum zu übernehmen. Er erkannte, dass er sich geistlichen Übungen widmen musste, um die sündhaften Muster in seinem Leben auszurotten und sich selbst für den Dienst zuzurüsten.

Ich kannte Bill zu dieser Zeit bereits, und ich wusste, wie tief greifend diese Verse ihn verändert hatten. Ich sah die Veränderung. Aber wie konnte ich ihm wirklich helfen? Bill hatte seine Ziele immer ganz engagiert verfolgt, egal, was es war. Hätte er sich entschieden, Athlet zu werden, hätte er seine körperliche Stärke und Kondition konsequent trainiert. Hätte er Verbrecher werden wollen, hätte er ein Verbrechen nach dem anderen begangen. Hätte er Millionär werden wollen, hätte er mit allen Mitteln Jagd auf Geld gemacht. Und als er sich dafür entschied, auf den Spuren des Paulus das Wettrennen für Gott zu laufen, kannte er nur eine Möglichkeit, dieses Ziel zu erreichen: mit voller Kraft zu laufen. So zog er mit siebzehn Jahren seine Laufschuhe an und rannte los.

Neue Perspektiven

Als Bill begonnen hatte, das Wettrennen für Gott zu laufen, hatte er etwas Wunderbares entdeckt: die Freude und Erfüllung verantwortlicher christlicher Hingabe. Aber nach zwanzig Jahren im Dienst merkte er, dass im Laufe der Zeit dieselben Verse, die Gott so auferbauend in sein Leben hineingesprochen hatte, nun vom Satan missbraucht worden waren, um ihn über das Maß von verantwortlicher Hingabe in eine Form der Hingabe hinauszutreiben, die ihn schließlich ins „Aus" gestellt hatte. Er dachte an die Worte des Paulus (2. Korinther 11,3): „Ich fürchte aber, wie die Schlange einst durch ihre Falschheit Eva täuschte, könntet auch ihr in euren Gedanken von der aufrichtigen und reinen Hingabe an Christus abkommen." Er erkannte langsam, dass er clever von einer einfachen und fröhlichen Liebe zu Gott weggelockt wurde in ein von Schuld getriebenes und mit Sorgen belastetes Verhaltensmuster der Überarbeitung „für die Sache Christi".

Die Bedeutung dieser „Selbstverleugnungsverse", die auf so wunderbare Weise dem Egoismus in Bills Leben das Genick gebrochen hatten, wurde ihm nie ausreichend erklärt. Keiner sagte ihm, was es bedeutete, „sich selbst zu verleugnen", und so setzte er seine eigene Interpretation um: sich selbst verleugnen heißt, seine Gefühle zu verleugnen. Als er Bills zunehmende Erschöpfung wahrnahm, fragte ihn ein Ältester unserer Gemeinde, ob es ihm immer noch Spaß mache, die Gemeinde zu leiten und zu predigen. Bill antwortete umgehend: „Stell mir bloß nicht diese Frage. Ich kann es mir nicht leisten, darüber nachzudenken, wie ich mich fühle. Ich muss ganz einfach die Arbeit hier machen. Ich muss einfach nur weitermachen."

Zusammen mit seinen ehrlichen Gefühlen starben für Bill auch viele wundervolle, von Gott gegebene Wünsche – wie Freizeitaktivitäten, erfrischende Beziehungen, Dienste, die ihn wirklich begeisterten –, weil sie ihm zu viel Spaß machten und ihn zu sehr begeisterten, um „erlaubt" zu sein. Er dachte, dass er sie ganz einfach nur mit der nächstbesten Aufgabe erdrücken müsste, und je schlechter er sich dabei fühlte und je mehr er das Gefühl hatte, „sein Kreuz auf sich zu nehmen", desto besser war es.

Schließlich fand er zu einer neuen Interpretation von Lukas, Kapitel 9, Vers 23: Stirb den sündhaften Aspekten des Lebens, die dich von Gott wegstoßen. Stirb den zerstörerischen Denkmustern und unreinen Motivationen. Stirb den unguten Begierden. Stirb der Habgier. Stirb der Selbstsucht. Stirb dem Neid. Aber stirb nicht dem „Ich" in dir, das Gott geschaffen hat. Verleugne nicht die Neigungen und Träume, die Gott in dich hineingelegt hat. Geh nicht davon aus, dass jeder Wunsch sündhaft und jedes persönliche Ziel schlecht ist. Weise keine berechtigten Bedürfnisse nach Pause und Erholung, nach Freude und Freundschaft zurück.

Bill lernte, wie zerstörerisch es sein kann – was viele Christen tun –, die freundlich flüsternde Stimme Gottes zu ignorieren. „Du darfst dich daran freuen. Du darfst diesen Traum leben. Du darfst dir diese Pause gönnen. Du darfst diese Freude auskosten. Du hast meinen Segen dazu." Wenn wir innerlich verbittert und verärgert über die Anforderungen sind, die die Nachfolge Jesu an uns stellt, kann es gut daran liegen, dass wir uns mehr „verleugnet" haben, als Gott von uns wollte.

Bill nahm auch die Verse zum Thema „Anderen dienen" genauer unter die Lupe. Sie wurden so oft mit dem Vorbild des guten Samariters untermauert: So wie der gute Samariter den zusammengeschlagenen Juden in ein Gasthaus gebracht, ihm die Wunden verbunden und für seine Unterkunft bezahlt hat, so sollen auch wir uns um die bedürftigen Menschen in unserer Welt kümmern. Immer wieder hatten Bill, ich und die anderen Mitarbeiter diese Geschichte gehört und uns neu dem Dienst an den anderen verschrieben. Aber wir dachten nie über die Fragen nach, die diese Geschichte unbeantwortet lässt. Was ist mit der offensichtlich eingeschränkten Barmherzigkeit des Samariters? Er nahm den zusammengeschlagenen Mann nicht mit zu sich nach Hause und sagte zu ihm: „Du kannst den Monat bei mir verbringen, den du ungefähr brauchst, um wieder völlig gesund zu werden." Er sagte seine Geschäftsreise nicht ab, um den verletzten Mann zu versorgen.

Und was ist mit dem Fassungsvermögen der Barmherzigkeit des Samariters? Was wäre gewesen, wenn auf dem Weg von Jerusalem nach Jericho fünfundvierzig zusammengeschlagene Juden gelegen hätten? Hätte der Samariter sie alle gerettet? Hätte er sie alle auf einmal auf seinen Esel geladen? Oder wäre er für jede neue Ladung immer wieder zurückgegangen? Hätte er das ganze Hotel belegt? Oder sein Bankkonto geplündert? Wir haben uns in den ersten Jahren unseres Dienstes nie diese Fragen gestellt. Aber die Realität christlicher Leitungsverantwortung ist, dass man von überwältigenden Nöten aller Art umgeben ist. Wie vielen Nöten sollen wir Abhilfe schaffen? Wie oft? Bis zu welchem Grad können wir gehen? Wann ist genug genug? Auf diese Fragen gibt es keine einfachen Antworten, aber wenn sich jemand bis zur völligen Erschöpfung verausgabt hat, ist er möglicherweise zu weit gegangen.

Als Bill die Verzerrung seiner Einstellung zum Dienst erkannte, konzentrierte er sich darauf, wie Jesus, der fleischgewordene Gott, gedient hatte. Jesus war ohne Zweifel kraftvoll, inspiriert und energiegeladen – vielleicht mehr als jemals ein Mensch auf dieser Welt –, und doch sagte er selbst nicht selten: „Genug für heute. Keine Heilungen mehr. Keine Speisungen mehr. Keine Beratung mehr. Keine Predigt mehr. Meine Mitarbeiter und ich müssen uns jetzt ins Boot setzen, den See überqueren und für eine oder zwei Nächte am anderen Ufer bleiben. Wir müssen uns erholen." Jesus wusste, wo die Grenzen waren. Er wusste, an welchem Punkt Geben selbstzerstörerisch wurde, und er weigerte sich, sich selbst oder seine Jünger so weit zu treiben.

Bill wurde deutlich, dass er in seiner Hingabe an Gott die tiefe Freude der ersten Jahre eingebüßt und in seinem Dienst für andere den Geist der Liebe, der ihn motivieren sollte, verloren hatte. Es war eindeutig an der Zeit, bei Jesus eine Lektion zu lernen.

Und es war an der Zeit, seine Antwort auf die Verse zum „geistlichen Wachstum" zu überdenken, die ihn lange Jahre so stark motiviert hatten. Bill war jemand, der angesichts von Herausforderungen immer aufblühte und es liebte, andere Menschen herauszufordern. Daher war *Willow Creek* immer ein Ort der großen Herausforderungen. *Wachse weiter im Glauben. Setze hohe Qualitätsansprüche. Strebe danach, sie zu erreichen.*

Alles schön und gut – es sei denn, wir nahmen zu viel der Verantwortung für unser geistliches Wachstum auf uns oder wir sahen Wachstum als Mittel, um Gottes Gunst zu erlangen. Ganz langsam hatte sich Bill weg von dem täglichen Bewusstsein des ständigen Wirkens des Heiligen Geistes in ihm und hin zu einer wachsenden Abhängigkeit von seiner eigenen Leistung, um geistlich zu wachsen, bewegt. Doch das wurde zur Last. Er musste das Tempo verlangsamen, sein von Versagensangst getriebenes und gehetztes Streben nach Wachstum loslassen und wieder neu lernen, auf das Wirken Gottes in ihm und durch ihn zu vertrauen.

Als Bill eine gesündere Sichtweise von Hingabe annahm, fühlte er sich zusehends befreit und erfrischt. Er spürte, wie die Wärme der Leidenschaft wieder in seine Seele sickerte. Er fühlte sich in seiner Beziehung zu Gott entspannt und spürte wieder die bedingungslose Liebe, die ihn als Teenager so bewegt hatte.

Verborgene Wunden

Ich war sehr dankbar für die Veränderungen in Bills Leben. Aber sein Weg zu diesen Veränderungen hatte bei mir seinen Tribut gefordert. Über fünfzehn Jahre lang hatte ich pflichtbewusst im Hintergrund gearbeitet, um die Stabilität unserer Familie angesichts der Anforderungen überladener Kalender, unrealistischer Erwartungen und des Verlusts der Privatsphäre zu schützen. Um den Stress in Bills Leben zu lindern und damit er jede freie Minute unseren Kindern widmen konnte, hatte ich nahezu die gesamte Verantwortung für alle häuslichen Angelegenheiten und die Kindererziehung übernommen. Außerdem hatte ich verschiedene Bücher für Bill herausgegeben, was mir wenig Zeit für mein persönliches Engagement in *Willow Creek* ließ, auch wenn ich ein Plätzchen als Autorin und Sprecherin für unsere Frauenarbeit, aber auch außerhalb von *Willow Creek* gefunden hatte. Dennoch hatten die zusätzlichen zeitlichen und emotionalen Belastungen, die mit Bills letztem

Zusammenbruch einhergingen, an meinen Kräften gezehrt. Jahrelang hatte ich mit Depressionen gekämpft. Ende 1990 spürte ich, dass ich die Schlacht verloren hatte. Im Januar 1991 ging ich in ein christliches Seelsorgezentrum.

Dies war die weiseste Entscheidung, die ich treffen konnte, aber es war gleichzeitig auch die schwerste. Und es wurde im Laufe der Wochen und Monate immer härter. Als ich verborgene Verletzungen tief in meinem Inneren entdeckte, die viele Jahre lang mein Streben nach Sinn, Freude und Frieden – und Gott – untergraben hatten, wurde ich wütend. Als ich damit begann, den Knoten meiner verworrenen Gefühle über mein Leben zu entwirren, versank ich in tiefe Traurigkeit. Aus der Trauer wurde schließlich Heilung. Ich kam mit einer viel vertrauteren Beziehung zu Gott, mit einem gesünderen Selbstverständnis, mit größerer Leidenschaft und weniger Zwanghaftigkeit in meinem Dienen und einem stärkeren und fröhlicheren „Ich" meinem Mann und meinen Kindern gegenüber aus dieser Phase heraus. Aber einige Zeit lang war dieses Leben wirklich extrem schmerzhaft. Ich zog mich aus dem öffentlichen Leben, aus Beziehungen und traurigerweise auch von Bill zurück. Ich wollte ihm eine gute Ehefrau sein. Ich wollte ihn in den Anforderungen unterstützen, die der Dienst an ihn stellte. Aber ich konnte es nicht.

Bill war bereits von den Herausforderungen des Lebens fast überwältigt. Wie konnte er da eine weitere Last tragen? Wie konnte er mit einer „gebrochenen Ehefrau" umgehen?

Diese Herausforderung, mit meiner Zerbrochenheit fertig zu werden, führte Bill schließlich ebenfalls in ein christliches Seelsorgezentrum. Er hatte schon versucht, mich zu stabilisieren, indem er auf meine Wunden dieselben Salben strich, die ihn zu heilen schienen, aber seine Bemühungen schlugen fehl. Im Gegenteil: Sie hatten mich noch tiefer in meine Verzweiflung getrieben. Schließlich merkte er, dass er meine Probleme nicht lösen konnte. Er konnte nur geduldig mit mir sein und meine ernsthaften, wenn auch zögerlichen Versuche akzeptieren, Heilung zu finden. Er bemühte sich liebevoll darum.

Aber um selbst überleben zu können, musste er einen Weg

finden, mit meinen immer wiederkehrenden Kämpfen umzugehen. Der Dienst nahm so viel Zeit wie immer in Anspruch; irgendwie musste Bill damit Schritt halten, gleichgültig, welches Drama sich zu Hause entfaltete.

Ein Boot namens „Krisenmanagement"

Der Seelsorger schlug zuerst vor, dass Bill seinen Prozess der Neuorientierung in seiner Beziehung zu Gott fortsetzte. Bill hatte lange Jahre bei Gott Stärke, Macht und Weisheit gesucht. Nun musste er lernen, bei Gott zärtliche Liebe zu suchen. Bill konzentrierte sich daraufhin auf Bibelstellen und christliche Literatur, die diesen Aspekt der Liebe Gottes betonten. Allmählich veränderte sich sein Gebetsleben. Als er sich selbst für eine sanftere Seite Gottes öffnete, erlebte er auf ganz neue Art Gnade und göttliche Liebe. In den Zeiten, in denen er über meine Unfähigkeit, ihm die nötige Liebe zu geben, trauerte, fand er Trost in dieser sanfteren Seite seiner Beziehung zu Gott.

Der Seelsorger schlug Bill weiterhin vor, Fürsorge und Freundlichkeit bei einigen zuverlässigen, reifen Freunden zu suchen, an deren Loyalität zu Bill kein Zweifel bestand. „Geh zu ihnen hin", schlug er vor, „und sage ihnen, dass du im Moment eine schwierige Zeit durchmachst und deswegen eine Extradosis Liebe und Ermutigung brauchst."

Es entsprach nicht gerade Bills üblichen Gepflogenheiten, andere in persönlichen oder emotionalen Angelegenheiten um Hilfe zu bitten. „Ich hasse es, bedürftig zu sein", erklärte er dem Seelsorger. Aber er wusste, dass er einen Punkt in seinem Leben erreicht hatte, an dem er es sich nicht länger leisten konnte, sich hinter einem Image von Unabhängigkeit zu verstecken. Schrittweise erlaubte er seinen engsten Freunden, die Traurigkeit und Einsamkeit in seinem Leben zu sehen und darauf zu reagieren.

Dann schlug der Seelsorger Bill vor, seine beruflichen Verpflichtungen einzuschränken. „Deine Arbeit sollte dir nicht auch noch Kummer machen", sagte er. „Trenne dich in deiner Arbeit von so vielen Bereichen wie möglich, die Energie kosten und keine Freude machen." So viele Jahre hatte Bill so schwer, hart und schnell wie möglich gearbeitet. Jetzt war es an der Zeit, zu versuchen, eine Aufgabenbeschreibung für sich zu erstellen, die er mehr genießen konnte und die ihn jeden Morgen voller Erwartung an den Tag aufstehen ließ. Da unsere Beziehung zunehmend schmerzvoll war, musste er sich ein Arbeitsumfeld schaffen, das so schmerzfrei wie möglich war.

Der vierte Rat des Seelsorgers, mehr auf seinen körperlichen Zustand zu achten, war für Bill dann nicht mehr schwer anzunehmen und umzusetzen. Aus Gesundheitsgründen hatte er sich schon bewusstere Essgewohnheiten angeeignet, und als er nicht mehr so hart arbeitete und sich sein Adrenalinpegel wieder normalisierte, entwickelte er auch gesündere Schlafgewohnheiten.

Den letzten Rat des Seelsorgers konnte Bill nicht so leicht in seinem Leben umsetzen. „Du musst irgendeine Form der Freizeitgestaltung finden, die dir Energie schenkt und dein Herz erfüllt. Und du musst bis an den Punkt der Befriedigung kommen. Du brauchst Spaß, der dich mitreißt!" Das Problem war nicht, dass Bill nicht wusste, was ihm Spaß machen würde; seine tiefe Liebe zum Segeln war neu belebt, noch ehe der Seelsorger seinen Satz vollenden konnte. Aber Segeln stand nicht zur Debatte. Vor Jahren hatte Bill den Traum von einem eigenen Boot aufgegeben. Es war Teil einer gemeinsamen Entscheidung: Wir wollten alles vermeiden, was irgendjemandem, der *Willow Creek* in Misskredit bringen wollte, als Material für einen „Skandal" dienen konnte. Wir konnten uns lebhaft vorstellen, wie ein kritischer Journalist ein Segelboot so fotografierte, dass es wie eine Sechzig-Meter-Yacht aussah, und wie er behauptete, es wäre aus Gemeindegeldern finanziert worden, oder wie er andere aus der Luft gegriffene Lügen verbreitete. Boote, hatten wir beschlossen, fielen in die Kategorie „gefährlich"; wir selbst konnten niemals eines besitzen.

„Wäre ich nur Golfer oder Gärtner", beschwerte sich Bill. Aber er war keines von beiden, und je tiefer die Schmerzen in unserem persönlichen Leben wurden, desto mehr wünschte er, den Spaß und die Aufregung des Segelns genießen zu können. Im Frühjahr 1993 folgten wir der liebevollen Führung Gottes und taten das Undenkbare: Wir nahmen Geld von unseren Buchtantiemen und machten ein niedriges Angebot für ein acht Jahre altes, elf Meter langes Segelboot, das zum Verkauf stand. Nach einem Monat nahm der verzweifelte Besitzer unser Angebot an. Als Bill den Scheck unterschrieb, dankte er Gott, dass er ihm die „private Erlaubnis" zu seiner guten alten Leidenschaft gegeben hatte, und er betete, dass Gott das Boot gebrauchen würde, um seine Ziele zu erreichen.

Bill nannte das Boot *Crisis Mode*, „Krisenmanagement", stellte eine Mannschaft aus neun kirchendistanzierten Seglern zusammen und entwarf einen Segelstundenplan. Für Bill kamen in seinem Segelprogramm drei Faktoren zusammen, die ihm Energie gaben: harter Wettkampf, ein Team zu bilden und eins zu machen sowie persönliche Evangelisation. In den Sommern von 1993 und 1994 gewann die *Crisis Mode* in ihrer Klasse mehr Rennen auf dem Michigansee als jedes andere Boot und belegte den zweiten Platz in der nationalen Ausscheidung. Bills Crew erreichte ein außergewöhnliches Niveau, nicht nur was ihr Können, sondern auch was den Spaß an ihrem Sport betraf. Der Höhepunkt von Bills Seglerkarriere war aber am 26. Juni 1994 erreicht, als er den Kapitän seiner Segelcrew taufte.

Krisenmanagement als Lebensstil gehörte fast ausschließlich der Vergangenheit an. Das Boot *Crisis Mode* würde bald einem neuen Besitzer gehören. Aber die Sommer, die Bill an seinem Steuerruder verbracht hatte – oder bei Rennen –, halfen mit, die Traurigkeit in unserem Leben auszugleichen. Das Boot bot genau das, was der Seelsorger vorgeschlagen hatte: Aufregung und Spaß. Bill gestand mir: „Das Boot machte mir so viel Spaß, dass ich mich fast schäme, es zuzugeben."

Die Ratschläge, die Bill von seinem Seelsorger erhalten hatte, stellten ganz grundlegende praktische Wege dar, mit Schmerz umzugehen. Ich schreibe deswegen so ausführlich darüber, weil ich denke, dass einige von Ihnen, die dieses Buch lesen, in ihrem Leben ebensolche Schmerzen mit sich herumtragen. Für die meisten von uns ist das Leben einfach hart. Und es ist traurig, aber wahr: Vieles lässt sich nicht leichter machen.

Was sollen wir also tun? Vorgeben, dass die unvermeidlichen Enttäuschungen, Verluste und Sorgen des Lebens uns nicht wirklich so sehr verletzen, und mit einer eingebrannten Verzweiflung leben, die uns in ein Stadium des emotionalen Todes zwingt? Oder anerkennen, dass das Leben schwer ist, und angemessene und geistliche Wege finden, um die Traurigkeit auszugleichen? Ich denke, dass die zweite Möglichkeit bei weitem besser ist, weil sie uns erlaubt, unser Leben authentisch zu erleben und die Freude mitten im Schmerz zu entdecken.

Berührung der Seele

Bill war außerordentlich dankbar für die weisen Ratschläge, die er erhielt. Sie bewahrten ihn davor, von dem traurigen Zustand unserer Beziehung vereinnahmt zu werden, die meine inneren Kämpfe mit all ihrer Zerrissenheit noch mehr belasteten. Aber der Seelsorger war nicht damit zufrieden, dass Bill sich völlig darauf konzentrierte, mit meinen Problemen fertig zu werden. Gerade als Bill eine Sitzung verlassen wollte – voller Vertrauen, dass er stark genug war, um mit der Arbeit weiterzumachen, die seinem Leben Bedeutung gab, gleichgültig, wie lange es dauern würde, bis ich wieder „auf der Höhe“ war –, fragte ihn der Seelsorger: „Hast du jemals darüber nachgedacht, wie es in dir drin aussieht?“

Bill war nicht sehr erfreut. Er hatte zwar niemals in Verdacht gestanden, übermäßig nachdenklich zu sein, aber er war nicht bereit, das Reich der „Nabelschauen“ zu betreten. Gespräche darüber, ob ihm seine Windeln gut gepasst hatten oder nicht oder ob sein Kinderzimmer in der richtigen Farbe gestrichen war, verdienten keinen Platz in seinem Terminkalender.

Aber der Seelsorger bohrte nach: „Beschreibe drei Gelegenheiten aus deiner Kindheit oder Jugend, in denen eine Person oder ein Ereignis deine Seele berührt hat."

„Definiere ‚die Seele berühren'", sagte Bill.

„Ich denke nicht, dass das nötig ist", entgegnete der Seelsorger.

Bill war in einer festgefügten holländischen Kolonie aufgewachsen, zu deren höchsten Werten hartes Arbeiten, Selbstständigkeit, Selbstgenügsamkeit, Einfachheit und uneingeschränkte Unterwerfung unter die Herrschaft Gottes gehörten. Es waren gute und edle Werte, und viele von ihnen haben Bill gute Dienste geleistet, aber einige von ihnen verleiteten ihn im Extremfall dazu, ehrliche Gefühle zu unterdrücken und legitime Bedürfnisse zu verleugnen. „Reiß dich zusammen!", war die Antwort auf fast alles.

Und Bill lernte, sich zusammenzureißen. Er lernte, hart zu arbeiten, unabhängig zu sein, widerstandsfähig zu werden, den Regeln zu folgen und Leistung zu bringen, die ihm ein „zustimmendes Nicken" und ein „anerkennendes Lächeln" von den Menschen in seinem Umfeld garantieren würde. Auch wenn seine Eltern ihn liebten und diese Liebe auf alle ihnen bekannten Weisen ausdrückten, verwirrten ihn die Botschaften seines Unterbewusstseins. Er konnte Liebe nicht von Zustimmung und Anerkennung trennen. Er wusste, dass er Liebe wollte; und er folgerte aus allem, dass Leistung der Weg war, wie man Liebe bekam.

Sich sportlich auszuzeichnen und sich im Schülerrat hervorzutun, waren zwei Wege, die „Liebe" zu bekommen, die er wollte. Aber als er Christ wurde und entdeckte, dass es ihm ein „Sehr gut" im Himmel eintragen würde, wenn er auf der Erde Gott treu dienen würde, glaubte er, den vollendeten Weg zur Liebe gefunden zu haben. Er verpflichtete sich dazu, alles zu tun – egal, was es kostete –, um von Gott diese Art von Zustimmung und Anerkennung zu bekommen.

Als der Seelsorger ihn immer tiefer in die Realitäten seines Innenlebens stieß, wurde Bill von zwei unterschiedlichen und doch miteinander verflochtenen Gefühlen überflutet: Trauer und Scham.

Er versuchte, die Trauer in Schach zu halten, aber sie brach eines Tages völlig unerwartet hervor, als er zu einem Vortrag nach Detroit fuhr. Neunzig Minuten lang weinte er während der Fahrt, mitgerissen von der Trauer über die schmerzvolle Erkenntnis, dass er über dreißig Jahre seines Lebens damit verbracht hatte, zu arbeiten, sich abzumühen und sich selbst mit aller Gewalt an den Punkt des Zusammenbruchs zu treiben – und das alles, um seine Sehnsucht nach Liebe zu stillen. Als ihm sein Seelsorger sagte, dass jeder von uns eigentlich allein dafür Liebe bekommen müsste, dass er da ist, lachte Bill: Er wusste, dass Liebe etwas war, wofür man hart arbeiten musste. Nun erkannte er die Wahrheit – und war unendlich traurig darüber, dass er sich geirrt hatte. Er erkannte, dass er lebenslang auf der Suche nach Liebe gewesen war und was dies mit ihm gemacht hatte, und er trauerte darüber.

Scham erfüllte ihn, wenn er sich der beunruhigenden Tatsache gegenübersah, dass ihm zwar der Heilige Geist viel Antrieb für den Dienst gegeben hatte, dass er aber auch von seinen eigenen, unerfüllten emotionalen Bedürfnissen getrieben worden war. Er erkannte, dass die wachsende Zustimmung und Anerkennung, die er bekam, als *Willow Creek* größer wurde, für ihn wie Liebe war. So strebte er – von einem unbewussten Drang getrieben – auf raffinierten Wegen nach immer mehr Erfolg. Er erkannte, dass er meinen „Kämpfen“ zum Teil deshalb so skeptisch gegenübergestanden hatte, weil es für einen christlichen Leiter nicht vorteilhaft war, eine „kaputte“ Ehefrau zu haben; er fürchtete, dass er ohne meine Hilfe nicht mehr so erfolgreich sein oder ich auf irgendeine Weise das Image gefährden könnte, das ihm Zustimmung und Anerkennung einbrachte. Er hasste es, diesen Wahrheiten ins Gesicht sehen zu müssen.

Bill wollte dieses schmerzbeladene Verhaltensmuster durchbrechen. In vielen Gesprächen mit seinem Seelsorger und mit vertrauten Freunden kam er zu einem tieferen Verständnis seiner emotionalen Bedürfnisse und verpflichtete sich, mit diesen Bedürfnissen auf angemessene und direkte Weise umzugehen, damit sie weniger Kontrolle über seine Beziehungen und seine Arbeitsgewohnheiten ausüben konnten. Als er mehr über seine eigenen emotionalen Verhaltensmuster lernte, sah er deutlicher den verheerenden Schaden, den „pathologische Pastoren" in ihren Gemeinden anrichten, wenn sie es nicht fertig bringen, die unbewussten Bedürfnisse zu erkennen, die sie antreiben.

„Viele von uns", sagte er, „sind in weit größerem Maß, als wir selbst wahrnehmen, von Verletzungen und schädlichen Überzeugungen zu Krüppeln gemacht worden, von denen wir oft nicht einmal wissen, die uns aber dazu treiben, uns in Beziehungen und Diensten zerstörerisch zu verhalten. Wir tragen Ärger in uns, der uns zu strengen Predigten oder einem kontrollierenden Leitungsstil treibt. Wir sind voller Ängste und gehen dadurch nur zögernd im Glauben voran. Wir sind enttäuscht und unfähig, gegen Kritik anzugehen. Wir sind so hungrig nach Liebe, wie ich es war, dass wir uns selbst fast zu Tode arbeiten, um zu versuchen, einen jämmerlichen Ersatz dafür zu finden."

Ich beende dieses Kapitel an einem Schreibtisch, der zu Hause vor dem Fenster in meinem Arbeitszimmer steht. Pulverschnee bedeckt das Grau unserer vom Wetter gezeichneten Gartenterrasse mit einer bläulichweißen Decke. Bill kommt gerade ins Zimmer, um zu sehen, ob ich rechtzeitig mit der Arbeit fertig sein werde, um die Freunde zu begrüßen, die uns in einigen Minuten besuchen, um sich gemeinsam mit uns das Rückspiel der *Chicago Bears* anzusehen.

Wir schreiben den 1. Januar 1995. Im nächsten Kapitel werde ich in der chronologischen Reihenfolge weiterschreiben, aber entschuldigen Sie bitte, wenn ich die Chronologie für ein oder zwei Abschnitte unterbreche.

Als Bill und ich im Fernsehen die letzten Sekunden des Jahres 1994 – vom *Times Square* in London übertragen – sahen, tat es uns nicht Leid, von diesem Jahr oder von einer Phase unseres Lebens Abschied zu nehmen, die wir dankenswerterweise jetzt hinter uns ließen. Im Dezember 1989 brach Bill mit einer Flut von Tränen an seinem Schreibtisch zusammen, im Dezember des folgenden Jahres wurde ich von der Depression überwältigt, die mich jahrelang gequält hatte. Während der darauf folgenden fünf Jahre war unser Leben ein einziges Chaos, in dem wir ständig über den Schmerz des anderen strauchelten und von einer schwierigen Lektion in die nächste stolperten.

Aber wir gehen voller Hoffnung in das neue Jahr. Wir glauben beide, dass uns die harte Arbeit der letzten fünf Jahre mit einem festeren Fundament versehen hat, auf dem wir die Zukunft aufbauen können. Wir beide haben tief in unser Innerstes geschaut, bis wir verborgene Wunden und ihre versteckten Ursachen entdeckt, hässliche Sünden bereut, zerstörerische Verhaltensmuster durchbrochen und neue Wege zu gehen gelernt hatten. Neue Wege in unserem persönlichen Umgang mit Gott, in den Beziehungen zu unseren Freunden, zu unserer Familie und zueinander. Wir denken, dass wir beide in einer Weise gewachsen sind, die Gutes für unsere Zukunft als Individuen und als Paar, für unseren Dienst und unser persönliches Leben ahnen lässt.

Aber keiner von uns erwartet eine problemlose Zukunft. Wir gehen in das Jahr 1995 mit dem Wissen, dass das Leben oft komplexer und trauriger ist, als wir dies vermuten. Solange wir in einer Welt leben, die vom Satan unterwandert ist, werden wir Menschen Schläge einstecken müssen. Bis zu dem Tag, an dem Gott seine Gemeinde erlöst, werden wir Schmerz und Kummer erleben. Manchmal werden wir, wenn wir unser Leben betrachten, nur ein dunkles Loch der Verzweiflung sehen und nur bei dem Versprechen Trost finden, dass im Himmel alles besser sein wird. In dieser Welt folgen wir einem Erlöser, der mit Trauer vertraut war, und wenn wir uns nicht selbst verleugnen, werden die meisten von uns eine Menge der Trauer erleben, mit der er vertraut war.

Vor ein paar Stunden saß ich im Krankenhaus am Bett einer Freundin, die sich bei einem Unfall, den ein betrunkener Autofahrer verursacht hatte, die Hüfte gebrochen hatte. Zum Glück haben ihre kleinen Kinder keine schwereren Verletzungen als Blutergüsse und gebrochene Rippen davongetragen. Aber der Schock ihres zweiten schweren Autounfalles innerhalb von drei Jahren wird sie nicht so schnell loslassen. Sie schwankte zwischen Dankbarkeit, dass ihr Leben bewahrt wurde, und dem Ärger auf den Autofahrer, der sie angefahren hatte, und meinte: „Warum wundern wir uns eigentlich, wenn solche Dinge passieren? Warum vergessen wir immer wieder so schnell, dass Enttäuschungen, Verluste und Tragödien ein Teil des Lebens sind?“

Sie hat Recht. Die meisten von uns erleben gute Zeiten voller Freude und Erfolg, dabei aber immer auch Schmerz, Verlust und Sorgen. Das Leben ist ganz schön kompliziert. Die große Herausforderung für uns Christen ist es dann, in unserem Gott Frieden, Trost und Freude zu finden, die tief, stark und real genug sind, um trotz der von der Sünde gezeichneten Wirklichkeit unseres menschlichen Lebens geistlich und menschlich zu wachsen. Das war in den letzten Jahren das wichtigste Ziel für Bill und mich. *Willow Creek* in fast zwanzig Jahren aufzubauen, war außerordentlich herausfordernd. Aber weitaus herausfordernder waren unsere Bemühungen, „die Gemeinde in unseren Herzen“ zu bauen. Es war viel schwieriger, dieses ruhige Heiligtum in uns zu schaffen, in dem der Glaube stark genug und Gott nahe genug ist, um mit unserem Leben etwas in dieser Welt zum Guten zu verändern.

Anmerkungen

1 Dallas Willard: „Das Geheimnis geistlichen Wachstums“. Asslar: Gerth Medien, 2002. S. 109–110.

Kapitel 7

Die Identitätskrise

1992–1994

„Als wir uns in den frühen achtziger Jahren vom Trauma des ‚großen Schiffbruchs' erholt hatten, machten sich Bill und andere Leiter der Gemeinde ernsthafte Gedanken über die Werte und die Identität von Willow Creek. *Anfang der neunziger Jahre stellten wir uns dieselben Fragen wieder, wenn auch diesmal aus anderen Gründen: Wer sind wir? Was ist unsere Berufung? Was bringt die Zukunft? Wir erreichten auf diese Weise eine schwierige Phase der Auswertung und der manchmal schmerzhaften Veränderungen."*
Betty Schmidt, Älteste von *Willow Creek*

Leider waren Bill und ich nicht die Einzigen, die Anfang der neunziger Jahre persönliche Probleme hatten. Die Anforderungen des Dienstes, radikale Veränderungen unter den Mitarbeitern, unser Lebenstempo, familiäre Verpflichtungen und gehäuft auftretende Erschöpfungszustände schienen viele Leiter und Mitarbeiter einzuholen, die von Anfang an bei *Willow Creek* dabei waren. Einige liefen seit den Tagen von *Son City* permanent „volle Kraft voraus". Aber ohne die Energie eines jugendlichen Idealismus lief das Leben nicht mehr ganz so reibungslos. Viele hatten wie ich das Gefühl, dass uns das „Phänomen *Willow Creek*" gezwungen hatte, zu schnell erwachsen zu werden. Von Mitte zwanzig bis Mitte dreißig war unser Leben zu ernsthaft; wir mussten schwerwiegende Verantwortungen tragen. Aus diesem Grund fühlten sich viele von uns zu diesem Zeitpunkt erschöpft und müde; wir hatten Angst vor dem Gedanken an eine Zukunft, die in demselben Tempo wie die Vergangenheit weiterlaufen würde.

In den nächsten zwei Jahren (1992–93) überdachten viele

Mitarbeiter ihre Gaben neu und schrieben ihre Aufgabenbeschreibungen um. Sie erkannten, dass für sie eine Veränderung fällig war. Manche entschieden sich für andere Formen des Dienstes an einem anderen Ort oder begaben sich in die Geschäftswelt. Andere wechselten innerhalb von *Willow Creek* in andere Dienstbereiche, in denen sie neue Verantwortung übernahmen und dadurch neue Begeisterung fanden. Viele blieben bei ihrer bisherigen Aufgabe, erleichterten jedoch die Bürde ihres Dienstes; nachdem sie über so viele Jahre hinweg „hart zugelangt" hatten, mussten sie jetzt in einem langsameren Tempo arbeiten – und leben. Um diejenigen, die so viele Jahre ununterbrochen im Dienst gestanden hatten, auszuzeichnen, gewährten die Ältesten eine Reihe von Sabbatzeiten und boten Fortbildungs- oder Reisemöglichkeiten an, damit sich die Mitarbeiter erholen konnten.

Um von dem gängigen Leitungsmuster wegzukommen, kam für viele Leiter, wie für Bill, eine Zeit, in der sie verstärkt auf ihre persönlichen Probleme achteten. Seit den Nachwirkungen des „großen Schiffbruchs" vor über einem Jahrzehnt hatten Bill und die anderen Leiter verschiedene Versuche unternommen, ausgewogener zu leben. Viele von ihnen scheiterten jedoch. Für sie war es nun an der Zeit, sich harte Fragen zu stellen und unangenehmen Wahrheiten ins Gesicht zu sehen. Viele begaben sich auf eine schmerzhafte Reise in ihr Inneres; manche nahmen seelsorgerliche Beratung in Anspruch. Ein Praktikant, der in dieser Phase in *Willow Creek* mitarbeitete, beklagte sich darüber, dass er zu uns gekommen sei, um zu lernen, wie man eine Gemeinde gründet, „aber bei euch geht das alles in dem Gerede über ‚Entdecke deine Probleme und arbeite an dir' unter. Wie um alles in der Welt kann ich eine Gemeinde gründen, wenn ich es nicht fertig bringe, ein auf Hochtouren arbeitender Workaholic zu sein?"

Dass uns Authentizität und Heilung so wichtig waren, war auch in den Gottesdiensten unter der Woche und am Wochenende zu spüren. Sie stellten zwar nicht die vorherrschenden Predigtthemen dar, aber es gab im Winter 1992 dennoch Predigtreihen wie die mit dem Thema „Hunger nach Heilung" (die auf den zwölf Schritten der Selbsthilfegruppen basierte), die die Besucher von *Willow Creek* sowohl zu emotionalem als auch zu geistlichem Wachstum aufriefen. Wenn solche Predigten zweifellos auch für viele Besucher der Gemeinde hilfreich waren, so waren sie in dieser Phase doch am ehesten auf die Bedürfnisse der Mitarbeiter und Leiter zugeschnitten. Dadurch wurde es einer Gruppe von hart arbeitenden Dienern Gottes, die zu lange einen Lebensstil des „Krisenmanagements" gelebt, falsche Sichtweisen von christlicher Hingabe verinnerlicht und berechtigte emotionale Bedürfnisse ignoriert hatten, möglich, einen Kurswechsel vorzunehmen. Für viele war es eine Zeit voller Schmerzen, aber es war auch eine Zeit der Heilung, der Erneuerung und der positiven Veränderungen.

Organisatorischer Zusammenbruch

Leider war es auch eine Zeit des Chaos für die ganze Gemeinde. Als Bill und so viele andere Leiter persönliche Veränderungen durchmachten, entwickelte sich in der Gemeinde ein unterschwelliges Gefühl von Unsicherheit. Zahlreiche Wechsel im Mitarbeiter-Bereich, Bills häufige Abwesenheit und die zwar positiven, aber auch verwirrenden Dynamiken des Teampredigt-Konzepts trugen dazu bei, dass sich ein Gefühl der Unsicherheit über die Leitung und die Zukunft von *Willow Creek* einschlich.

Zunehmend wurde auch deutlich, dass die Infrastruktur von *Willow Creek,* die in den achtziger Jahren aufgebaut worden war, nicht länger in der Lage war, die Größe und Komplexität des Dienstes zu bewältigen. Das rapide Wachstum der Besucherzahlen zwischen 1988 und 1991 hatte Anforderungen an unsere Dienste gestellt, mit denen wir nicht Schritt halten konnten. Wir hatten keine effektive Möglichkeit, neue Leute in die Gemeinde zu integrieren. Unser Verfahren zur formalen Aufnahme neuer Mitglieder hatte einen Engpass geschaffen. Hunderte von Personen standen auf Wartelisten für Kleingruppen. Gemeindemitglieder, die ihre geistlichen Gaben entdeckt hatten und begierig darauf waren, sie im Dienst einzusetzen, fanden es zunehmend schwierig, Kontakt zu den Dienstbereichen aufzunehmen. Unser Informationssystem – das sich innerhalb weniger Monate von dreißig Computern auf hundertdreißig vergrößert hatte – brach zusammen. Unser Seelsorgezentrum war völlig überlastet. Unsere Kinderdienste am Wochenende mit Hunderten von freiwilligen Mitarbeitern wurden zum organisatorischen Albtraum. Unsere Abteilung für Öffentlichkeitsarbeit wurde mit Anfragen von Gemeinden aus der ganzen Welt überschwemmt. Die Besucherzahlen in der *New Community* gingen zurück, als es immer schwieriger wurde, die unterschiedlichen Bedürfnisse eines so breiten Spektrums von Menschen anzusprechen.

Ich könnte die Liste unserer „Pannen" beliebig fortsetzen. In den Jahren des Aufbaus hatten wir ein stetes Wachstum und waren in der Lage gewesen, alle Veränderungen zu handhaben. Wenn etwas in Ordnung gebracht werden musste, kümmerte sich die Gemeindeleitung darum. Wenn etwas nicht ganz optimal lief, sah sie nach dem Rechten. Aber plötzlich brauchte unsere Infrastruktur etwas mehr nur als eine kleine Korrektur. Es war, als ob wir ein zwanzigstöckiges Gebäude auf dem Fundament eines zehnstöckigen Hauses errichtet hätten. Als sich das Fundament zu senken begann, spürte man die Erschütterungen in jeder Etage.

Immer mehr Leute merkten, dass irgendetwas ernstlich falsch lief. Besucher fragten sich: „Wie kann ich hier jemanden kennen lernen? Wie kann ich mich einbringen?" Leiter fragten sich: „Warum scheint alles auf einmal so unorganisiert zu sein? Warum funktionieren unsere Systeme nicht mehr?" Mitarbeiter fragten sich: „Wie kann man von uns erwarten, dass wir den Bedürfnissen von so vielen Menschen begegnen?"

Bill verwendete später ein anderes Bild: „Es war nicht so, als ob die Zündkerzen eine Fehlzündung hatten, sondern als ob die Kurbelwelle schmelzen würde. Wir konnten den Schaden also nicht mit einem kleinen Schraubenzieher beheben. Wir mussten den ganzen Motor auswechseln."

Wir brauchten im Bereich Verwaltung und Leitung eindeutig

eine größere Korrektur, aber der Zeitpunkt war schlecht gewählt. Bill hatte sich noch nicht vollständig von seiner Erschöpfung erholt und geriet zunehmend in einen persönlichen Konflikt zwischen seiner umfangreicher werdenden nationalen Rolle und seinen Verpflichtungen bei *Willow Creek.* Das Gremium der Ältesten befand sich in einem Übergangsstadium, weil einige langjährige und lieb gewonnene Älteste „in den Ruhestand" gingen und dafür viele neue Gesichter in das Gremium aufgenommen wurden. Zahlreiche altgediente Mitarbeiter hatten kurz zuvor ihre Positionen aufgegeben, und andere schienen Ähnliches in Betracht zu ziehen, nachdem sie ihre geistlichen Gaben, Neigungen und ihre Berufung neu geprüft hatten.

Eine harte Umstrukturierung

Im Oktober 1991 führten wir einen vierten Wochenend-Gottesdienst ein, um die wachsenden Besucherzahlen in den Griff zu bekommen, und im Februar 1992 konnten wir mit 17.010 die höchste Besucherzahl in einem „normalen" Wochenend-Gottesdienst verbuchen. Doch der Spitzenwert erwies sich als falsches Hoch. Viele der neuen Besucher, die *Willow Creek* durch den Vordereingang betraten, schienen die Gemeinde durch den Hinterausgang wieder zu verlassen. Wir konnten Menschen so effektiv wie immer anziehen, aber wir konnten nicht länger die ausreichenden persönlichen Dienste anbieten, die sie brauchten, um zu wachsen. Als die Besucherzahlen zurückgingen, konzentrierten sich alle Fragen über die Zukunft von *Willow Creek* und die nötige Umstrukturierung auf eine einzige: Kann die Mega-Gemeinde überleben? Es war offensichtlich, dass Strukturen, die bei 10.000 Personen funktioniert hatten, nicht automatisch auch bei 12.000 oder 14.000 oder 16.000 Menschen funktionierten. Gab es eine andere Möglichkeit? Konnten wir sie entdecken, bevor es zu spät war?

Es wurde uns klar, dass wir, bevor wir Hunderte von neuen festen Mitarbeitern einstellten, mehr Dienste als bisher auf die ehrenamtlichen Mitarbeiter übertragen mussten. Wir mussten eine Dienststruktur entwickeln, die es erleichtern würde, neue Leute zu integrieren. Wir mussten den Besuchern unserer Gemeinde eine bessere persönliche Betreuung bieten, vermehrt Jüngerschaftsgruppen anbieten, Dienstbereiche ausweiten und neue Leiter hervorbringen. Für die Umsetzung dieser Ziele war es von zentraler Bedeutung, dass wir realistischere Zuständigkeitsbereiche schufen; das hieß, dass jeder haupt- oder ehrenamtliche Mitarbeiter eine realistische Zahl von Personen anleitete und betreute. Bill und die Ältesten glaubten, dass dies durch die Einführung des „Meta-Gemeinde-Modells" von Carl George zu erreichen wäre, das auf dem Konzept von kleinen Dienstgruppen basiert. Jim Dethmer erhielt den Auftrag, das Grundmodell in eine Form zu bringen, die in *Willow Creek* umsetzbar wäre. Sein Ziel war es, *Willow Creek* im Kleinen wachsen zu lassen, indem er in jedem Bereich der Gemeinde neu die Bedeutung der Kleingruppenarbeit betonte.

Weil die Mitarbeitermoral ständig sank, konnte Bill seine Aufgabe, das neue Dienstmodell einzuführen und umzusetzen, unmöglich erfüllen. Viele Mitarbeiter wurden gebeten, umzuschalten von „Dienst versehen" auf „freiwillige Mitarbeiter einsetzen". Einige konnten umschalten, aber viele schafften es nicht. In fast jedem Dienstbereich gab es eine riesige Mitarbeiterfluktuation und unter den bleibenden Mitarbeitern nahm die Unsicherheit zu. Als wir im Herbst 1992 die schon lange überfällige Abteilung für Personalwesen einrichteten, war die Mitarbeitermoral auf einem neuen Tiefpunkt angelangt. Älteste, Mitglieder des Leitungsteams und Vertreter der Abteilung für Personalwesen trafen sich immer wieder mit Dienstbereichsleitern und anderen Mitarbeitern, um Konflikte und Missverständnisse zu klären und Aufgabenbeschreibungen zu ändern. Ihr Ziel war es, die Bedürfnisse einer wachsenden Gemeinde abzudecken und zugleich die Interessen der hart arbeitenden und treuen Mitarbeiter der Gemeinde zu schützen.

Es war eine äußerst schwierige Zeit – rückblickend scheinen alle Lösungen klar vor Augen zu liegen, aber damals waren sie fast nicht zu erkennen.

Aber trotz dieser „Wachstumsschmerzen" waren wir eindeutig in eine positive Richtung unterwegs. Im März 1992 feierten wir die Eröffnung unseres neuen Anbaus. Ähnlich wie die Einweihung unseres ursprünglichen Gemeindegebäudes 1981 schien auch dieser Anbau den Beginn einer neuen Phase anzuzeigen. Die gesamte Leitung von *Willow Creek* hatte erkannt, dass die Gemeinde nun im Kleinen wachsen musste; neue Dienststrukturen wurden eingeführt, und jetzt hatten wir eine Struktur, die eine persönlichere Form des Dienstes erlaubte.

Ich erinnere mich noch daran, wie ich von der Empore im zweiten Stock den Atriumsbereich überblickte und das Summen Hunderter von Gesprächen von Familien und kleinen Grüppchen hörte, die sich um die Tische in unserem „großen Zimmer" gruppiert hatten. Dann lief ich durch die Korridore von *Promiseland,* unserer Arbeit mit Kindern, und warf verstohlene Blicke in die Räume: Gruppen von acht bis zehn Kindern lernten von einem Mitarbeiter spielerisch biblische Grundwahrheiten. Unter der Woche waren dort kleine Gruppen von Frauen zu Hause, die sich im ganzen Haus verteilt zum Bibelstudium oder zu verschiedenen Diensten trafen. Mitglieder des Väterdienstes trafen sich zum Frühstück und beteten zusammen an den Tischen des Atriums, bevor sie ihren Arbeitstag begannen. Nach den Aerobic-Kursen, die in der neuen Turnhalle abgehalten wurden, trafen sich Männer und Frauen der Gemeinde – oft mit ihren kirchendistanzierten Freunden aus der Nachbarschaft – in Kleingruppen zum gemeinsamen Bibelstudium und persönlichen Austausch. Ja, wir waren eindeutig in die richtige Richtung unterwegs.

Auch in anderen Bereichen nahmen wir Probleme langsam in Angriff. Im Herbst 1992 gründeten wir das *New Community Institute,* um ein breiteres Lehrangebot in den Gottesdiensten unter der Woche zu gewährleisten. Dreimal pro Jahr bot das Institut vierwöchige Kurse am Mittwoch- und Donnerstagabend an. Die Besucher von *New Community* kamen zum gemeinsamen Lobpreis zusammen und teilten sich dann auf, um einen von fünfzehn oder zwanzig angebotenen Kursen zu besuchen. Das Angebot reichte von Bibelstudien über Ehe- und Familienworkshops sowie Leiterschulungen bis hin zu theologischen Studien und vielem mehr.

Ebenfalls im Herbst 1992 wurde die *Willow Creek Association (WCA)* ins Leben gerufen, ein von der Gemeinde getrennter Dienst, der weltweite Anfragen zu besucherorientierten Gottesdiensten beantwortete. Die *WCA* nahm eine riesige Last von den Schultern der *Willow Creek*-Mitarbeiter, indem sie die Verantwortung für die Leitungskonferenzen von *Willow Creek* übernahm und Lehr- und Schulungsmaterialien veröffentlichte und verbreitete. In weniger als zwei Jahren arbeiteten bereits fünfzehn Vollzeitkräfte mit fast tausend Gemeinden weltweit zusammen. Es war aufregend zu sehen, wie die *WCA* Denominationsgrenzen sowie kulturelle und gesellschaftliche Barrieren durchbrach. Es gelang ihr, verschiedene christliche Dienste, die das gemeinsame Ziel teilen, ungläubige Menschen dabei zu unterstützen, wirklich hingegebene Nachfolger Christi zu werden, zu Zusammenarbeit und gegenseitigem Austausch zu ermutigen.

Eine größere Umstrukturierung der Seelsorgearbeit war abgeschlossen und ein System geschaffen, das nicht nur Menschen half, die sich am Rand des Zusammenbruchs befanden, sondern sie anschließend auch dabei begleiteten, wieder in das normale Leben der Gemeinde zurückzufinden. Unser Seelsorgezentrum, das durch die große Zahl der Seelsorger und der Ratsuchenden schwerfällig geworden war, wurde in ein Zentrum umgewandelt, in dem Ratsuchende angehört und weiterverwiesen wurden. So wurden die Begabungen und die Erfahrungen von gottesfürchtigen und vertrauenswürdigen Christen in unserer Gemeinschaft effektiver genutzt. Unser formales Verfahren zur Aufnahme neuer Mitglieder wurde vereinfacht, um die Engpässe auszugleichen. Unsere Abteilung für die Single-Arbeit verlagerte ihren Schwerpunkt von Großveranstaltungen zu Angeboten in mittelgroßen oder kleinen Gruppen, um den Prozess der Integration und das geistliche Wachstum zu begünstigen. Die Singlearbeit brachte

Hunderte von reifen Leitern und Mitarbeitern hervor, die so wichtig für unseren Dienst vor Ort, aber auch für die internationalen Aufgaben von *Willow Creek* sind.

Diese und viele andere Veränderungen in den verschiedenen Bereichen führten natürlich nicht dazu, dass unsere Besucherzahlen sofort wieder stiegen. Tatsächlich stellten wir Ende 1993 unseren vierten Wochenend-Gottesdienst wieder ein und unsere Wochenend-Besucherzahlen gingen um Tausende zurück – zum ersten Mal seit dem „großen Schiffbruch" erlebten wir einen langanhaltenden Rückgang. Aber die Infrastruktur der Gemeinde funktionierte wieder, und Tausende von Menschen entdeckten *Willow Creek* als einen Ort, an dem sie sich herausgefordert, aber auch versorgt fühlten.

Gewinne und Verluste

Bei einer früheren Mitarbeiterweihnachtsfeier überfielen mich, wie so oft, beinahe mütterliche Gefühle und Wertschätzung für unsere Mitarbeiter. An diesem Abend sprach ich mit Scott Pederson, der sich im Teenageralter mit Bill angefreundet hatte, mit ihm 1972 nach Illinois ging, einer der Teamleiter von *Son City* war sowie später *Sonlight Express* und die *Willow Creek*-Schülerarbeit ins Leben rief, die er über ein Jahrzehnt leitete. Ich sah George Everding und Scott Troeger, die beide in den frühen siebziger Jahren zum Glauben gekommen waren – Scott in *Son City* und George in *Camp Paradise;* Jahre später leiteten sie die Bauarbeiten an unseren beiden größeren Anbauten. Ich sah Scotts Frau, Jan Troeger, die in den Tagen von *Son City* treu mitgearbeitet hatte und heute im *Willow Creek*-Vorstand sitzt. Ich habe mich mit Mitarbeitern unterhalten, die mit ihrer Familie durch das halbe Land umgezogen sind (wir scheinen bei uns überdurchschnittlich viele „umgetopfte" Kalifornier zu haben!), und mit anderen, die von Gott wider alle Vernunft nach *Willow Creek* berufen worden waren.

Auch wenn ich nicht mehr jeden Mitarbeiter persönlich kennen kann, haben mich im Laufe der Jahre viele Mitarbeiter, die ich kannte, sehr inspiriert und ermutigt. Und wenn ich sie alle zusammen sehe – vereint durch eine gemeinsame Vision und vom göttlichen Orchestermeister zusammengestellt –, dann empfinde ich Ehrfurcht, Dankbarkeit und Geborgenheit. Jedes Mal, wenn ich einen neuen Mitarbeiter kennen lerne und seine Geschichte höre und von seiner Vision gefangen genommen werde, dann spüre ich wieder das alte Gefühl, von einem Wunder eingeholt zu sein.

In den frühen neunziger Jahren kamen viele neue Mitarbeiter zu uns und wir sagten fast jedes Mal: „Das ist wundervoll. Gott hat uns genau den richtigen Menschen zur richtigen Zeit geschickt." Aber für fast jeden neuen Mitarbeiter verließ uns ein anderer, und die Aufregung, einen neuen Mitarbeiter willkommen zu heißen, wurde durch die Enttäuschung getrübt, denen, die uns verließen, Lebewohl zu sagen. In der Tat war der Weggang von Mitarbeitern der Punkt, der Bill und mir seit den Anfängen von *Willow Creek* am meisten zu schaffen gemacht hat.

Im September 1992, nach fast zwanzig Jahren treuem und effektivem Dienst unter Schülern und Erwachsenen, beschloss Don Cousins, *Willow Creek* zu verlassen und einen unabhängigen Dienst zur Predigtausbildung zu gründen. Wenige Menschen werden die Art von Arbeitsbeziehung verstehen, die Don und Bill über so viele Jahre genossen hatten. Don war erst sechzehn und Bill zwanzig, als sie sich kennen gelernt hatten. Don war in der *South Park Church* aufgewachsen: Als Bill die Bibelstunden am Mittwochabend übernahm, aus denen schließlich *Son City* wurde, antwortete Don darauf mit einer geistlichen Intensität, mit der Bill sich identifizieren konnte. Don war diszipliniert, dynamisch und zielorientiert. Als Don Kapitän des „Roten Teams" wurde, traten schnell seine persönlichen Leitungsbegabungen zutage. Als Bill Don in geistlichem Wachstum, Leitung und Lehre förderte, wuchs ihre Freundschaft in demselben Maß wie Dons Dienstpotenzial. Als Don fünfunddreißig Jahre alt war, hatte er eine Struktur aufgebaut, die den Bedürfnissen von Tausenden von Menschen entgegenkam.

Aber Don hatte fast zwanzig Jahre lang „auf denselben Nagel geschlagen" – in rasendem Tempo. Wie viele von uns hatte er das Gefühl, dass die Zeit für eine Veränderung gekommen war. Seine Entscheidung zu gehen, war sehr schwierig – für ihn, sie zu treffen, und für andere, sie zu akzeptieren. Nach ausgedehnten Gesprächen zwischen Don, Bill und den Ältesten waren sie sich einig, dass diese Entscheidung wirklich auf einer Linie mit Gottes Führung lag. Trotzdem war für Bill und viele andere, vor allem für die alten Mitarbeiter, die von Anfang an mit Don zusammengearbeitet hatten, der Gedanke, ohne ihren Freund und Mitarbeiter in die Zukunft zu gehen, von einem Gefühl der Trauer und des Verlustes begleitet.

Als das Konzept der Teampredigt Bills Predigtlast erleichterte, konnte Bill – auch vor Dons Weggang – sich wieder mehr mit den Mitarbeitern zusammensetzen und wieder in einem stärkeren Maß als zuvor leiten. Mit Dons Fehlen war Bill dann geradezu gezwungen, sich mehr mit den Mitarbeitern auseinander zu setzen. Er begrüßte das; in der Tat war der Bereich Leitung der Teil seines Jobs, der ihm am meisten Spaß machte. Er hatte seine volle emotionale und körperliche Stärke noch nicht wieder erreicht, aber er fühlte sich zu dieser Zeit eindeutig gesünder. In den ersten Monaten des Jahres 1993 begann er, wieder Freude an seinem Dienst zu haben.

Im März riss Bill während eines Hallenfußballspieles mit Freunden die Achillessehne. Eine Operation und schmerzhafte Komplikationen hielten Bill für fast eine Woche im Krankenhaus fest. Weitere zwei Wochen Liegen mit hoch gelegtem Bein setzten ihn für die Oster-Gottesdienste außer Gefecht. Es ist eine Untertreibung zu sagen, dass Bill zutiefst dankbar war, dass er sich den Predigtdienst mit Jim Dethmer teilte. Jim predigte bereitwillig in sechs Oster-Gottesdiensten und nahm Bill zahlreiche andere Lasten ab, während dieser sich erholte.

Krücken und ein eingegipstes Bein schränkten Bill für viele Monate ein, aber die erzwungene Verlangsamung ermöglichte eine Zeit der persönlichen Reflexion und Auswertung, die eine wertvolle Belohnung eintrug. Im Herbst 1993 machte Bill seine Arbeit in *Willow Creek* wirklich Spaß, und er hatte inzwischen, dank der *Willow Creek Association,* eine vereinfachte Sicht seiner Rolle außerhalb von *Willow Creek.* Es war Jahre her, dass ich erlebt hatte, dass Bill so gesund lebte und so positive Gefühle gegenüber seinem Dienst hegte. Bill hatte über drei Jahre gebraucht, bis er seinen Zusammenbruch im Dezember 1989 verarbeitet hatte, aber er ging mit dem Gefühl, geistlich, emotional und körperlich stark zu sein, in die Jahre 1993/94.

Es war gut, dass sich Bill so stark fühlte. Denn das Konzept der Teampredigt, das während der Kämpfe der letzten Jahre Bills Überleben gesichert hatte, erlitt einen verheerenden Rückschlag. In den Sommermonaten hatte Jim Dethmer sich entschlossen, seinen Dienst zu quittieren und ebenfalls einen unabhängigen Predigerausbildungsdienst ins Leben zu rufen. Diese Entscheidung war für Bill schmerzvoll. Bill und ich saßen in einem Segelboot auf dem Michigansee und hörten zu, wie Jim uns seine Gründe und Möglichkeiten darlegte. Wir konnten diese Entscheidung nicht ablehnen, aber es fiel uns dennoch schwer, sie zu akzeptieren. Auch wenn Jim nur drei Jahre in *Willow Creek* gewesen war, hatte er doch einen enormen Beitrag geleistet. Er half mit, das Teampredigt-Konzept zu realisieren. Er hatte unsere Kleingruppenrevolution in Gang gesetzt. Und was noch wichtiger war: Er wurde ein persönlicher Freund für Bill, mich und viele andere Mitarbeiter und Leiter. Auf der Freizeit für Kleingruppenleiter predigte Jim in diesem Herbst zum letzten Mal vor den Leitern, die er ausgebildet und inspiriert hatte. Als er geendet hatte, verabschiedeten ihn einige enge Freunde, auch ich, ganz offiziell. Dann bildeten über tausend Menschen um uns herum konzentrische Kreise und zum Schluss umarmten wir uns alle gemeinsam, ein tiefes Symbol für das Vermächtnis, das Jim uns hinterließ. Wir hatten ihn sehr geliebt und würden ihn deshalb umso mehr vermissen.

Vorher bestand das Predigtteam aus fünf Mitgliedern. Bill und Jim waren die Hauptprediger, die von Don Cousins, Lee Strobel (Mitglied des Leitungsteams von *Willow Creek* und Leiter der Öffentlichkeitsarbeit) und Dan Webster unterstützt wurden. Dan hatte seit den frühen achtziger Jahren die Schüler- und Studentenarbeit (früher *Son City*) von *Willow Creek* geleitet, aber er hatte kürzlich entschieden, aus der Jugendarbeit auszusteigen, und neue Dienstverpflichtungen hatten ihn in einen anderen Staat geführt. Die Verluste von Don, Dan und jetzt auch Jim bürdeten Bill wieder einmal eine enorme Predigtlast auf. Lee konnte ihm zwar bei den Predigten am Wochenende helfen, aber Bill sah sich umgehend nach einem neuen Hauptprediger für *New Community* um. Im Juli und August nahm er Kontakt mit potenziellen Predigern auf; jeder dachte über diesen Ruf nach, aber letztendlich fühlte sich jeder geführt, an seinem momentanen Platz zu bleiben.

Es war eine riesige Enttäuschung für Bill. Er war gerne bereit, sich mehr als in den letzten Jahren ganz an *Willow Creek* hinzugeben, aber er hatte Angst vor der Predigtlast. Was hatte Gott vor? Warum führte Gott keinen Prediger zu uns, mit dem er die Verantwortung teilen könnte? Es schien nur noch eine Zuflucht zu geben: Gebet. Und wir beteten – dass Gott entweder einen Prediger schicken oder Bill die Kraft geben würde, die er brauchte, um die Last zu tragen.

Im September 1993 begann Bill in den Wochenend-Gottesdiensten mit einer fünfundzwanzigteiligen Predigtreihe über die Bergpredigt, die er „Die großartigste Predigt der Geschichte" nannte. Als er die Reihe beendet hatte, war klar, dass Gott Bill die Energie gegeben hatte, die er brauchte. Die Predigtreihe sammelte die Kräfte der Gemeinde neu. Sie trug diese geheiligte Mischung aus Gnade und Herausforderung, die die frühen Jahre von *Son City* und die Jahre des Aufbaus in den frühen achtziger Jahren geprägt hatte. Sie zeigte den kirchendistanzierten Menschen, dass die Worte Jesu in Bezug auf Moral, Beziehungen und Prioritäten auch heute noch wichtig und aktuell sind, und rief Christen zu Hingabe und Nachfolge. In den Wochenend-Gottesdiensten war ein erneuertes Bewusstsein dafür zu spüren, dass wir vorwärts gingen. In unserem Taufgottesdienst im Dezember gaben Hunderte von Erwachsenen öffentlich Zeugnis von ihrer persönlichen Entscheidung, Nachfolger Christi zu werden. In den ersten Monaten von 1994 stiegen die Besucherzahlen wieder.

Aber während die Wochenend-Gottesdienste wieder zunehmend Stabilität und Schwung spüren ließen, litten die

Gottesdienste unter der Woche. Bill hatte sie bis März 1994 angemessen geplant, das *New Community Institut* und Gastprediger zum Zug kommen lassen und bei Bedarf selbst gepredigt. Aber die *New Community* bekam von allem nur die Reste. Niemand machte sie sich zu Eigen. Niemand konnte den Gottesdienst regelmäßig leiten und predigen. Die Situation wurde langsam kritisch. Gebetsgruppen in der ganzen Gemeinde schrieben „einen neuen Prediger für *New Community*" ganz oben auf ihre Wunschlisten. Die Ältesten intensivierten ihre Suche wieder. Es wurde zu Bills einziger und größter Sorge.

Im März kehrte Dieter Zander, ein Pastor aus Kalifornien, der im vergangenen Dezember als Gottesdienstleiter in *New Community* ausgeholfen hatte, als möglicher Kandidat für die Gottesdienstleitung und Predigt nach *Willow Creek* zurück. Für die Gemeinde war es Liebe auf den ersten Blick. Als Dieter in der folgenden Woche zurückkehrte, schien Gottes Plan klar zu sein. Kurz danach wurde Dieter in den Kreis der Mitarbeiter von *Willow Creek* aufgenommen. Es entsprach dem unvorhersehbaren Segen Gottes, „der uns über Bitten und Verstehen hinaus gibt", dass Dieter nicht der einzige Neuzugang in unserem Predigtteam war. Einige Monate später kam John Ortberg, ein weiterer hervorragender Pastor aus Kalifornien, als Hauptprediger für *New Community* und unterstützender Prediger für die Wochenend-Gottesdienste zu *Willow Creek.* Wieder einmal hatte Gott uns die Menschen geschenkt, die wir brauchten.

Der Kreis schließt sich

Im Herbst 1994 hatte *Willow Creek* eindeutig eine neue Phase erreicht. Bills Begeisterung für die Leitung befand sich in schwindelnder Höhe. Wir hatten wieder ein starkes Predigtteam. Zahlreiche Dienstbereiche und Abteilungen wurden umstrukturiert und schienen optimal zu laufen. Größere Spannungen unter den Mitarbeitern konnten geklärt werden, und wir hatten ein System eingeführt, das in der Lage war, mit den unvermeidlich auftretenden neuen Herausforderungen fertig zu werden, sobald sie auftraten. Und am dramatischsten war das Durchdringen nahezu jeden Bereiches der Gemeinde mit Kleingruppen – ganz so, wie wir es uns erhofft hatten.

Die Umwandlung in Kleingruppen, die so hervorragend von Jim Dethmer ins Leben gerufen wurde, war unter der Leitung von Jon Wallace vollendet worden, der für zwei Jahre von einem anderen Dienst an *Willow Creek* „ausgeliehen" worden war. Im Dezember 1994 hatten wir 7.500 Menschen in 1.000 Kleingruppen und dazu eine Strategie, mit der wir diese Zahlen verdoppeln und sogar verdreifachen konnten. Besucher von *Willow Creek* konnten zu dieser Zeit unter fünf Arten von Gruppen auswählen. Jüngerschaftsgruppen sind für Christen gedacht, die sich einem strukturierten Jüngerschaftsprogramm unterziehen wollen. Gemeinschaftsgruppen stellen gewöhnlich die Eingangstür für Christen dar, die neu in der Gemeinde sind und andere Menschen kennen lernen und mehr darüber wissen wollen, was es heißt, ein Nachfolger Jesu zu sein. Dienstgruppen bieten allen Menschen, die in irgendeinem Dienstbereich in *Willow Creek* involviert sind, Rückhalt und die Möglichkeit, Verantwortung zu übernehmen. Offene Gruppen sind für Nichtchristen gestaltet, die mehr darüber wissen wollen, was es heißt, Christ zu werden. Selbsthilfegruppen bieten Gemeindemitgliedern Hilfen und Ermutigung bei persönlichen Schwierigkeiten an.

Kleingruppen haben normalerweise vier bis zehn Mitglieder und verfolgen die „Politik des freien Stuhls", die es ihnen erlaubt, so lange zu wachsen, bis sie in der Lage sind, neue Gruppen hervorzubringen. Leiter für neue Gruppen werden als „Leiter in Ausbildung" in den bestehenden Gruppen geschult.

Als die Kleingruppen in der Struktur der Gemeinde eine immer größere Rolle einnahmen, boten sie ein vertrautes Umfeld für eine Vielzahl von Schulungsmöglichkeiten, die sonst nur in Großveranstaltungen angeboten wurden, wie zum Beispiel die Entdeckung der Gaben, Evangelisationsschulung und Anleitung zum Umgang mit Finanzen. Auch die formale Aufnahme neuer Gemeindemitglieder, die zuvor von den Ältesten durchgeführt wurde, lag nun in den Händen der Kleingruppen.

Wir sind zu dem Schluss gekommen, dass das Konzept der Mega-Gemeinde ohne eine durchgreifende Kleingruppenstruktur verwundbar und begrenzt ist. Kreative und mitreißende Programmgestaltung und dynamische biblische Predigt sind grundlegende Elemente für Wachstum, aber bleibende Lebensveränderung kann nur selten ohne Liebe und persönliche Verantwortlichkeit in einem persönlichen Umfeld, also in der Geborgenheit einer Kleingruppe, geschehen. Bill bedauert sehr, dass er *Willow Creek* nicht schon früher zu diesem Kleingruppenkonzept geführt hatte. Die *WCA* ermutigt alle Gemeindeneugründungen, ernsthaft zu überlegen, mit einem solchen Konzept ihren Dienst zu beginnen.

Ich glaube, dass sich mit dieser erneuerten Begeisterung für Kleingruppen in *Willow Creek* der Kreis schließt und uns zu dem Gefühl zurückführt, das für die ersten Jahre von *Son City* so typisch war. Damals wollten kirchendistanzierte Schüler „genauso geliebt werden, wie die Schüler von *Son City* geliebt wurden". Ich sehne mich nach dem Tag, an dem die Erwachsenen in unserer Gemeinschaft dies regelmäßig von *Willow Creek* sagen.

Wenn meine eigene Erfahrung repräsentativ ist, glaube ich, dass das geschehen wird. Die Frauen, mit denen ich mich in einer Kleingruppe treffe, werden allmählich wie eine Familie füreinander. Wir erleben die Unterstützung, die Ermutigung und die liebevolle Herausforderung, die ganz natürlich entsteht, wenn Frauen ihre Masken ablegen und einander Einblick in ihr Innerstes geben. Ich weiß, was es heißt, ohne Gemeinschaft zu leben; jahrelang kämpfte ich damit, ein isoliertes Leben führen zu müssen. Aber erst kürzlich habe ich entdeckt, was es heißt, in Gemeinschaft zu leben, an der Seite von „Schwestern" durchs Leben zu gehen, und ich kann ohne Vorbehalte sagen, dass es weit besser ist, als alleine unterwegs zu sein.

In der Einleitung zu diesem Buch schrieb Bill darüber, was es heißt, Kirche füreinander zu sein. Genau das ist es. Und es geschieht durch den Leib der Gemeinde von *Willow Creek*.

Kapitel 8

1995 und Ausblick in die Zukunft

„Ich kann mir kaum einen aufregenderen Ort als diesen hier und kaum eine wichtigere Zeit als diese jetzt vorstellen. Es gibt Zeiten – und dazu gehören vermutlich die meisten –, in denen die Arbeit im Reich Gottes weitgehend im Verborgenen stattfindet: umrüsten, Reparaturarbeiten, die Segel neu setzen, den Einsatz vorbereiten. Aber es gibt Zeiten – Zeiten der Gnade –, in denen die Arbeit zu einer Art Freudenfeuer wird und man für einen Augenblick lang die Kraft sehen kann, die normalerweise im Verborgenen bleibt … Für mich ist jetzt solch ein Moment."
John Ortberg, früherer Pastor von *Willow Creek*

Wenn man sagen kann, dass eine Organisation dieselben Lebensstadien durchläuft wie Menschen, dann scheint es angemessen zu sagen, dass *Willow Creek* ein gewisses Reifestadium erreicht hat. Wir haben unsere Kindheit und unsere steinige Jugendzeit in einem Kino verbracht. Wir machten stetige Fortschritte während unseres frühen Erwachsenseins in den achtziger Jahren, das einigermaßen reibungslos verlaufen ist. In den frühen neunziger Jahren machten wir einen Sturzflug in die Midlifekrise. Und nun, nachdem wir eine Krise der Umwälzungen und der Erschöpfung hinter uns gebracht hatten, fühlten wir uns erholt, gefestigt und vorbereitet für eine neue Ära.

Als wir *Willow Creek* ins Leben riefen, hatten wir die Vision, eine nach biblischen Maßstäben funktionierende Gemeinschaft zu werden. Unsere Berufung war es, Menschen, die Gott fern stehen, zu ganz hingegebenen Nachfolgern Christi zu machen. Wir glaubten, dass Menschen, die Gefahr laufen, verloren zu gehen, Gott wichtig sind und die Kirche dazu berufen ist, sie zu erreichen. Wir entwickelten frühzeitig einen effektiven Evangelisationsdienst – unseren Wochenend-Gottesdienst –, ein Werkzeug, das unsere Gemeindemitglieder bei ihren evangelistischen Bemühungen unterstützen sollte. Andere Dienste, wie unsere Arbeit für Schüler und Singles, für Frauen und Mütter, für Männer und Väter und jetzt auch unsere offenen Kleingruppen für Kirchendistanzierte, ergänzen den Wochenend-Gottesdienst, indem sie kirchendistanzierten Menschen vielfältige Gelegenheiten bieten zu entdecken, was es heißt, Christ zu werden. Auf diese Weise erreichen wir unser Ziel, Menschen zu Jesus zu führen.

Der Bereich Jüngerschaft, also der Prozess, in dem wir Christen helfen, ganz hingegebene Nachfolger Christi zu werden, war eine härtere Herausforderung für uns. Wir kamen von unseren Zellgruppen, die wenig zu wahrer Jüngerschaft beitrugen, über das Konzept von persönlichen Jüngerschaftsbeziehungen zu zweijährigen Jüngerschaftskursen, die zwar sehr effektiv waren, aber wegen unseres Leitermangels nur eine eingeschränkte Reichweite hatten. Jetzt haben wir mit unserem Kleingruppensystem, aus dem heraus ständig neue Leiter entstehen, ein effektives Jüngerschaftssystem, das sich selbst am Leben erhält und zudem für die fördernde seelsorgerliche Begleitung sorgt, die nur in den Kleingruppen möglich ist.

Zum ersten Mal haben wir nun Mitte der neunziger Jahre das Gefühl, dass wir den Anforderungen unserer Berufung gerecht werden: Wir führen Menschen, die weit von Gott entfernt sind, zu Jesus und helfen ihnen, ganz hingegebene Nachfolger ihres Herrn zu werden. Gleichzeitig haben wir einen Weg zur Aufnahme neuer Mitglieder entwickelt, in dem Platz ist für Gespräch und Auswertung der persönlichen Fortschritte auf dem Weg der Nachfolge. Durch persönliche Studien und die Arbeit im Rahmen von Gruppen mit den Arbeitsmaterialien zu unseren „Fünf Gs" (die im 13. Kapitel näher erläutert werden) werden potenzielle Mitglieder unterstützt in

1. ihrer persönlichen Annahme der Gnade *(grace),*
2. ihrem geistlichen Wachstum *(growth)* hin zu immer größerer Christusähnlichkeit,
3. ihrer Hingabe an eine Gruppe *(group),*

4. der Entdeckung und dem Einsatz ihrer geistlichen Gaben *(gifts),*
5. ihrer Hingabe an gute Haushalterschaft *(good stewardship),* das heißt, Gott ehren mit ihrer Zeit und den materiellen Möglichkeiten, die ihnen gegeben sind.

Durch eine umfassende Neuorganisation unserer Seelsorgearbeit fühlen wir uns auch besser denn je in der Lage, den Mitgliedern unserer Gemeinde zu helfen, deren Bedürfnisse über die „Grundseelsorge" hinausgehen, die durch die Kleingruppen abgedeckt wird. Unsere Seelsorgearbeit kann denen helfen, die tief gehendere theologische Fragen oder Gebetsanliegen haben, die chronisch oder über längere Zeit krank sind, die einen geliebten Menschen verloren haben, die vor dem Zusammenbruch ihrer Ehe stehen oder gerade eine Scheidung hinter sich haben, die in ihrer Schwangerschaft alleine sind, die in irgendeinem Bereich Beratung brauchen, die in einer finanziellen Notlage oder arbeitslos sind, die mit einer Behinderung leben müssen, die ein inhaftiertes Familienmitglied haben oder mit einer Sucht ringen.

Kürzlich haben wir auch eine Reihe von Werten und Strategien definiert, die seit Jahren in *Willow Creek* angewendet wurden, die wir aber nie richtig festgelegt hatten. Im zweiten Teil des Buches wird Bill beispielsweise die zehn wichtigsten Werte der *Willow Creek Community Church* erklären. Ähnlich wie die „7-Schritte-Strategie", die Bill auf einer Papierserviette skizziert hatte, um einen Prozess zu beschreiben, der durch Zufall und durch die Führung des Heiligen Geistes entwickelt wurde, stellen unsere wichtigsten Werte das biblische Konzept dar, auf das wir *Willow Creek* aufgebaut haben. Durch die schriftliche Fixierung dieser Werte haben wir ein Werkzeug für weiteres Wachstum in die Hand bekommen. Jetzt können wir die Richtung, in die unsere Gemeinde geht, bewahren, indem wir sicherstellen, dass alle zukünftigen Ideen, Möglichkeiten oder Schwerpunkte mit unserer von Gott gegebenen Vision, Berufung, Strategie und unseren Werten übereinstimmen.

Besonders für Bill und die übrigen leitenden Mitarbeiter

von *Willow Creek* symbolisierte die exakte Formulierung der Gedanken, die in der zweiten Hälfte dieses Buches vorgestellt werden, so etwas wie eine Demarkationslinie. Dies gilt vor allem in Kombination mit der zunehmend erfolgreichen Umsetzung unseres alle Bereiche durchdringenden Kleingruppen- und Jüngerschaftssystems und unserer gerade noch rechtzeitigen Umstrukturierung verschiedener Dienste der Gemeinde. Wir haben das Gefühl, dass wir in den vergangenen zwanzig Jahren in die Schule Gottes gegangen sind und dort langsam und methodisch – und manchmal auch schmerzhaft – gelernt haben, was es heißt, „Kirche" zu sein. Jetzt, kurz vor dem Abschluss dieser Schule, beginnen wir zuversichtlich mit dem Dienst, auf den Gott uns vorbereitet hat.

Ein nötiger Brennpunkt

Gewissermaßen als Vorwort für die Zukunft von *Willow Creek* möchte ich Sie noch einmal mit zurück in das Jahr 1975 auf den Parkplatz der *South Park Church,* der Heimat der ursprünglichen *Son City,* nehmen …

Bill ging über den Parkplatz und ließ sich Dr. Bilezikians Vision von Gemeinde durch den Kopf gehen. Die Gemeinde ist Gottes erlösendes Werkzeug in der Welt. Die Gemeinde kann Einfluss auf die Welt ausüben. Die Gemeinde Jesu, und nur die Gemeinde Jesu, kann die Welt verändern. Bill wusste, dass diese Vision sein Herz, seine Seele und seinen Geist gepackt hatte, aber er wusste auch, dass er niemals ein Teil von Gottes Vision, „die Welt" zu erlösen, positiv zu beeinflussen und zu verändern, sein könnte, wenn er seinen Dienst auf die Arbeit mit Jugendlichen beschränkte. Jugendliche haben Eifer und Ernsthaftigkeit, aber ihnen fehlen Tiefe, Leiterfähigkeiten, Lebenserfahrung, die Mittel, der Einfluss und die Kraft, um die Welt zu beeinflussen. Mit jedem Schritt wurde er sich seiner Berufung sicherer: eine Gemeinde zu gründen und, soweit es in seiner Macht stand, zum Wachstum zu verhelfen. Vor seinem inneren Auge sah er das Bild einer Gemeinde vor sich, die so stark, so biblisch war, die über so viele Mittel verfügte und in der die Realität Christi so lebendig war, dass sie eine Hauptrolle im Drama um Gottes weltumfassenden Plan spielen könnte. Sechs Monate später gründete Bill die *Willow Creek Community Church* mit einem klaren Ziel vor Augen: Er wollte eine biblische Gemeinschaft bilden, die eines Tages Gottes erlösende Ziele in die Welt hinaustragen konnte.

Das einzige Problem war, dass es hundertmal härter war, eine Gemeinde zu gründen, als sich Bill dies vorgestellt hatte. Lebensveränderungen dauerten weitaus länger, als er angenommen hatte. Die Anforderungen, die die Gemeinschaft an ihn stellte, als es darum ging, eine Organisation aufzubauen, waren viel größer, als er angenommen hatte. Mit der Zeit brach das Nachdenken über „Gottes erlösende Ziele in der Welt" unter der unglaublichen Herausforderung, Gottes erlösende Ziele in unserer eigenen Gemeinschaft zu erfüllen, zusammen. Wie konnten wir Zeit, Geld und Energie darauf verwenden, „die verlorenen Menschen jenseits des Meeres zu erreichen", wenn wir kaum in der Lage waren, angemessen mit den vielen Menschen umzugehen, die durch unsere Türen kamen? Wie konnten wir uns als Gemeinde einem Dienst „an den Notleidenden der Welt" verschreiben, wenn wir noch keinen effektiven Weg gefunden hatten, wie wir uns auf die notleidenden Menschen in unserer eigenen Gemeinde einstellen konnten?

Im Laufe der Jahre haben einige Leute unseren Auftrag zur „Rettung der Welt" in Frage gestellt, weil wir keine größeren Geldbeträge nach Übersee geschickt oder Missionare in ferne Länder ausgesandt hatten. In Wahrheit war aber unsere Abteilung für internationale Dienste viele Jahre lang in Kontakt mit Diensten innerhalb Chicagos, in Dritte-Welt-Ländern und in Europa. Vertreterinnen unserer Frauenarbeit leiteten Bibelstunden und gestalteten Geburtstagsfeiern für obdachlose Frauen in Chicago. Männer, Frauen und Kinder verwandelten mit Hammer, Putz und Pinsel ein rattenverseuchtes Lagerhaus in ein Obdachlosenheim, das von einer afroamerikanischen Gemeinde in Chicago betreut wird. Mitarbeiter von *Willow Creek* arbeiten als Berater in verschiedenen Bereichen und ermöglichen es Jugendlichen aus den Innenstädten, an christlichen Ferienlagern teilzunehmen. Väter und Söhne mischten Zement und reparierten Küchenfußböden für die *Appalachia Reach Out Ministries* im Osten Kentuckys.

Kinder von *Promiseland* (unserem Sonntagsschulprogramm) sammelten Kleidung und spendeten sie einem Waisenhaus in Kenia. Hunderte von Singles unseres *Operation Single*-Dienstes waren zu Kurzzeiteinsätzen in Mexiko, wo sie Häuser für eine kirchliche Organisation gebaut und in einem christlichen Waisenhaus mitgearbeitet haben. Maurer und Zimmerleute bauten ein Waisenhaus in Jamaica. Krankenschwestern und Ärzte behandelten in Jesu Namen kranke Menschen in der Dominikanischen Republik, in Haiti und in Afrika.

Ich selbst war Mitglied eines Teams, das mit Politikern der bulgarischen Regierung verhandelte, um eine Partnerschaft mit der dortigen Gefängnisarbeit einzugehen, damit wir die Möglichkeit erhielten, medizinische Hilfsmittel in die Gefängniskrankenhäuser zu schicken und christliche Literatur zur Verfügung zu stellen, die in der Rehabilitationsarbeit eingesetzt werden kann. Wir trafen uns auch mit christlichen Leitern aus Kroatien und stellten ihnen Geldmittel zur Verfügung, mit deren Hilfe in einem Flüchtlingslager moslemischen Flüchtlingen aus Bosnien die Liebe Christi gezeigt werden konnte.

Ich könnte noch viele ähnliche Beispiele hinzufügen. Und doch kann ich nicht leugnen, dass unserem Engagement in solchen Bereichen Grenzen gesetzt waren – aber nicht aus Desinteresse an Mission oder weltweiter Evangelisation. Wir wurden daran gehindert, in einem größeren Kontext tätig zu werden, weil Gottes außergewöhnliches Wirken durch die evangelistische „Mission“ unserer „Offenen Gottesdienste“ fast überwältigend große Herausforderungen an uns stellte.

Im Laufe der Jahre haben Bill und die Ältesten wiederholt über ihren Wunsch gesprochen, ein Teil von Gottes weltweitem Erlösungsplan zu sein, und haben um Gottes Führung in Bezug auf das Engagement *Willow Creeks* gebetet. Und wiederholt hatten sie das Gefühl, es entspricht Gottes Plan für uns, dass wir unser Augenmerk in erster Linie – nicht ausschließlich, aber in erster Linie – auf unsere Mission vor Ort richten. Immer wieder schien Gott zu sagen: „Ihr seid noch nicht bereit. Ihr sitzt zu Hause noch nicht fest genug im Sattel. Ihr habt noch keine Infrastruktur, die euch einen Vorstoß erlauben würde, der über euren Dienst an den kirchendistanzierten Menschen vor Ort hinausgeht."

Weltweite Evangelisation

Aber eine der Gaben, die man mit der Reife erlangt, scheint zu sein, dass eine Person oder Institution die Fähigkeit verliehen bekommt, zwei Dinge zur gleichen Zeit zu tun. Für *Willow Creek* heißt das, dass wir auf finanzieller Ebene einen Punkt erreicht haben, der es uns erlaubt, in eine neue Phase der weltweiten Ausdehnung einzutreten, ohne dabei unseren von Gott uns aufgetragenen örtlichen Dienst zu gefährden. Mit Bills aufs Neue energiegeladener Leiterschaft, mit vielen neuen und „tatendurstigen" Mitarbeitern, mit wachsender Klarheit über Mission, Vision, Strategie, Werte und erwünschte Ergebnisse und mit dem Wissen, als Gemeinde Ende 1995 schuldenfrei zu sein, sind die Ältesten, der Vorstand und das Leitungsteam voller Zuversicht, dass wir jetzt unser Engagement auf eine breitere Basis stellen können, wie sie schon in der Bibel vorgezeichnet ist: von „Jerusalem" nach „Judäa" und „Samaria" und „bis an die Grenzen der Erde" (Apostelgeschichte 1,8).

Unsere Motivation für eine weltweite Ausdehnung unseres Dienstes ist eine zweifache. Zuerst wollen wir natürlich den Bedürftigen helfen: Wir wollen Gottes Liebe verbreiten und ganz greifbar auf die geistlichen, emotionalen und physischen Bedürfnisse der Armen, Mittellosen, Unterdrückten und der Vergessenen in der ganzen Welt eingehen. Wir wollen den Menschen, die außerhalb unserer Ortsgemeinschaft in äußerer und geistlicher Not leben, in Jesu Namen ganz konkret helfen und zugleich die Botschaft des Evangeliums anbieten. Wir wollen Mittler für die außergewöhnlichen Segnungen sein, die Gott unserer Gemeinde so verschwenderisch anvertraut hat.

Aber genauso wollen wir zu geistlichem Wachstum in unserer Gemeinde ermutigen: Wir sehnen uns danach, Besucher von *Willow Creek* zu sehen, deren Leben auf eine ganz neue Weise verwandelt werden, wenn sie ihre Zeit, ihre Begabungen und ihre Schätze Gott zur Verfügung stellen. Wir wollen, dass ihre Herzen zutiefst berührt werden von den Ungerechtigkeiten, Sorgen und Tragödien, die das Herz Gottes brechen. Wir wollen, dass ihre Seelen bereichert werden, wenn sie das Wirken des Heiligen Geistes sehen, das die Grenzen von Rasse, Geographie und sozialer Stellung überwindet. Wir wollen, dass ihre Hingabe an Jesus Christus tiefer wird, wenn sie ganz praktisch ein Teil seiner weltweiten Gemeinde werden.

Diese dynamische Ausweitung unserer „internationalen Dienste" wurde im November 1994 in Angriff genommen, als Bill der Gemeinde verkündete, dass die gesamte Jahresend-Kollekte dazu dienen solle, weltweit armen Menschen zu helfen, die noch weit von Gott entfernt lebten.

Als Bill unserer Gemeinde diese neue Ausrichtung in einem Wochenend-Gottesdienst erklärte, machte er deutlich, dass die Initialen des „Internationalen Dienstes" *(International Ministries, I. M.)* zugleich die ersten beiden Buchstaben eines der kraftvollsten Wörter der englischen Sprache darstellen.

„Es ist das Wort *imagine* (‚sich vorstellen')", erklärte Bill der Gemeinde. „Martin Luther King forderte Menschen dazu heraus, sich ein Land vorzustellen, in dem einzelne Menschen nicht auf Grund ihrer Hautfarbe, sondern auf Grund ihres Charakters beurteilt würden, und eine Gesellschaft, die – wenn auch zögernd – die ersten winzigen Schritte auf dieses herrliche Bild zugeht. Jesus forderte seine Jünger heraus, sich eine Gemeinde vorzustellen, die stark, lebendig und dynamisch war wie eine Stadt auf einem Berg, die das Licht der Wahrheit in das Dunkel der Nacht ausstrahlt. Seine Jünger stellten sich einen Funken Hoffnung, eine Laternenlampe Liebe und eine Fackel verändernder Kraft vor – und die Gemeinde Jesu war geboren."

Als wir Bill zuhörten, stellten wir, die Gemeinde von *Willow Creek,* uns auch vieles vor. Wir stellten uns vor, wie hungrige

Jugendliche in Chicago Essen bekommen würden, wie ein Obdachlosenheim entstehen würde und den innerstädtischen Gemeinden Geld, Schulung und menschliche Mittel zur Verfügung gestellt werden würden. Wir stellten uns Kleiderspenden, medizinische Hilfe und Programme zur wirtschaftlichen Entwicklung für Familien in der Dritten Welt vor. Wir stellten uns Gemeindeleiter vor, die sich gegen finanzielle und politische Widerstände durchsetzten, um durch unsere Hilfsmittel Ermutigung zu bekommen. Wir stellten uns Mitglieder von *Willow Creek* vor, die Seite an Seite mit Afroamerikanern und Hispanoamerikanern in Chicago und mit einheimischen Leitern und Diensten in der ganzen Welt zusammenarbeiten würden.

Die Nöte, mit denen wir konfrontiert waren, waren die Nöte einer verzweifelten Welt. *I. M. – International Ministries.*

Die Herausforderung, mit der wir konfrontiert waren: Wir mussten uns die Herausforderung vor Augen führen, dass wir wirklich etwas bewirken konnten. *I. M. – Imagine.*

Die Frage, mit der wir konfrontiert waren: „Bist du bereit?" Für viele war die Antwort: *I. M. [I am]* – „Ja. Ich bin bereit, die Not zu sehen. Ich bin bereit, mir eine Lösung auszudenken. Ich bin bereit, meine Zeit, meine Fähigkeiten und mein Geld dafür zu investieren."

Am 3. Januar 1995 hatten wir unser Ziel von 1,5 Millionen Dollar erreicht und Partnerschaften zu örtlichen und internationalen Diensten aufgebaut, mit denen Hunderte von *„Willow Creekern"* in den nächsten Monaten zusammenarbeiten sollten. Wir hatten mehr getan, als Geld zu sammeln; wir hatten eine neue Begeisterung für den Dienst von *Willow Creek* ins Leben gerufen.

„Jerusalem"

Unser neuer Dienstbereich fährt dreigleisig. Der erste Schwerpunkt liegt auf „Jerusalem": der Großraum von Chicago. Unser Partner für diesen Dienst ist *Vision Chicago,* eine Zusammenarbeit von *World Vision* und *MidAmerica Leadership*

Foundation. Ziel von *Vision Chicago* ist es, „Gemeinden zu rufen und auszurüsten, effektive evangelistische Dienste in ihrer nächsten Umgebung durchzuführen; neue Dienstpartnerschaften einzugehen, die konfessionellen und gesellschaftlichen Grenzen zu überbrücken und vermehrt Unterstützung für innerstädtische Dienste zu leisten".[1]

Besonders wichtig ist es für *Vision Chicago,* Beziehungen zwischen benachbarten Gemeinden zu fördern und so historische, kulturelle und gesellschaftliche Grenzen zu überwinden, indem afroamerikanische und lateinamerikanische Gemeinschaften zusammenarbeiten. In vielen innerstädtischen Bereichen sind die Kirchen die einzigen verbliebenen Institutionen – in geistlicher und vieler anderer Hinsicht sind sie die letzte Hoffnung der Stadt. Viel zu oft war die Kraft dieser Gemeinden zu klein, weil sie isoliert gearbeitet hatten. Die Beziehungen, die durch *Vision Chicago* aufgebaut wurden, ebnen Wege zur Versöhnung zwischen den Rassen und den strategischen Organisationen; dies hat die verändernde Wirkung der benachbarten Kirchen und Gemeinden enorm gefördert und ihnen die Möglichkeit geschenkt, die Bereiche Wohnraum, Essen, Beschäftigung, Bildung, wirtschaftliches Wachstum und geistliche Entwicklung zu verändern.

Als Partner von *Vision Chicago* ist es die Aufgabe von *Willow Creek,* Geld und Mitarbeiter zur Verfügung zu stellen, die mithelfen, die Pläne und Projekte auszuführen, die von den Gemeindekoalitionen entwickelt wurden. Wir sind auch direkt an verschiedenen gemeindlichen Beschäftigungsinitiativen beteiligt, an einem Zentrum, das Baumaterialien verteilt, und an *CityLINC,* einem Dienst, der freiwillige Mitarbeiter vermittelt.

Durch die Vermittlung von *CityLINC* gelangte unser fünfzehnjähriger Sohn Todd und eine Gruppe seiner Freunde aus unserer Schülerarbeit in ein mit Müll angefülltes dreistöckiges Haus in einem Vorort von Chicago. Nachdem sie sechs Samstage lang geputzt, gestrichen, Fliesen verlegt, Möbel hergerichtet und Betten gebaut hatten, feierten die Jugendlichen die Verwandlung des Gebäudes in ein von der Gemeinde geführtes Heim für Pflegekinder, ältere Mitbürger und geistig behinderte Erwachsene. Ich hoffe, dass dieses Haus zu einem Ort wird, an dem die Liebe Gottes Menschenleben berührt. Ich weiß, dass die Erfahrung, an diesem Haus mitzuarbeiten, meinem Sohn nahe gegangen ist. Er war berührt von dem Können, der Leidenschaft und der Hingabe der Hauseigentümerin, einer allein stehenden farbigen Mutter und zugleich einer Geschäftsfrau mit einem Herz, das für die vernachlässigten Menschen in ihrer Umgebung schlägt. Er war berührt von der grauen Trostlosigkeit der Straßen und von der Leere in den Augen derer, die ihn und seine Freunde aus dem Gemeindebus aussteigen und sich in die Vororte stürzen sahen. Er war berührt von der Gnade Gottes, die ihn in so vieler Hinsicht gesegnet hatte, und von der Berufung Gottes, in die Reihen derer einzutreten, die „Mittler" für diesen Segen waren und sind.

Unsere Vision ist es, dass unsere Kleingruppen viele solche „Mittlergeschäfte" abwickeln, wenn einzelne Gruppen von verschiedenen Dienstbereichen Projekte „adoptieren", sie finanziell unterstützen und schließlich auch ihre Zeit und ihre Fähigkeiten zur Verfügung stellen.

„Judäa" und „Samaria"

Der zweite Bereich unserer „Internationalen Dienste" erstreckt sich auf unsere Nachbarnation, die Dominikanische Republik. Wir haben dieses Land für unseren ersten internationalen Evangelisationseinsatz ausgewählt, weil dort große Not herrscht und weil seine Nähe zu den Vereinigten Staaten ein ausgedehntes persönliches Engagement von *„Willow Creekern"* erlaubt. Wenn sich in der Zukunft das Konzept einer weltweiten Gemeinde im gesellschaftlichen Verständnis der Besucher von *Willow Creek* besser festgesetzt hat, werden wir auch in der Lage sein, mit weiter entfernten Nachbarn Kontakt aufzunehmen.

In der Zwischenzeit gibt es in der Dominikanischen Republik mehr als genug Nöte. Als Mitglied des Vorstandes der „Internationalen Dienste" von *Willow Creek* war ich überwältigt, als ich durch die staubigen Viertel von Santo Domingo lief, in denen Wellblechstücke und Sperrholz eine lockere Struktur bilden, die „Zuhause" genannt wird. Auf den ersten Blick scheint es ein Ort völliger Hoffnungslosigkeit zu sein. Aber dieser erste Eindruck erweist sich als falsch. Mitglieder einer kirchlichen Gruppe, vorwiegend Mütter, die dazu gezwungen waren, angemessenen Wohnraum, Kleidung, Nahrung und Bildung für ihre Kinder zu organisieren, stellten uns ihren Plan vor, Darlehen aufzunehmen, mit denen sie Kleingewerbe eröffnen wollten wie Näharbeiten, Verkauf von Gemüse, Reparatur von Fahrrädern, Kochen, Kerzenherstellung oder das Weben von Decken. Nicht weit von der Gruppe der Mütter entfernt befanden sich eine Backsteinfabrik und eine Bäckerei (beide mit den Darlehen finanziert, die auch die Mütter aufnehmen wollten), die jeweils zehn bis zwölf Arbeitern Beschäftigung boten, die sonst arbeitslos und deren Familien mittellos wären. In ländlichen Gebieten, in denen die Kindersterblichkeitsrate erschreckend hoch ist, haben Mitarbeiter des Gesundheitswesens mit uns die Vision für Trinkwasser und Sanitäranlagen als erstes Mittel gegen Krankheit geteilt. In einer Schule lernten Bauern, deren ausgelaugtes Land fast unfruchtbar geworden war, die Prinzipien von umwelterhaltender Landwirtschaft, die auf dem terrassenartig angelegten Schulgelände Überfluss hervorbringt. Die Bauern und ihre Kinder lernen außerdem die Prinzipien von Gottes Wort. Wieder zurück in der Stadt, führte der Pastor mit uns ein ernstes Gespräch, da er begierig war zu lernen, wie er seine Gemeinden aus der Isolation in die Gemeinschaft führen könnte, um eine ganzheitliche Antwort auf die Nöte der Menschen anbieten und offene Ohren für das Evangelium finden zu können.

Diese und ähnliche hoffnungsvolle Ereignisse wurden von Organisationen wie *World Vision,* unserem direkten Partner in der Dominikanischen Republik, sowie von unseren weiteren Partnern, darunter *Habitat for Humanity* und *Opportunity International,* gefördert. Auch hier ist es wieder unser Ziel, nicht nur unsere Finanzen zur Verfügung zu stellen, sondern auch die Begabungen und die Zeit von *Willow Creek*-Mitgliedern, die sich in Bauprojekten, medizinischer Hilfe, in Schulungsprogrammen für bestimmte Berufssparten, Ehe- und Familienberatung, Workshops zu christlicher Erziehung und der Pflege der Beziehungen zu den Gemeindeleitern vor Ort einsetzen.

Erst vor wenigen Wochen kam eine Gruppe von Frauen von einem einwöchigen Einsatz in der Dominikanischen Republik zurück, der das Fundament für das weitere Engagement unserer Arbeit für Frauen gelegt hat. Als sie zurückkamen, hatten sie eine echte geschwisterliche Beziehung zu den hart arbeitenden, begabten und dynamischen Frauen der Dominikanischen Republik aufbauen können. „Es war wundervoll, sie kennen zu lernen", sagte eine Frau von *Willow Creek*. „Als unser Team mit den dominikanischen Frauen Hand in Hand weinte und betete, wussten wir, dass das erst der Anfang war. Wir müssen unbedingt Spanisch lernen und dann zurückgehen!"

„Die Enden der Erde"

Der dritte Bereich unserer „Internationalen Dienste" erstreckt sich auf die internationale Gemeindeentwicklung. An der Südküste Spaniens arbeitet und gedeiht eine energiegeladene, besucherfreundliche Gemeinde, die dankbar ist für den wachsenden Zustrom an gebildeten, begabten und spirituell hungrigen Spaniern. Als erste evangelikale Gemeinde, die offiziell von der Regierung Spaniens anerkannt wurde, erhielt diese Gemeinde von der Stadtverwaltung eine noch nie da gewesene Landzuweisung als offizielle Bestätigung für den positiven Beitrag, den die Gemeinde für das Leben der Stadt leistet. Einige Jahre lang unterstützten Lehrer und Leiter von *Willow Creek* diese Gemeinde mit Leitungsschulungen, geistlicher Begleitung und Ermutigung. Nun erlaubt unser finanzieller Beitrag dieser Gemeinde, den Bau eines eigenen Gemeindehauses fertig zu stellen, in dem genug Platz für evangelistische Veranstaltungen und das geistliche Wachstum der Gemeinde sein wird.

Lange Jahre hielt die leuchtende Zukunft, die durch den

unvermeidlichen Zusammenbruch des Kommunismus zu erwarten war, die Hoffnung in Polen am Leben. Aber die Reihe gebrochener Versprechen, die dem Ableben des Kommunismus gefolgt waren, ersetzten die Hoffnung durch eine tiefe Depression, die das ganze Land zu durchziehen schien. Himmelhohe Zinsraten, brutale Verbrechen, zunehmendes Interesse an Pornografie und wachsende Armut hatten die Menschen in einen Zustand der Verzweiflung getrieben, der sie emotional und geistlich stark verwundbar machte. Sekten jeder Form gediehen prächtig.

Aber was ich in einem Gebirgsdorf an der Südgrenze Polens sah und hörte, war der klare Ausdruck dafür, dass der wahre Gott am Werk war. Dynamische polnische Christen leiten dynamische, wachsende, landesweite Dienste unter Kindern, Jugendlichen, Frauen, Ehepaaren, Häftlingen und Studenten. Begabte Musiker und Schauspieler setzen die darstellenden Künste sehr wirkungsvoll ein, um mit kirchendistanzierten Menschen in Kontakt zu kommen. In einem Krankenhaus und Beratungszentrum werden kranke Menschen, ihre körperlichen Leiden und ihre verwundeten Seelen in die Hände eines liebenden Gottes gelegt. Auf einer christlichen Frauenkonferenz, die von Hunderten von Abgesandten verschiedener Länder in Zentral- und Osteuropa besucht wurde, spielten sich dramatische Versöhnungsszenen ab, die in einem Gebet um Frieden gipfelten, das gemeinsam von den Frauen aus Serbien und Bosnien angeboten wurde.

Diese und andere Dienste sind alle Bestandteil einer nationalen Organisation, die kurz nach der Gründung von *Willow Creek* in Polen ins Leben gerufen wurde. Obwohl sich unsere Dienste sehr stark durch das unterschiedliche kulturelle und soziale Umfeld unterscheiden, denke ich mehr an unsere Gemeinsamkeiten als an unsere Unterschiede. Was die Perspektiven und die Vorgehensweisen anbelangt, scheint der Heilige Geist Brücken zwischen den Kontinenten zu bauen und unsere Dienste parallele Wege zu führen. Als der polnische Dienst sich nach neuen Anregungen ausstreckte und dabei seine konfessionellen Grenzen zu überschreiten begann, sahen wir von *Willow Creek* uns in der glücklichen Lage, ihm das anbieten zu können, was er am nötigsten brauchte: Ermutigung, Hilfe in der Schulung neuer Leiter und finanzielle Unterstützung. Unser letzter Spendenaufruf wird eine christliche Konferenz mit über tausend Besuchern aus ganz Europa, eine vierteljährlich erscheinende christliche Zeitschrift, zusätzliche Mitarbeiter, einen Kleinbus für den Dienst und notwendige Renovierungsarbeiten subventionieren.

Für viele von uns, die von Anfang an in *Willow Creek* dabei waren, ist diese Möglichkeit, mit christlichen Diensten und Gemeinden auf der ganzen Welt Hand in Hand zusammenzuarbeiten, wie ein wahr gewordener Traum. Wir schauen nach vorne und freuen uns auf viele weitere Partnerschaften, die wir hoffentlich in den noch folgenden Jahren eingehen werden.

Die Willow Creek Association

Der kürzlich erfolgte Vorstoß der „Internationalen Dienste", vor allem im Bereich Gemeindepartnerschaften, wird durch die Arbeit der *Willow Creek Association* unterstützt. Die WCA hat über tausend Mitgliedsgemeinden, und wenn die gegenwärtige Wachstumsrate anhält, werden es im Jahr 2000 viertausend Mitgliedsgemeinden sein.[2] Sie richtet die Leiterschaftskonferenzen aus, die bisher von über 30.000 Menschen aus der ganzen Welt besucht wurden. Fünf Länder – Australien, Neuseeland, England, die Niederlande und Deutschland – haben sich alleine 1995 der *Association* angegliedert. Die *Association* gibt auch *Willow Creek*-Materialien heraus – Bücher, Kleingruppenmaterialien, Materialien zur Entdeckung von geistlichen Gaben, Theaterstückskripte und Musik, die von anderen Diensten eingesetzt werden können – und wird schließlich auch Materialien herausgeben, die von anderen Mitgliedsgemeinden entwickelt wurden. Die WCA veröffentlicht eine Zeitung, vermittelt Arbeitsplätze, beantwortet Anfragen von Personen, die nach besucherfreundlichen Gottesdiensten auf der ganzen Welt suchen, u. v. m.

„Es ist unsere Vision", sagte der Leiter der WCA, Jim Mellado, „zu sehen, wie die Ortsgemeinden des jeweiligen Landes besser Gottes Lösungen für die Nöte kirchendistanzierter Menschen und der dort lebenden Christen umsetzen können … Wir versuchen nicht, ‚Willow Creek' zu kopieren. Wir wollen Gemeinden einfach nur dabei helfen, das zu erfüllen, was Gott für sie geplant hat, und ihnen dabei helfen, ihre Umgebung wirksam mit dem Wort Gottes zu erreichen."

Ich bin von dem positiven Einfluss begeistert, den die Arbeit von *Willow Creek* und der *WCA* überall auf der Welt hat. Vor einiger Zeit besuchten Bill und ich einen „Offenen Gottesdienst" in einer Gemeinde auf einer winzigen Insel im Atlantischen Ozean. Nachdem der Pastor, ein junger, weißer Einheimischer, die Gemeinde begrüßt hatte, führte ein Mann mittleren Alters von afrikanischer Herkunft ein Theaterstück auf, das von Sharon Sherbondy, einem ehemaligen Mitglied der *Willow Creek*-Theatergruppe, geschrieben worden war. Es war ziemlich offensichtlich, dass die Gemeinde durch das Theaterstück angesprochen wurde, aber nur wenige Personen wischten sich wie wir die Tränen ab. Es ist demütigend und begeisternd zu sehen, wie Ideen, die in unserem eigenen Dienst entstanden sind, in einem Umfeld eingesetzt werden, das sich so stark von dem unseren unterscheidet, und die vom Heiligen Geist neu interpretiert und mit neuer Energie versehen werden. So freue ich mich, dass die *Willow Creek*-Bewegung heute so viel Elan hat; ich glaube, dass sie von Gott inspiriert ist.

Aber ich kann nicht leugnen, dass es mir auch etwas Angst macht. Ich fürchte, dass die Vision, die Werte und die Strategien von *Willow Creek* etwas Entscheidendes verloren haben, als sie schriftlich festgehalten, veröffentlicht, an die Gemeinden vermittelt und dort angewendet wurden. Ich fürchte, dass das, was als „Modell *Willow Creek*" bekannt wurde, die Dynamik, das Leben und die geistgeleitete Qualität verliert, die es in Wirklichkeit kennzeichnen. Veröffentlichte Hilfsmittel lassen alles so geregelt und geordnet und irgendwie abgeschlossen erscheinen. *Hier ist es. Der Plan. Die Strategie. Das Modell. In Stein gehauen. Fertig.*

Das macht mir Sorge. Ich denke, wir hatten in *Willow Creek* immer das Gefühl, ständig in Bewegung zu sein – aber das war keine rastlose Sucht nach Veränderung, sondern eine immerwährende, rollende, lebendige Entfaltung der Pläne des Heiligen Geistes, vervollständigt durch unerwartete Wendungen und überraschende Ereignisse. Ich kann verstehen, dass dies für einige Leute beunruhigend war. Ich war immer ein Mensch, der Dinge „ein für alle Mal" festlegen möchte, der einen klaren Kurs einschlagen möchte. Aber ich lerne in meinem Leben und im Dienst, dass die Verpflichtung des Heiligen Geistes, „anständig und im Rahmen der vorgegebenen Ordnung" zu wirken, weder Vorhersehbarkeit noch geregelte Verhältnisse einschließt. Wo etwas Übernatürliches im Spiel ist, ist kein Raum mehr für „Die Sache wird auf meine Weise geregelt" und „Ich habe die Kontrolle darüber".

Letzte Nacht rief mich Bill von Kalifornien aus nach einem ungeplanten Treffen mit einem christlichen Leiter aus einem anderen Land an. Er war begeistert von einer neuen Idee für einen frischen Schwerpunkt in seinen Predigten und seinem Leitungsamt in *Willow Creek*. Er hatte vor dem Treffen gedacht, dass er sein persönliches Engagement für seinen Dienst in den nächsten Monaten endlich festgelegt hatte, und jetzt plötzlich – ein unvorhergesehenes Treffen, eine frische Herausforderung, und schon hat er ein neues Teil seines Dienstpuzzles in der Hand, das nur vom Heiligen Geist richtig zusammengesetzt werden kann.

Immer wieder haben Bill, die Ältesten, der Vorstand oder andere Mitarbeiter Dienste in neue und unvorhergesehene Richtungen umgelenkt, ganz einfach, weil sie der Heilige Geist in diese Richtung geleitet hat. Wenn dieses Buch gedruckt wird, stehen wir am Rande einer neuen Herausforderung, die darin besteht, einen neuen Wochenend-Gottesdienst einzuführen.

Seit unserer Gründung 1975 waren wir als eine Gemeinde für die Generation der *Babyboomer* bekannt und wir haben unsere evangelistischen Programme speziell auf diese Generation zugeschnitten. Aber eine neue Generation mit anderen

Bedürfnissen und Neigungen erfordert einen ganz neuen Zugang. Die „Generation X", die *Babybuster,* steht den Methoden, die bei ihren Eltern so wirksam waren, misstrauisch gegenüber. Einen effektiven Dienst für sie zu gestalten – eine Herausforderung, die wir vor fünf Jahren nicht voraussehen konnten –, ist eines der Ziele für die nächsten Jahre.

Ein anderes Ziel ist es, verstärkt auf die Bedürfnisse und Nöte der älteren Gemeindeglieder einzugehen, was heißen kann, dass wir einen besonderen Wochenend-Gottesdienst für sie gestalten könnten. Von unseren Ursprüngen her waren wir eine jugendorientierte Gemeinde. Aber die über Vierzigjährigen, die in den siebziger Jahren die oberste Altersgrenze in unserer Gemeinde bildeten, stehen nun vor der Pensionierung. Wie können wir sie ermutigen, wenn sie neuen und vielleicht unwillkommenen Herausforderungen gegenüberstehen? Und wie können wir das Dienstpotenzial fördern, das ihre freie Zeit ihnen nun zugesteht? Die Besucherstatistik zeigt uns, dass eine unvorhersagbare Anzahl unserer Besucher in die Jahre kommt, in denen sie Kinder erziehen und ihre Karriere verfolgen müssen, und ihnen so nicht mehr viel Zeit für einen Dienst in der Gemeinde bleibt. Als eine nach biblischem Vorbild funktionierende Gemeinde haben wir daher einen entscheidenden und zunehmenden Bedarf an den geistlichen Gaben, Fähigkeiten und Diensten unserer älteren Mitglieder.

Wohin werden uns diese neuen Dienste führen? Welche unerwarteten Bedürfnisse und zusätzlichen Möglichkeiten werden uns begegnen? Die Herausforderung – und die Freude – der Gemeindearbeit ist, dass nur Gott die Antworten auf diese Fragen kennt.

Willow Creek wurde, davon bin ich überzeugt, vom Geist Gottes geplant. Er brachte die richtigen Leute mit den richtigen Gaben zur richtigen Zeit zusammen und es entstand so etwas wie eine Kettenreaktion. Die letzten zwanzig Jahre meines Lebens – mein ganzes Leben als Erwachsene – habe ich unter dem Schatten des von übernatürlichem Brennmaterial gespeisten Feuers gelebt. Weil *Willow Creek* immer ein unvollkommener Ausdruck von Gottes vollkommener Idee war und sein wird, war das Leben unter diesem Schatten für mich persönlich ein Gewinn und eine Belastung, die Quelle wundervoller Freude und quälender Schmerzen.

Da ich das Privileg hatte, einen Platz in der ersten Reihe zu haben, von dem aus ich die unglaubliche Aufführung von Gottes Segen bezeugen konnte, befand ich mich auch in einer Position, in der ich das volle Gewicht der Fehler, der Sünden und der Angriffe des Widersachers spüren konnte. Aber wenn ich all das von meinem gegenwärtigen Vorzugsplatz aus betrachte, muss ich sagen, dass all das Gute und das Schlechte nebensächlich waren. Was am meisten zählt und was ich so klar wie möglich festhalten will, ist die Tatsache, dass ich Gott jetzt viel intensiver kenne als vor zwanzig Jahren. Da ich weiß, dass der Heilige Geist sein Werk in unserem Leben durch eine Vielfalt von Wegen vollendet, die wir Menschen nie völlig verstehen werden, glaube ich ernsthaft, dass der Dienst der *Willow Creek Community Church* ein wichtiger Weg Gottes in meinem Leben war und ist. Ich glaube, dass das auch für Bill und unsere Kinder zutrifft, und dafür bin ich sehr dankbar.

Ich glaube, dass Gott die Ortsgemeinden gebrauchen will, um die Menschen zu erreichen, die Gefahr laufen, verloren zu gehen. Er möchte jeden in eine vertraute Beziehung zu sich selbst einladen – und ich bin zuversichtlich, dass *Willow Creek* trotz seiner Unvollkommenheit genau dazu von Gott gebraucht wird.

Anmerkung

1 Bud Impema, Präsident der *MidAmerica Leadership Foundation.*

2 Heute, im Sommer 2006, hat die WCA über 11.000 Mitgliedsgemeinden aus 90 Denominationen und 45 Ländern.

Kapitel 9

Eine weltweite Bewegung wächst

1996–2006 – von Jörg Ahlbrecht

„Ich habe noch keine Ortsgemeinde erlebt, die so nachhaltig Gemeinden in Deutschland und in vielen anderen Ländern der Welt verändert hat. Willow Creek *hat ein Feuer entzündet, das zu einer Bewegung für innovativen Gemeindebau geworden ist. Die Impulse für unser Denken und Handeln werden unsere christliche Landschaft nachhaltig verändern."*
Ulrich Eggers, Erster Vorsitzender Willow Creek Deutschland/Schweiz

Der Fünf-Jahres-Plan!

Bill hatte damit begonnen, der Gemeinde jedes Jahr im Januar die Vision für das kommende Jahr zu erläutern. Er nannte diese Veranstaltung *Vision Night* und beschrieb darin die Ziele, die man mit der Gemeinde in dem betreffenden Jahr erreichen wollte.

Im Januar 1996 trat er jedoch mit einem Projekt vor die Gemeinde, das weit über den üblichen Blick hinausging. Die „Vision 2001" war ein strategischer Plan, der die Entwicklung *der nächsten fünf Jahre* detailliert beschrieb. Sie war „das Ergebnis monatelanger Gebete, Überlegungen, Diskussionen und Eingaben aus der gesamten Leiterschaft"[1]. Bill sagte an diesem Abend: „Wir haben Gottes Weisung gesucht, wir haben hart miteinander gerungen, und wir haben gemeinsam ein Bild von der Zukunft *Willow Creek*s entworfen, das die gesamte Gemeinde begeistern wird. Wir können diese hochgesteckten Ziele aber nur mit Gottes Segen und dem enthusiastischen Einsatz eines jeden Gemeindemitgliedes erreichen."[2]

Inhaltlich drehte sich dieses ehrgeizige Unternehmen um drei große Bereiche:

1. Wir wollen in den nächsten fünf Jahren einen wachsenden Prozentsatz der Bevölkerung von Chicago und dessen Umland mit der Botschaft des Evangeliums erreichen.
2. Wir wollen jeden einzelnen Nachfolger Jesu in unserer Gemeinde zu Gemeinschaft, geistlicher Reife und voller Teilnahme am Leben der Gemeinde bringen.
3. Wir wollen einen größeren Prozentsatz unserer Zeit, unseres Wissens und unserer Mittel investieren, um unserer Stadt, unserem Land und der Welt zu dienen!

Diese drei Ziele lassen sich mit den Stichworten „Evangelisation“, „Geistliches Wachstum“ und „Diakonie/weltweites Engagement“ zusammenfassen. Und bei jedem dieser Ziele wagte sich die Gemeindeleitung auf das Glatteis überprüfbarer Zahlen hinaus.

1. Evangelisation

Evangelisation, der Wert, der *Willow Creek* von Anfang an stark bestimmt hat, sollte in den nächsten Jahren noch ausgebaut werden. Zahlenmäßig hörte sich das folgendermaßen an: „In den nächsten fünf Jahren wollen wir die Besucherzahl der Wochenend-Gottesdienste von 15.000 Besucher auf 20.000 Besucher erhöhen, und wir möchten, dass in unsere Gemeinde statt 10.000 Menschen 20.000 Menschen in Kleingruppen zusammenkommen.“

Um dieses Ziel zu erreichen, sollte jeder in der Gemeinde den Kurs „So wird Ihr Christsein ansteckend“ durchlaufen – wenn möglich sogar mehrfach. Darüber hinaus verstärkte die Gemeinde ihre Bemühungen, die Gottesdienste so kreativ, ansprechend und alltagsrelevant wie nur irgend möglich zu gestalten. Bill betonte nachdrücklich, dass *Willow Creek* eine Gemeinde sein will, die sich jedem Menschen, egal, welcher Herkunft und mit welcher Geschichte, liebevoll zuwendet.

2. Geistliches Wachstum

Neben den Bemühungen, Gott ferne Menschen zu erreichen, sollten die Christen nun aber auch verstärkt zu geistlicher Reife und vollem Wachstum geführt werden. Wer Jesus folgt, sollte in der Gemeinde volle Teilhabe an der Gemeinschaft finden. Er sollte erleben, wie die Kraft des Geistes Gottes sein Leben formte und wie sein Verständnis der Bibel wuchs. Darüber hinaus sollte jeder seine Gaben entdecken und herausfinden, wo er diese Gaben zur Ehre Gottes einsetzen kann. „Jeder in der Gemeinde hat *ein Recht* auf Mitarbeit" (Gilbert Bilezikian). Jeder hat *das Recht,* an den Diensten der Gemeinde beteiligt zu sein. Denn diese Beteiligung ist der Schlüssel zu einem Leben in Fülle! Dies gilt unabhängig vom Status oder dem Geschlecht der Person.

Auf die Ebene der Zahlen heruntergebrochen, hörte sich dies so an: „Wir wollen, dass die Besucherzahl des Gemeindegottesdienstes in den nächsten fünf Jahren von 4.000 auf 8.000 Besucher ansteigt und dass die Anzahl der Gemeindemitglieder von 1.600 auf 6.000 anwächst."

Angesichts der vielen Zahlen unterstrich Bill immer wieder, dass nicht die Zahlen im Vordergrund stehen. Stattdessen sei es wichtig, hinter jeder Zahl ein Gesicht, ein Menschenleben, eine Geschichte zu sehen. Diese Zahlen stehen für den Sohn oder die Tochter von jemandem. Sie stehen für den Onkel oder die Tante eines Gemeindemitgliedes. Es sind Nachbarn, Freunde, Arbeitskollegen. Nur wenn die Gemeinde es so betrachtet, werden diese Zahlen lebendig.

3. Diakonie und weltweites Engagement

Neben dem Bemühen um Evangelisation und das geistliche Wachstum der Gemeindemitglieder trat im Fünf-Jahres-Plan zunehmend das Bewusstsein der Verantwortung für das Land und die internationalen Verbindungen von *Willow Creek* zutage. Immer mehr Länder entdeckten die Gemeinde in South Barrington und wünschten sich eine *Willow Creek*-Konferenz oder zumindest *Willow Creek*-Materialien in ihrem Land. Diese nationalen und internationalen Konferenzen erforderten eine wachsende Anzahl von Freiwilligen, die bei Organisation und Durchführung mithalfen.

Zusätzlich erkannte die Gemeindeleitung die Notwendigkeit, sich verstärkt für soziale Dienste in der Region einzusetzen, um Nächstenliebe praktisch in die Tat umzusetzen.

Ziel des Fünf-Jahres-Planes, den Bill im Januar 1996 verkündete, war, dass eine stetig wachsende Anzahl von Gemeindegliedern den Armen dient oder die internationale Arbeit der *Willow Creek Association* unterstützt. Daneben sollte die *Willow Creek Association* in den Jahren bis 2001 von 1.400 auf 4.000 Mitgliedsgemeinden wachsen. Dabei ging es stets darum, keine eigene Kirche bzw. Denomination zu gründen, sondern ein Netzwerk aus Gemeinden unterschiedlichster Denominationen zu schaffen.

Fortschritt

In den Jahren 1997–2000 stand Bill dann jedes Jahr im Januar vor der Gemeinde und informierte über den Fortschritt, den die Gemeinde in jedem der drei Bereiche gemacht hatte. Jahr für Jahr erneuerte er die Vision, hielt ein leidenschaftliches Plädoyer für die genannten Ziele, unterstrich die Werte der Gemeinde und die eingeschlagene Strategie. Und Stück für Stück näherte sich die Gemeinde den angepeilten Zielen an.

Auch wenn am Ende nicht sämtliche Zahlen exakt erreicht wurden, ging die Gemeinde in dieser Zeit durch eine Phase des enormen inneren und äußeren Wachstums.

„Ziele sind gut, aber Ziele sind nicht Gott", erklärte Bill im Verlauf dieses Prozesses. „Ziele helfen uns, auf Kurs zu bleiben, sie fordern uns heraus, sie geben uns Motivation. Aber sie sind nicht Gott. Sie stehen nicht über allem! Wir werden niemals Menschen für Ziele opfern."

Anfang 2001 hat *Willow Creek* in Spitzenzeiten fast 19.000 Besucher in den Wochenendgottesdiensten. 7.200 Besucher kommen durchschnittlich zum Gemeindegottesdienst *New Community*. Etwa 15.000 Besucher gehören zu einer Kleingruppe und die *Association* ist weltweit auf über 5.500 Mitgliedsgemeinden angewachsen.

„Only God ...", so heißt es in der Gemeinde immer wieder. „Nur Gott allein hat uns diese Entwicklung möglich gemacht. Only God ..."

Ein neues Kapitel wird aufgeschlagen – „Chapter Two"

Etwa zu Beginn der Jahrtausendwende wuchs in der Gemeindeleitung das Bewusstsein, dass mit dem Näherrücken des 25. Gemeindegeburtstages ein neuer Abschnitt in der Gemeindegeschichte anstehen würde.

Die gesamte Leitung spürte die Notwendigkeit einer größeren Veränderung, die inhaltliche, aber auch bauliche Auswirkungen haben sollte. Am Horizont erschien die Frage, ob nicht ein neues Auditorium nötig sei, weil der Raum in den Gottesdiensten zu klein wurde. Daneben stand aber genauso eine wachsende Verantwortung für die internationalen Beziehungen, die *Willow Creek* unterhielt. Wie konnte man noch mehr Menschen in der Region für Christus gewinnen und den Gemeinden weltweit noch besser dienen? Im Nachdenken und Beten über diese Fragen entstand die Vision für ein neues Kapitel in der Gemeindegeschichte – *Chapter Two* (Kapitel 2) wurde geboren.

Nach 25 Jahren atemberaubender Entwicklungen schlug die Gemeinde ein neues Kapitel auf, um die alten Werte noch entschlossener umzusetzen. Zum ersten Mal in der Geschichte von *Willow Creek* gründete die Gemeinde so etwas wie „Tochtergemeinden". Um die Fahrzeiten für Gemeindemitglieder, die ihre Freunde zum Gottesdienst mitbringen wollten, möglichst kurz zu halten, wurden so genannte *Service Stations* (Gottesdienst-Stationen) eingerichtet. Orte, an die *Willow Creek* seinen Gottesdienst übertrug und die ein eigenes Gemeindeleben entwickelten.

Zunächst wurden drei Stationen in DuPage, McHenry County und North Shore geplant. 2004 kam dann noch eine weitere in Downtown Chicago dazu! Jede dieser Stationen liegt etwa 30–45 Minuten von der Gemeinde entfernt und verkürzt somit die Anfahrtzeit für viele Gemeindemitglieder erheblich.

Parallel dazu sollten aber auch die Bemühungen in South Barrington verstärkt werden und dafür benötigte man neue Räumlichkeiten. Ein neues Auditorium mit 7.200 Sitzplätzen und moderner Bühnentechnik wurde geplant. Dazu mehr Räume für die ständig wachsende *Promiseland*-Arbeit und für die Bedürfnisse der Videotechnik, der Musiker und anderer beteiligter Künstler.

Darüber hinaus sollte auch die Arbeit der *Willow Creek Association* ausgeweitet werden. Hier brauchte man dringend finanzielle Mittel, um Materialien zu übersetzen, damit diese in Ländern eingesetzt werden konnten, die sich eine eigene Übersetzung nicht leisten konnten.

Der gesamte Finanzbedarf für dieses *Chapter Two* belief sich auf die gigantische Summe von 70 Millionen Dollar. Da man auf Grund weiser Haushaltsführung in den Jahren zuvor schon 20 Millionen Dollar für ein zukünftiges Bauprojekt zur Seite gelegt hatte, benötigte die Gemeinden nun also noch weitere 50 Millionen Dollar an Spenden.

Diese Summe war atemberaubend. Um das angepeilte Ziel zu erreichen, initiierte die Gemeindeleitung eine sechsmonatige Kampagne, in deren Verlauf unzählige Einzelgespräche und Versammlungen stattfanden. In all diesen Treffen ging es darum, die Vision für das neue Kapitel in der Geschichte von *Willow Creek* zu erklären und Menschen einzuladen, sich an dieser Vision inhaltlich und finanziell zu beteiligen. Nach diesen sechs Monaten wurde jeder in der Gemeinde aufgefordert, sich vor Gott zu fragen, was sein Anteil an dieser Vision sein und was er innerhalb der folgenden drei Jahre finanziell dazu beitragen konnte. „Gebt nur das, was Gott euch sagt!", lautete immer wieder die Anweisung der Gemeindeleitung.

Als die Endsumme der Zusagen bekannt wurde, stockte der Gemeinde der Atem: Statt der erwarteten 50 Millionen gingen Verpflichtungszusagen von insgesamt 70 Millionen

Dollar ein. Gott schien noch größere Pläne zu haben, als die Gemeindeleitung gedacht hatte. Diese musste nun die Pläne den neuen finanziellen Möglichkeiten anpassen. Wieder hieß es: „Only God …!"

Mit großer Begeisterung ging die Gemeinde nun das große Projekt *Chapter Two* an. Das Bauunternehmen wurde begonnen, die regionalen Tochtergemeinden begannen mit Gottesdiensten und die *Willow Creek Association* verstärkte den internationalen Einsatz. Alles schien im Plan zu laufen, bis zu dem Tag, an dem fanatische Islamisten zwei Flugzeuge in die Zwillingstürme des *World Trade Centers* stürzen ließen …

Von diesem Tag an war alles anders. Der Anschlag hatte die US-amerikanische Wirtschaft empfindlich getroffen. Über tausend Mitglieder der Gemeinde verloren ihren Arbeitsplatz und konnten ihre Zusagen gegenüber der Gemeinde nicht einhalten.

Aber das Projekt war begonnen, die Gemeinde konnte nicht einfach zurück. Die Baugrube war ausgehoben, die regionalen Gemeinden gegründet, die weltweiten Projekte begonnen – es musste weitergehen.

Bill und sein Leitungsteam sahen sich erneut einer gigantischen finanziellen Herausforderung gegenüber und mussten nun eine weitere Spenden-Kampagne starten, um die finanzielle Lücke zu schließen. Dies erwies sich als ein schwieriges Unterfangen, denn viele Gemeindemitglieder waren bereits finanziell an ihre Grenzen gegangen. Dennoch schaffte es die Gemeindeleitung, die Unterdeckung so weit zu reduzieren, dass am Ende das Fortbestehen der Gemeinde gesichert war.

Mitten in dieser rauen See erwartete Bill eine weitere Hiobsbotschaft: John Ortberg, der begabte und beliebte Lehrpastor der Gemeinde, teilte ihm mit, dass er nach neun Jahren Dienst die Gemeinde verlassen werde. John wechselte zusammen mit seiner Familie in die *Menlo Park Presbiterian Church* in San Francisco. Neben den finanziellen Problemen musste sich die Gemeindeleitung nun auch noch um neue Hauptamtliche im Bereich Lehre kümmern. Sie mussten einen Ersatz für John Ortberg finden, und gleichzeitig war der Wunsch da, Bill an den Wochenenden vermehrt zu entlasten. Also berief die Gemeinde gleich zwei neue Pastoren: Gene Appel aus Las Vegas und Mike Breaux aus Lexington, Kentucky. Mike wurde vor allem im Bereich der Wochenend-Gottesdienste eingesetzt und Gene im Bereich der Gemeindegottesdienste *New Community.*

„The Grand Opening" – die große Eröffnung

„What a good God you have been to us!" („Was für ein guter Gott bist du für uns gewesen!") Es war ein bewegender Moment, als Greg Ferguson, der Leiter des *Willow Creek*-Anbetungsteams, dieses Lied im September 2004 vor mehr als 30.000 Besuchern zur Eröffnung des neuen Auditoriums anstimmte. Feierlich und begeistert wurden die Räume für die Gemeindearbeit unter Gottes Segen gestellt. „Jeder soll hier willkommen sein", unterstrich Mike Breaux und warf eine Fußmatte mit der Aufschrift „Welcome" auf den Boden. Äußerlich mag sich vieles verändert haben, aber inhaltlich wird sich das Eine niemals ändern: *Egal, wer du bist, welche Rasse, welche Geschichte, welche Vergangenheit du hast – hier bist du willkommen.*

Endlich war es möglich, den Gemeindegottesdienst mit allen Mitgliedern zu feiern, und nicht, wie bisher, an zwei aufeinander folgenden Wochentagen. Die Wochenend-Gottesdienste wurden auf Grund der größeren Raumkapazität von vier auf drei reduziert. Das alte Auditorium wurde feierlich an die Jugendarbeit weitergegeben. *Promiseland* konnte erstmals die herrschende Raumknappheit hinter sich lassen.

All diese Umstellungen brachten große Möglichkeiten, aber auch enorme Herausforderungen mit sich. Teams mussten neu strukturiert werden, ganze Arbeitszweige um- und neue Arbeitsgruppen aufgebaut werden. Viele bewährte Mitarbeiter, die zum Teil seit Jahren Verantwortung trugen, verließen die Gemeinde und nahmen neue Aufgaben in Angriff. Neue Mitarbeiter wurden eingestellt und eingearbeitet. Die Gemeinde ging in den Monaten nach der Einweihung durch ein enormes Tal mit vielen Problemen und Umstellungen. Als die Gemeinde langsam wieder ihren Rhythmus gefunden hatte und die meisten Veränderungen verarbeitet waren, legte Bill im Oktober 2005 die leitende Verantwortung für die Hauptgemeinde in South Barrington in die Hände von Gene Appel. Er blieb zwar weiterhin Seniorpastor der Gesamtgemeinde inklusive der Regionalgemeinden, zog sich aber aus dem Tagesgeschäft der Gemeinde zurück, um einen Generationswechsel einzuläuten und zugleich mehr Zeit zu finden, um Pastoren auf der ganzen Welt als Mentor und Coach zu unterstützen.

Neben dem Generationswechsel zeichnete sich aber auch ein Strategie-Wechsel ab. Mit der Berufung von Randy Frazee zum weiteren Lehrpastor setzte *Willow Creek* verstärkt auf eine Nachbarschaftsstrategie. Der Wochenend-Gottesdienst blieb ein zentrales Mittel zur Evangelisation, wurde nun aber durch die *One-To-One*-Evangelisation in der Nachbarschaft verstärkt.

Die Entwicklung der Willow Creek Association

Parallel zu den Entwicklungen in der Gemeinde wuchs auch die Arbeit der *Willow Creek Association* stetig an. Ihr Ziel formulierte die *Association* am Anfang ihrer Arbeit folgendermaßen: „To envision, encourage and equip church leaders to build prevailing chruches" („Leiter von Gemeinden eine Vision zu vermitteln, sie zu ermutigen und mit Material auszustatten").

Als eines der Hauptwerkzeuge zur Umsetzung dieser Vision erwies sich im Laufe der Jahre der *Leadership-Summit.*

Was im Sommer 1995 mit ein paar hundert Leitern als kleine Konferenz begann, wurde im Laufe weniger Jahre zu *der* christlichen Leiterkonferenz schlechthin. Top-Referenten aus Kirche, Politik und Wirtschaft geben sich auf diesem Leitertreffen die Klinke in die Hand. Namen wie der von *Saddleback*-Pastor Rick Warren, dem *Motorola*-Direktor Bob Galvin, *Yahoo*-Vizepräsident Tim Sanders oder auch dem damaligen US-Präsidenten Bill Clinton stehen auf der Referentenliste, aber auch Größen aus der Unterhaltungsindustrie wie Bono, Leadsänger der irischen Rockformation „U2“. Jahr für Jahr gelingt es Bill und seinem Team, die Top-Impulsgeber auf die Bühne zu holen, um christliche Leiter aus aller Welt mit den besten Vorträgen und Anregungen zu versehen.

Nach zehn Jahren erreichte der *Leadership-Summit* im Jahr 2005 über 70.000 Besucher in neun verschiedenen Ländern. Tendenz steigend.

Neben dem *Leadership-Summit* kamen im Laufe der Jahre noch weitere Konferenzen hinzu, z. B. die *Next Generation*-Konferenz, die *Promiseland*-Konferenz, die *Arts*-Konferenz, die Kleingruppenkonferenz und andere.

National stieg *Willow Creek* neben der *Sattleback Church* in Kalifornien zum wichtigsten Impulsgeber der evangelikalen Christen auf.

Aber auch international wächst der Einfluss. Ende 2005 gehörten weltweit über 11.000 Gemeinden zum *Willow Creek*-Netzwerk – und diese Zahl steigt jeden Tag um drei Gemeinden an. Zu diesem Zeitpunkt unterhält die *Association* Büros in dreizehn verschiedenen Ländern.

Aus einer Jugendgruppe von 25 Teilnehmern hat Gott innerhalb von wenigen Jahren eine Arbeit wachsen lassen, die Kirchengemeinden überall auf der Welt verändert. Und das Abenteuer geht weiter …

Anmerkungen

1 Bill Hybels: „Willow Creek Vision 2001 – Ziele und Perspektiven für die kommenden fünf Jahre“. Wiesbaden: Projektion J Verlag, 1996. S. 5.

2 Ebd.

Teil II

Werte und Vision

Kapitel 10

Der Einfluss von Willow Creek

Wenn Sie den ersten Teil dieses Buches gelesen haben, wissen Sie, dass wir nicht auf alle Fragen eine Antwort haben. Sehr oft haben wir Dinge aus dem Ärmel geschüttelt. Aber als wir uns entschlossen hatten, uns selbst, so gut wir können, Gott zu unterstellen, hat er sich entschlossen, in unserer Gemeinde etwas überwältigend Aufregendes zu schaffen. Ein Ergebnis davon ist, dass *Willow Creek* mehr Interesse auf sich gezogen hat, als wir uns jemals hätten vorstellen können.

In den letzten Jahren hat die wachsende Aufmerksamkeit uns dazu veranlasst, uns mit der Frage auseinander zu setzen, welche Rolle – wenn überhaupt – *Willow Creek* spielen könnte, wenn es darum geht, anderen Gemeinden zu helfen und das Ausbreiten des Reiches Gottes in dieser Welt zu unterstützen.

Nachdem wir viel Zeit in Gebet und Gespräch verbracht hatten, kamen wir zu dem Ergebnis, dass Folgendes unser bester Beitrag sein würde: Wir wollen die Leiter anderer Gemeinden ermutigen, die schmerzhafte und zugleich aufregende Erfahrung zu durchleben, Gottes „Daumenabdruck" für ihre eigene Gemeinde zu bestimmen. Lassen Sie mich dies erklären.

In der Bibel lesen wir, dass es einen Geist, aber viele Dienste gibt. Genauso wie es keine zwei identischen Daumenabdrücke gibt, sieht jede Gemeinde anders aus, hat unterschiedliche Leitungsstile, unterschiedliche Strategien und unterschiedliche Gabenmischungen. Ich glaube in der Tat, dass ein Teil der Effektivität von *Willow Creek* von dem intensiven Bewusstsein der Begabungen, der Neigungen, Visionen, Temperamente und Leitungsstile von mir und den anderen „Hauptakteuren" in meinem Umfeld herrührt, wie Dave Holombo, Don Cousins, Nancy Beach und anderen.

Wir haben versucht, mit unseren Stärken und Schwächen ehrlich umzugehen, zu lernen, was die Bibel darüber sagt, wie man eine Gemeinde baut, die kirchendistanzierten Menschen in unserer Umgebung zu verstehen und uns darauf einzustellen, wie der Heilige Geist uns in eine Vision, Berufung und Strategie hineinführt, die genau zu dem passt, wozu uns Gott geschaffen hat.

Es war, wie die erste Hälfte dieses Buches es beschreibt, ein unglaublicher Weg! Für mich war nichts so schwierig – und zur selben Zeit so lohnenswert –, wie bei der Entfaltung von Gottes Geschichte in *Willow Creek* dabei zu sein.

Manchmal vorsichtig, manchmal mutig schlugen wir uns im Laufe der Jahre mit allen möglichen „Daumenabdruck-Entscheidungen" herum – wie mit dem Erwerb von Land, dem Bau eines Gemeindehauses, der Einstellung neuer Mitarbeiter, der Entwicklung von Leitungsstrukturen, der Einführung neuer Dienstbereiche und der Planung evangelistischer Veranstaltungen. In den letzten Jahren herrschte bei uns durch die Umorganisierung unserer Dienste (um uns an zukünftiges Wachstum anzupassen) eine ständige Aufregung. Dazu gehören unsere Kleingruppendienste, unser Kinderprogramm, unsere internationalen Dienste und unser Aufnahmesystem für neue Mitglieder.

Es war herausfordernd, schwierig, spannend – alles andere als Routine! Wir haben unzählige Stunden zusammen im Gebet verbracht und gemeinsam geplant, immer in dem Bewusstsein, dass die Latte hoch liegt und dass das Risiko zu scheitern in greifbarer Nähe liegt. Und während dieses Prozesses haben wir mit wachsender Klarheit – und ständigem Staunen – erkannt, wie nach Gottes Vorstellungen der Daumenabdruck von *Willow Creek* aussehen soll.

Kein Gemeindeleiter sollte diese Erfahrung missen! Deswegen lege ich Pastoren so eindringlich nahe, *Willow Creek* nicht als Modell zu sehen und uns zu kopieren, sondern ganz aktiv und im Gebet zu entdecken und zu erkunden, welchen einzigartigen Daumenabdruck Gott für ihre Gemeinde vorgesehen hat.

Das ist das Ziel, das sich hinter diesem zweiten Teil dieses Buches verbirgt – wir wollen alle bedeutenden Punkte durchgehen, die jede Gemeinde für sich selbst erkunden sollte. Ich werde an unsere Erfahrungen in *Willow Creek* anknüpfen und damit anhand eines Beispiels erläutern, wie eine Gemeinde ihre Berufung und ihre Methoden, ihre Vision und ihre Werte herauskristallisiert hat. Vielleicht kann dies der Anstoß für Ihre eigene Gemeinde werden, den Daumenabdruck, den Gott Ihnen aufgedrückt hat, freizulegen.

Aber nun zur Praxis. Wie entdecken Gemeinden auf der ganzen Welt ihre Vision und ihre Werte? Es ist nicht verwunderlich: Gott hat seinen Plan offen gelegt. Seine Methode hängt von der Freisetzung der Männer und Frauen ab, denen die Gabe der Leitung gegeben ist.

Wodurch wird ein Leiter zum Leiter?

Als Gott sein Volk von einem tyrannischen Pharao befreien wollte, gebrauchte er einen Leiter namens Mose. Als er die Stadtmauer von Jerusalem wieder aufbauen wollte, gebrauchte er einen Leiter namens Nehemia. Als er sein Volk in ein goldenes Zeitalter führen wollte, gebrauchte er einen Leiter namens David. Als er einen Tempel bauen lassen wollte, gebrauchte er einen Leiter namens Salomo. Als er einen staatsmännischen Propheten brauchte, setzte er einen Leiter namens Jesaja ein. Und als er einen furchtlosen Gemeindegründer brauchte, wählte er sich einen Leiter namens Paulus aus.

Wann immer Gott im Laufe der Geschichte einen Menschen brauchte, der etwas in Gang setzen, organisieren oder ein wichtiges Projekt ausführen sollte, berief er sich Leiter. Und da sich seine Prioritäten seit Pfingsten nicht geändert haben – nämlich befreiende Gemeinschaften zu bauen, die inmitten von ihnen feindlich gesinnten Kulturen aufblühen –, ist anzunehmen, dass er immer wieder neue Leiter berufen wird.

Wer wird also die Vision vermitteln oder in prächtigen Farben das zukünftige Bild einer Gemeinschaft malen, die nach biblischem Vorbild funktioniert? Wer wird darauf drängen, dass Predigt und Gemeinschaft Leben verändern? Wer wird die Bedeutung des Gebetes hochhalten, sicherstellen, dass die Sakramente geachtet werden, und darauf bestehen, dass geistliche Gaben in der ganzen Gemeinde eingesetzt werden? Wer wird Dienste koordinieren, Kleingruppenstrukturen aufbauen, die Bedeutung von Anbetung stärken und die Gemeinde inspirieren, sich um Menschen zu bemühen, die Gefahr laufen, verloren zu gehen?

Richtig – Leiter. Paulus gibt jedem Mann und jeder Frau, die mit der geistlichen Gabe der Leitung ausgestattet sind, einen eindeutigen Marschbefehl: „Leite, und leite voller Eifer!" (Römer 12,8).

Leider gab es in der jüngeren Geschichte des Christentums einige Verwirrung bezüglich Leitung. Gemeinden wurden oft nicht von Leitern, sondern von solchen, die die Gabe des Lehrens hatten (im Folgenden vereinfachend „Lehrer" genannt), geleitet, aber diese beiden Personengruppen weisen unterschiedliche Verhaltensmuster auf und setzen ihre Schwerpunkte in unterschiedlichen Bereichen. Dies führte dazu, dass viele Gemeinden ausgezeichnete Predigten *hören;* aber nur einige wenige effektiv *geleitet* werden.

Bitte verstehen Sie mich nicht falsch. Die Gemeinde Jesu braucht ausgezeichnete Lehrer. Die Predigt ist eine der Hauptaufgaben der Kirche und ohne kraftvolle und vom Geist inspirierte Predigten über das Wort Gottes werden sich Leben nicht verändern. Ohne begabte Prediger müssten wir genauso „den Laden dichtmachen", weil sie einen entscheidenden Beitrag dazu liefern, Gottes Vision von einer biblisch funktionierenden Gemeinde zu erfüllen.

Und doch gibt es Unterschiede in der Art, wie Lehrer und Leiter vorgehen. Ich sage nicht, dass einer besser als der andere ist, sondern nur, dass sie einen unterschiedlichen Zugang zum Dienst haben. Wenn zum Beispiel Lehrer vor einem „Publikum" stehen, ist es ihr tiefster Wunsch, diesem treffend und zwingend biblische Wahrheiten zu vermitteln, in der Hoffnung, Leben zu verändern. Aber wenn Leiter ein Mikrofon in die Hand bekommen, steht etwas anderes auf dem Programm. Gewöhnlich haben sie ein Ziel, eine Berufung oder eine Sache, für die sie andere Menschen begeistern wollen.

Eine gewisse Zeit lang werden Lehrer immer Menschen anziehen, die ihnen darin zustimmen, dass die Kommunikation und das Verständnis biblischer Aussagen wichtig sind, um das Leben von Christen zu verändern. Lehrer erziehen und erbauen und beides ist wichtig. Doch Leiter inspirieren und motivieren. Sie streben danach, Menschen in Aktion zu versetzen und sie in die Berufung einzubeziehen, der sie die Bahn brechen. Leitung ist ein aktiver Vorgang, der Menschen dazu veranlasst, sich aus ihren Sesseln zu erheben und zu sagen: „Das ist nicht nur eine gute Idee, das ist eine Berufung, für die es sich lohnt, mein Leben hinzugeben!"

Lehrer sind normalerweise so sehr in ihre Bibelstudien und Predigtvorbereitungen vertieft, dass sie nicht merken, welche korrigierenden Schritte vielleicht in ihrer Gemeinde nötig wären. Laufende Programme können an Qualität verlieren, die Finanzgrundlage kann ein kleines bisschen ausgehöhlt sein, aber Lehrer werden die Notwendigkeit eines raschen Handelns nicht sehr schnell erkennen.

Wenn aber eine Person mit der Gabe der Leitung durch die Gemeinde läuft, läuten bei ihr bildlich gesprochen immer wieder Alarmglocken. Ihre Gedanken beschäftigen sich mit Dingen wie: „Wir müssen darauf mehr achten" und: „Wir müssen das unbedingt lösen" und: „Wir sollten uns endlich einmal überlegen, warum wir dieses Programm immer noch laufen lassen, obwohl es nicht mehr funktioniert" und: „Wir müssen ein neues Programm ins Leben rufen, um diese offensichtliche Lücke auszufüllen."

Aber noch entscheidender ist, dass manche Lehrer nicht betonen, wie wichtig es ist, dass Menschen in das aufregende Erlebnis des Dienens mit einbezogen werden. Ihre Absicht ist es, sicherzustellen, dass ihre Gemeinde auf einer festen biblischen Grundlage steht, damit die Menschen nicht durch den Wind verschiedener Lehrmeinungen hin und her gerissen werden. Das ist sehr wichtig. Für Leiter hat es dagegen hohe

Priorität, dass Menschen ihre geistlichen Gaben entdecken, entwickeln und anwenden und dass sie bis über beide Ohren im Dienst stecken.

Erkennen Sie den Unterschied?

In den meisten Fällen fühlen sich Lehrer zum Beispiel nicht dazu hingezogen, die vorhandenen Finanzmittel strategisch einzusetzen. Auch wenn sie wissen, dass es ein wesentlicher Teil des Dienstes ist, ist es in der Regel keine Tätigkeit, die sie leidenschaftlich gern und gut ausüben. Auf der anderen Seite haben Leiter den zwar begrenzten Finanzrahmen der Gemeinde im Blick, betrachten ihn aber viel eher mit Begeisterung als Kapital für das Reich Gottes, das ihnen die Möglichkeit eröffnet, sich nicht ins Abseits stellen zu lassen, sondern als Gemeinde dem nächsten Höhepunkt zuzusteuern. Daraus folgt, dass Lehrer und Leiter das Budget einer Gemeinde aus gänzlich verschiedenen Blickwinkeln betrachten. Für einen Lehrer ist es eine reine Plackerei; für einen Leiter ist es geradezu randvoll mit Möglichkeiten.

Weil Gott mir die geistliche Gabe der Leitung anvertraut hat, neige ich dazu, alles durch diese Brille zu sehen. Manchmal laufe ich zusammen mit einer unserer Ältesten durch *Willow Creek*, deren stärkste Gabe die der Ermutigung ist. Meistens kreisen meine Gedanken zur selben Zeit um eine Menge Aspekte, die den Bereich Leitung betreffen, wie z. B. der Verkehrsfluss in den Korridoren funktioniert, während ihre Aufmerksamkeit auf jemanden gerichtet ist, der irgendwo steht und dem es gerade nicht gut geht. Sie weiß nicht viel über Strategien und den richtigen Einsatz von Ressourcen; ich hätte vielleicht den Menschen mit seinem erdrückenden Problem nicht bemerkt, wenn ich nicht aufgepasst hätte. In beiden Fällen beeinflusst unsere Hauptgabe die Art und Weise, wie wir unseren Dienst wahrnehmen.

Natürlich haben einige Leute eine Mischung aus Lehr- und Leitungsgaben. Ich will sicher nicht den Eindruck erwecken, dass sie sich gegenseitig ausschließen würden. In meinem Fall ist meine erste Gabe die der Leitung, die zweite die der Evangelisation und meine dritte Gabe die der Lehre. Aber wahr ist, dass Menschen mit der Gabe der Leitung einige Charakteristika haben, die für das Vorwärtskommen einer Gemeinde lebenswichtig sind.

Als ich in der Bibel nach Menschen suchte, die in der Geschichte ganz eindeutig starke Leiter gewesen sind, habe ich bestimmte Verhaltensmuster und Haltungen gefunden, die ihnen allen gemeinsam waren:

1. Leiter haben die Fähigkeit, eine Vision zu vermitteln

Menschen mit der geistlichen Gabe der Leitung haben die von Gott gegebene Fähigkeit, sich eine besondere Zukunft für jedes beliebige, mit dem Reich Gottes in Beziehung stehende Unternehmen vorzustellen. Jesus zum Beispiel stand vor einer Volksmenge und sagte: „Eines Tages wird die Gemeinde wie eine Stadt auf dem Hügel sein, die man nicht verbergen kann." An einem anderen Tag ging er auf Petrus zu und sagte: „Ich sehe deine Zukunft vor mir. Ich sehe, dass du etwas wirst, was du dir selbst nicht vorstellen kannst. Deswegen werde ich dich von jetzt an ‚Fels' nennen."

Leiter stehen vor der Gemeinde und sagen: „Wisst ihr, zu was wir werden müssen? Zu einer Gemeinde, die nach biblischen Maßstäben funktioniert!" Dann gehen sie ihre Liste durch und erklären, wie eine liebende, dienende, anbetende, betende, evangelistisch orientierte, Gott verherrlichende Gemeinschaft von Christen aussieht, und die Menschen werden von ihren Sitzen aufspringen und dabei sein wollen!

Warum verhält sich das so? Weil Gott die Menschen so geschaffen hat, dass sie auf eine wertvolle Vision reagieren, wenn sie von einem Menschen, der die Gabe der Leitung hat, vorgestellt wird.

2. Leiter haben die Fähigkeit, Menschen zusammenzubringen

Menschen brennen nicht nur darauf, eine aufregende Vision zu hören, sie hungern auch nach Menschen, die ihnen sagen, auf welche Weise sie dazu ihren ganz persönlichen Beitrag leisten können. Leiter haben die Begabung, Menschen von den Zuschauertribünen auf das Spielfeld zu holen und dann sicherzustellen, dass sie in der richtigen Position spielen, um den besten Beitrag für das Reich Gottes zu leisten.

Nehemia ist hierfür ein großartiges Beispiel. Er vermittelte die Vision, die Stadtmauer rund um Jerusalem wieder aufzubauen, indem er seinen Zuhörern im Prinzip sagte: „Die Stadt Gottes wird wieder stark und befestigt sein! Wir werden nicht länger die Schande der Welt sein! Wir werden diese Mauer und diese Stadt wieder aufbauen!" Und der ganze Volkshaufen rief: „Ja! Lasst uns loslegen!"

Dann mobilisierte Nehemia sie und setzte sie in strategischen Positionen ein. Sein Plan veranschaulicht die Brillanz seiner Leitungsbegabung: Er beauftragte Familien, das Stück Mauer wieder aufzubauen, das an ihre Häuser angrenzte. Menschen sind sehr motiviert, eine unheimlich starke Mauer zu bauen, wenn diese Mauer ihre Kinder und sie selbst schützen wird. Auf diese Weise konnte Nehemia jeden sehr wirksam in kleine Einheiten einbinden, um die Vision, die er vermittelt hatte, auch Wirklichkeit werden zu lassen.

Zur wirkungsvollen Leitung gehört es, den Charakter, die Fähigkeiten, die Lebenserfahrung, das Temperament, die Persönlichkeit und die geistlichen Gaben jedes einzelnen Teammitgliedes zu berücksichtigen; Gaben, die für die Verwirklichung des angestrebten Zieles zur Verfügung stehen. Wenn Menschen erst einmal angemessene Verantwortung übertragen wurde, dann aufgepasst! Menschen blühen auf, wenn sie freigesetzt werden, zum Erfolg eines Planes beizutragen.

3. Leiter haben die Fähigkeit, andere Menschen zu inspirieren und zu motivieren

Menschen mit der Gabe der Leitung haben ein übernatürliches Gespür dafür, wann sie andere Menschen ermutigen und anfeuern müssen. Intuitiv wissen sie, wie sie die Flamme der Begeisterung wieder entfachen können, wenn sie zu flackern beginnt.

Wenn unsere Mitarbeiter zum Beispiel nach ihrem Dienst von der Bühne herunterkommen, setzen sie sich immer in den Bereich vor der Bühne, in dem normalerweise die Sprecher sitzen. Im Laufe der Jahre habe ich dabei festgestellt, dass Menschen, die reine Lehrer sind, sich gewöhnlich so sehr mit ihrer Predigt beschäftigen, die sie gleich vor der Gemeinde halten wollen, dass sie kaum die Sänger und Schauspieler bemerken, die die Bühne verlassen und sich eine Reihe hinter ihnen hinsetzen.

Aber wenn dort Menschen mit der Gabe der Leitung sitzen, werden sie ausrufen: „Großartig! Danke für euren Dienst! Keiner hätte das so wie ihr machen können!" Ehrlich gesagt, können sich Leiter nicht zurückhalten. Warum? Weil ihr Herz dafür schlägt, andere Menschen zu motivieren und zu inspirieren.

4. Leiter können die Notwendigkeit positiver Veränderungen erkennen – und sie dann herbeiführen

Es reicht nicht aus, dass Leiter ein angeborenes Gespür dafür haben, wann es an der Zeit ist, den Kurs in einer Organisation zu ändern. Sie brauchen auch von Gott inspirierte Einsichten, wie sie den Kurs ändern können, ohne dabei eine Meuterei der Mannschaft – oder den Tod des Steuermanns – zu riskieren.

Viele Pastoren besuchen beispielsweise die Konferenzen in *Willow Creek* und sind glücklich darüber, neue Ideen mit zurück in ihre Gemeinde nehmen zu können. Das ist gut, außer in Fällen, in denen sie nach Hause zurückkehren und versuchen, mit allen Mitteln tief greifende Veränderungen durchzusetzen, ohne vorher eine angemessene Vision vermittelt, ein festes Fundament aus neuen Werten gelegt und darüber nachgedacht zu haben, wie sie die Veränderung durchführen wollen. Das Endergebnis kann eine Katastrophe für den Pastor und für die Gemeinde sein.

Begabte Leiter haben das geistliche Know-how, das nötig ist, um vernünftige Veränderungen in einem Tempo durchzuführen, das der Gemeinde angemessen ist.

5. Leiter etablieren zentrale Werte

Leiter sind ständig dabei, die einzigartige Zusammenstellung von Werten zu definieren und zu verfeinern, die ihre Organisation tragen und die alle am Ball halten. Der Apostel Paulus definierte solche Werte, als er zu anderen Leitern seiner Zeit sagte: „Wenn ihr in Jerusalem rumhängen und Gemeinden für die schon überzeugten Menschen bauen wollt – bitte! Aber ich will lieber rausgehen und dort Gemeinden gründen, wo die Menschen noch nichts von Jesus Christus gehört haben."

Paulus setzte keine biblischen Gebote außer Kraft, aber er erkannte, dass es ein entscheidender Wert für seinen Dienst war, Gemeinde unter den heidnischen Völkern zu bauen. Heute müssen Leiter herausfinden, welche Werte besonders dazu dienen, den Daumenabdruck Gottes für ihren eigenen Dienst zu finden.

In der Tat ist es so wichtig, diese Hauptwerte in der Gemeinde zu etablieren, dass ich den Werten, die für *Willow Creek* von zentraler Bedeutung für die Erfüllung unserer Berufung sind, ein ganzes Kapitel widme.

6. Leiter setzen vorhandene Mittel wirksam ein

Wenn eine Vision einmal beschrieben ist, beginnt ein begabter Leiter damit, die Mittel einzuschätzen, die zur Umsetzung dieser von Gott gegebenen, besonderen Vision zur Verfügung stehen. Leiter schauen auf solche Mittel wie Geld, Ausstattung, haupt- und ehrenamtliche Mitarbeiter – sogar Zeit –, und sie fangen an zu planen, wie alles am besten zum Einsatz kommen kann. Nur wenige Dinge bringen einen Leiter so sehr in Rage wie die Verschwendung von Mitteln, wenn sie zum Nutzen für das Reich Gottes hätten eingesetzt werden können.

Das Leitungsteam von *Willow Creek* verwendet viel Zeit darauf, beständig darüber nachzudenken, wie wir die Mittel, die uns zur Verfügung stehen, noch besser einsetzen können. Diese Sitzungen kosten die Leiter keine Kraft, sondern verleihen ihnen stattdessen neue Energie. Sie gehen in dem Vertrauen aus den Sitzungen hinaus, dass sie das Beste aus dem herausgeholt haben, womit sie es gerade zu tun haben.

7. Leiter haben die Fähigkeit, „Entropie" zu erkennen

Mit anderen Worten: Leiter haben einen sechsten Sinn, der es ihnen ermöglicht, zu erkennen, wenn Dinge aus dem Lot geraten, noch bevor andere es merken. Die unterschwellige Verschlechterung eines Dienstes oder ein Nachlassen der Moral, was oft von den meisten Menschen kaum bemerkt wird, erregt geradezu lautstark die Aufmerksamkeit eines Menschen mit der Gabe der Leitung.

Am Anfang des Jahres 1990 sagten beispielsweise viele Menschen, dass *Willow Creek* eine Weltklasse-Kleingruppenarbeit besäße. Aber diejenigen von uns, die die Gabe der Leitung hatten, bekamen von Gott die Fähigkeit, hinter die Fassade zu blicken. Wir erkannten, dass unser Dienst zwar effektiv arbeitete und den Anforderungen standhielt, dass er aber nicht ganz so optimal funktionierte, wie er hätte funktionieren können. Bestimmte Bedürfnisse blieben weiterhin unerfüllt. Zu viele Leiter waren ausgebrannt. Das System erstickte weiteres Wachstum.

Als wir diese Punkte ansprachen, schrien einige Leute auf: „He, wenn es nicht angeknackst ist, dann repariert es nicht!" Wir mussten ihnen antworten: „Ihr habt Recht, die Reifen sind noch nicht platt. Aber sie sind schon etwas undicht, und wir wollen sie reparieren, bevor unser ‚Wagen' liegen bleibt."

Dank der Planung und der harten Arbeit einiger sehr begabter Leiter machten wir den Dienst wieder funktionsfähig. Aus diesem Grund haben wir heute eine stärkere, gesündere, größere und effektivere Kleingruppenarbeit. Am Anfang des Jahres 1995 hatten wir fast elfhundert Kleingruppen und fünfmal so viele Gruppenleiter wie früher.

Dies lässt sich auf Leiter zurückführen, die sich nicht durch den schönen Schein haben täuschen lassen und gemerkt haben, dass das System nicht ganz so effektiv war, wie alle Welt angenommen hatte.

8. Leiter lieben es, Leitungsstrukturen zu schaffen

Leider werden in unseren Tagen viele Gemeinden durch unsichere Pastoren lahm gelegt, die der Mittelpunkt sein wollen, um den sich die gesamte Gemeinde dreht. Sie wollen an allen Entscheidungen beteiligt werden. Wenn fähige und geistliche Leute vorwärts gehen und bestimmte Verantwortungen übernehmen wollen, werden sie weggeschoben. Manchmal müssen sie sich sogar die äußerst üble Beleidigung anhören, sie seien ja „nur Laien".

Folglich sind die Kirchen voll mit sehr begabten Menschen, die am Sonntag in der Kirchenbank sitzen und pflichtbewusst die Hände im Schoß falten. Inzwischen beschwert sich der Pastor, dass er erschöpft und überarbeitet ist. Das ist offensichtlich alles andere als das biblische Vorbild!

Tatsächlich ist der biblische Ansatz aber so gedacht, dass Pastoren den Menschen helfen, ihre geistlichen Gaben zu entdecken, dass sie Leute zurüsten, sie mobilisieren, sie ermutigen und sie freisetzen, dass sie den Dienst voranbringen können. Einer der besten Beiträge, den Pastoren für ihre Gemeinde leisten können, ist es, eine Leitungsstruktur zu schaffen, in der andere leiten, eine Vision vermitteln und Mitarbeiter in den verschiedenen Bereichen der Gemeinde koordinieren können. Dann ist es die Rolle des Hauptleiters, mit den anderen Leitern zusammenzuarbeiten und sicherzustellen, dass alle die gleiche Vision teilen.

Wenn mir meine Sekretärin ein Fax schickt, während ich unterwegs bin, schreibt sie die kurze Notiz dazu: „In der Gemeinde läuft alles glatt." Das bedroht meine Stellung nicht, es erfüllt mich! Ich liebe es, die Leitung den geeigneten Leuten zu überlassen, sowohl haupt- als auch ehrenamtlichen Mitarbeitern. Ich feiere ein innerliches Fest, wenn sie ihren Platz finden und dort aufblühen. Es ermutigt mich zu sehen, wie sie sich ein Stück der Gemeinde mit Begeisterung und Kreativität zu Eigen machen.

Ich freue mich so sehr darüber, dass ich mich manchmal heimlich frage, ob das überhaupt noch zu vertreten ist. Aber es ist in Ordnung! Es ist biblisch! (Vgl. Epheser 4,11–13.)

Die Herausforderung an Leiter

Gott gibt Leitern aus einem bestimmten Grund diese acht Eigenschaften: Auf diese Weise können sie im Gebet voller

Eifer und Demut seinen Schatz, die Gemeinde, verwalten. Aber ich vermute, dass einige von Ihnen dieses Kapitel mit einem Kloß im Hals gelesen haben. *Oh-oh,* sagen Sie zu sich. *Hier stehe ich nun in einer Leitungsposition, aber wenn ich ehrlich bin, muss ich zugeben, dass diese Punkte auf mich nicht zutreffen. Ich glaube, ich habe überhaupt keine Leitungsbegabung. Was soll ich jetzt machen?*

Zuallererst: Keine Panik. Paulus schreibt (1. Korinther 12,7), dass Sie mindestens eine geistliche Gabe besitzen. Das könnte Lehre, Barmherzigkeit, Evangelisation, Ermutigung, Organisation oder eine der anderen Gaben sein. Gleichgültig, welche es ist – freuen Sie sich darüber! Danken Sie Gott dafür, weil in Gottes Unternehmen jede Gabe unendlich wertvoll ist. Und zweitens: Geben Sie Ihr Bestes, um Ihre Gabe zum Gewinn für das Reich Gottes ins Spiel zu bringen. Sie werden mehr Erfüllung finden, wenn Sie in einem Bereich mitarbeiten, der zu Ihnen passt, und Ihrer Gemeinde ist besser gedient, wenn an ihrer Spitze jemand steht, der die Gabe der Leitung hat.

Aber wenn Sie Leiter sind, dann leiten Sie – und leiten Sie voller Eifer! Vermitteln Sie eine inspirierende, auf Gott ausgerichtete Vision, verfassen Sie eine in wenige Worte gefasste mitreißende Auftragsbeschreibung, entwickeln Sie eine effektive Strategie, stellen Sie biblische Hauptwerte zusammen und kontrollieren Sie Ihre Effektivität, um sicherzustellen, dass Sie am Ball bleiben. Ich werde Ihnen helfen, indem ich in den folgenden Kapiteln diese wesentlichen Leitungsfunktionen mit Ihnen durchgehe, eine nach der anderen.

Vergeuden Sie die Fähigkeiten nicht, die Gott Ihnen gegeben hat! Sie schulden es dem Reich Gottes – und sich selbst –, Ihre Leitungsgabe praktisch einzusetzen.

Ich erinnere mich an einen langen, nassen Spaziergang mit einem Vorstandsmitglied der *Willow Creek Association,* den wir während einer Pause einer Leiterschaftskonferenz in Cardiff, Wales, unternahmen. Zu dieser Zeit war die *Association* gerade dabei, einige hochgesteckte Herausforderungen anzugehen, und es schien, als würden wir umso schneller laufen, je mehr wir über diese Punkte sprachen.

Schließlich sagte ich: „Diese Probleme sind riesig, findest du nicht?"

„Natürlich sind sie es", entgegnete er. Und dann setzte er etwas wirklich sehr Aufschlussreiches hinzu: „Aber macht es dir nicht einfach Spaß, Gott um seine Weisheit zu bitten und herauszufinden, wie er diese Probleme lösen will?"

Ich musste lächeln. *Das ist kein Lehrer. Das ist niemand mit der Gabe der Barmherzigkeit. Das ist auch kein Hirte. Das ist ein Leiter!* Ich ging zurück in mein Hotelzimmer und dankte Gott, dass wir geistlich begabte Leiter haben, die für die Zukunft der *Willow Creek Association* verantwortlich sind.

Und auf der ganzen Welt brauchen Gemeinden so verzweifelt Menschen wie ihn, die freigesetzt sind, der Anweisung des Apostels Paulus (Römer 12,8) zu folgen: „Leite und leite eifrig!"

Kapitel 11

Die Vision einer nach biblischem Vorbild funktionierenden Gemeinde

„Sie hielten an der Lehre der Apostel fest und an der Gemeinschaft, am Brechen des Brotes und an den Gebeten. Alle wurden von Furcht ergriffen, denn durch die Apostel geschahen viele Wunder und Zeichen. Und alle, die gläubig geworden waren, bildeten eine Gemeinschaft und hatten alles gemeinsam. Sie verkauften Hab und Gut und gaben davon allen, jedem so viel, wie er nötig hatte. Tag für Tag verharrten sie einmütig im Tempel, brachen in ihren Häusern das Brot und hielten miteinander Mahl in Freude und Einfalt des Herzens. Sie lobten Gott und waren beim ganzen Volk beliebt. Und der Herr fügte täglich ihrer Gemeinschaft die hinzu, die gerettet werden sollten." Apostelgeschichte 2,42–47

Dr. Gilbert Bilezikian hielt eine Bibel in den Händen, lief hin und her, sprach voller Intensität und Leidenschaft und tat, was er besser konnte als jeder andere Mensch, den ich kannte: Er vermittelte die Vision einer nach biblischem Maßstab funktionierenden Gemeinde.

Es war anlässlich einer Konferenz für Gemeindeleiter in *Willow Creek.* Ich saß in der ersten Reihe und war wieder einmal gefesselt von seiner Beschreibung dessen, was nach Gottes Vorstellungen sein Volk miteinander erleben sollte. „Dies ist Gottes vollendete Leistung – eine Gemeinschaft, ein Zentrum warmer, pulsierender, überschäumender, um sich greifender christlicher Liebe, ein Ort, an dem alle seine Komponenten vereinigt sind, um in dieser Welt eine ernstzunehmende Kraft und keine Farce zu sein", sagte er.

Das war nicht gerade die Beschreibung der Art von Gemeinde, in der die meisten Besucher unserer Konferenz aufgewachsen waren. Die meisten hatten in ihrer Kindheit die Erfahrung gemacht, dass Gemeinde langweilig, monoton und ohne jede Überraschung ist. Sie hatten keine regelmäßigen Lebensveränderungen gesehen. Stattdessen hatten sie bloß die Gottesdienste über sich ergehen lassen, gähnend, mit den Augen rollend und verstohlen auf ihre Uhren blickend, um zu sehen, wie viele Minuten noch blieben, bis sie frei und für eine weitere Woche vor dieser Veranstaltung sicher waren. In den Jahren, die die meisten von ihnen in traditionellen Kirchen verbracht haben, hatten sie niemals mit den Tränen zu kämpfen, waren selten von der Herrlichkeit Gottes ergriffen und erlebten äußerst selten, dass geistlich völlig desinteressierte Menschen zum Glauben kamen.

Als Dr. Bilezikian nun die unwiderstehliche Beschreibung der Bibel entfaltete und erzählte, wie sich Gott das Leben der Gemeinschaft der Gläubigen vorstellte, konnte ich sehen, wie sie auf die Kanten ihrer Sitze rutschten, weil sie über den Gegensatz zwischen diesem inspirierenden biblischen Porträt und den Erfahrungen ihrer Kindheit sowohl beeindruckt als auch traurig waren. Ich konnte in vielerlei Hinsicht mit ihnen fühlen.

Lehren heißt Leben verändern

In einer nach biblischem Maßstab funktionierenden Gemeinde, erklärte uns Dr. Bilezikian, wirkt die Lehre verändernd. Wenn von Gott begabte Lehrer die Bibel aufschlagen, ihre Wahrheit unter der Kraft des Heiligen Geistes präsentieren und sich ihr Weg mit einer Gemeinde voller aufnahmebereiter Herzen kreuzt, dann kann bei diesem Ehrfurcht gebietenden Zusammentreffen erstaunliche Lebensveränderung stattfinden.

Aber das ist nicht die Norm. Viele Menschen wachsen auf, hören Predigten und wundern sich: *Warum schreit er so? Warum ist er so weit entfernt? Warum kann ich dem, was er sagt, nicht folgen? Warum hat das Gesagte gar nichts mit meinem Leben zu tun? Warum ist er so selbstgerecht?*

Vor ein paar Jahren wohnte ich während einer Konferenz

in Florida in einem Hotel, und als ich so durch das Foyer zu meinem Zimmer ging, hörte ich Musik und Gelächter aus der Lounge kommen. Also steckte ich meinen Kopf durch die Tür und sah, dass dort eine Karaoke-Party im Gang war, bei der Amateure aus dem Publikum zu eingespielten Instrumentalliedern sangen.

Ich sah, wie eine blonde Frau nach vorne schlenderte, das Mikrofon ergriff und mit unglaublicher Hingabe einen schmalzigen Western-Song zum Besten gab. Sie wackelte mit den Hüften und schmetterte den simplen Text aus vollem Hals ins Mikrofon – aber die ganze Zeit sang sie einen dreiviertel-Ton zu tief. Sie endete mit einem furiosen Finale und stolzierte an ihren Tisch zurück, als wollte sie sagen: *Nashville – ich komme!* Inzwischen schüttelten sich alle und jeder dachte bei sich: *Es müsste ihr jemand mal die Wahrheit sagen! Sie denkt doch tatsächlich, dass sie gut ist!*

Lassen Sie uns der Wahrheit ins Auge sehen – es gibt einige Pastoren, die schnell mal eine Predigt zusammenschreiben, auf die Kanzel klettern und mit der Faust auf das Pult schlagen oder wild herumfuchteln und ins Schwitzen geraten und dann heimgehen und zu sich sagen: *Billy Graham, Platz da, hier komme ich!*

Aber die Gemeinde denkt alles andere als das. Die Leute fragen sich, wann ihm endlich jemand die Wahrheit sagen wird. Er ist möglicherweise gut in irgendetwas, aber das ist sicher nicht das Predigen. Und dies führt dazu, dass Leben unverändert bleiben.

In einer nach biblischem Vorbild funktionierenden Gemeinde stellen die Leiter sicher, dass nur Menschen predigen, die auch wirklich die entsprechenden geistlichen Gaben haben, die geistliche Übungen praktizieren und vom Heiligen Geist dazu ausgerüstet wurden zu lehren. Wenn das geschieht, wird das Leben in dieser Gemeinde anfangen zu pulsieren. Zeigen Sie mir eine Gemeinde, die von Leitern geleitet wird und in der jemand mit der geistlichen Gabe der Lehre predigt, und ich zeige Ihnen eine pulsierende und wachsende Gemeinschaft von Christen.

Dann sagte Dr. Gilbert Bilezikian, dass es in einer biblisch funktionierenden Gemeinde Gemeinschaft gibt, die Leben verändert. Das war nun wirklich weit von den Kindheitserfahrungen der meisten seiner Zuhörer entfernt! Die einzige Art von Gemeinschaft, an die sich die Teilnehmer erinnern konnten, spielte sich in den fünfzehn oder zwanzig Minuten nach dem Gottesdienst ab, in denen die Männer im Vorraum der Kirche beisammenstanden und einander oberflächliche Fragen stellten.

„Was macht die Arbeit, Jake?", fragte einer.

„Geht so, Phil. Sag, fährst du einen neuen Pick-up?"

„Nein, der ist gebraucht", antwortete Phil. „Was ist bei dir diese Woche so los?"

„Nicht viel."

„Es war schön, mir dir zu reden, Jake."

„Ja, mir dir auch."

Und das war's. Sie riefen ihre Frauen aus der Gemeinde-Küche, wo diese ähnliche Gespräche geführt hatten, und fuhren nach Hause – bis zur nächsten Woche.

Aber die Bibel macht deutlich, dass wahre Gemeinschaft die Kraft hat, Leben zu verändern. Masken werden abgenommen, Gespräche gehen in die Tiefe, Menschen zeigen sich verwundbar, Leben wird geteilt, Verantwortung füreinander wird gerne übernommen und Güte kann von Mensch zu Mensch fließen. Menschen werden wirklich wie Brüder und Schwestern füreinander. Sie schultern die Lasten der anderen – und das ist leider etwas, das nur die wenigsten Menschen im Zuhörerraum in ihrer Kindheit erlebt hatten.

In vielen Gemeinden scheint es nicht zulässig zu sein, Probleme zu haben. Familien, die über Jahre hinweg in derselben Kirchenbank saßen, verschwinden plötzlich, weil die Eltern Schwierigkeiten in ihrer Ehe haben. Anstatt in die Gemeinde zu kommen, um dort Hilfe, Unterstützung und Gebet zu finden, wählen sie einen anderen Weg. Sie fühlen sich nicht frei genug zu sagen: „Wir lieben Gott, aber was wir tun, ist irgendwie nicht in Ordnung. Unser Leben scheint auseinander zu fallen. Wir brauchen Hilfe!"

Es herrscht häufig die unausgesprochene Einstellung, dass „man" einfach keine Probleme hat. Und wenn man welche hat, dann spricht man in der Gemeinde lieber nicht davon.

Ich lernte diese Lektion ebenfalls. Als ich alt genug war, nach dem Gottesdienst im Kirchenvorraum zu stehen, fragte mich jemand: „Na, Bill, wie läuft es denn in der Schule?"

Und ich gab die Antwort, von der ich annahm, dass sie erwartet wurde: „Gut, Ben", erwiderte ich. „Es läuft prima."

Ich hatte nicht das Gefühl, ihm sagen zu können, dass ich am Boden zerstört war, weil meine Freundin und ich miteinander Schluss gemacht hatten. Oder dass ich ein Schmalspurchrist war. Oder dass ich einen älteren Bruder hatte, der zu viel trank und zu schnell fuhr, und ich mir Sorgen machte, wohin sein Leben führen würde.

Ich sagte nichts von all diesen Dingen, weil ich spürte, dass ein guter Christ einfach nicht zugab, dass er solche alltäglichen Probleme hatte. Und in manchen Gemeinden bezeichnet man das als Gemeinschaft.

Das sollte man lieber nicht tun.

Menschen erreichen, die Gefahr laufen, verloren zu gehen

Dann sprach Dr. Bilezikian darüber, dass eine nach biblischem Vorbild funktionierende Gemeinde sich nach Menschen ausstreckt, die weit von Gott entfernt sind, und ihnen hilft, zu verstehen, was Jesus Christus für sie getan hat, und dies für sich in Anspruch zu nehmen. Das sprach die Leiter im Publikum tief in ihrem Inneren an. Viele von ihnen waren als Jugendliche zum Gottesdienst gegangen und hatten sich gefragt: *Wenn es wirklich Himmel und Hölle gibt, warum tut dann keiner was für die Nachbarschaft, die wir von den Kirchenfenstern aus sehen?*

Sie konnten nicht verstehen, warum die Gemeinde es hinnahm, dass so viele Leute sich – bildlich gesprochen – verirrten. Trotz der vielen Menschen in ihrer Umgebung waren die Gemeinden nur darauf ausgerichtet, die zu bedienen, die schon überzeugt waren. Alles, was sie unternahmen – die Predigten, die Gottesdienste, die Programme –, war für diejenigen gestaltet, die schon sicher im Schoß der Familie Gottes saßen. Dies führte jedoch dazu, dass sich niemand aus der Nachbarschaft jemals in die Gemeinde verirrte.

Als ich einmal, wie Lynne es im ersten Kapitel beschrieben hat, einen Schulkameraden zum Gottesdienst mitbrachte, den seine persönlichen Probleme für Gott offen gemacht hatten, wurde sein ganzes Interesse am christlichen Glauben bei einer einzigen Berührung mit der Kirche einfach ausgelöscht. Er fühlte sich wie ein Außerirdischer. Er konnte nichts mit der Musik anfangen, er wusste nicht, wann er sich setzen oder hinstellen sollte, er konnte das Glaubensbekenntnis nicht wie alle anderen auswendig aufsagen, und er musste eine Predigt erleiden, die ihn in der Überzeugung ließ, dass Gott nichts mit seinem Leben zu tun hatte und unmöglich zu verstehen ist.

Ich saß zum ersten Mal mit einem höchst gefährdeten, aber suchenden Freund an meiner Seite in einem traditionellen Gottesdienst, und es waren die längsten sechzig Minuten meines Lebens. An diesem Tag stolperte ich über den gefürchteten „Schreckfaktor", dieses schreckliche innere Zusammenzucken, das ein Christ durchlebt, wenn er oder sie einen Gottesdienst mit den Augen eines kirchendistanzierten Menschen betrachtet.

Aber laut Dr. Bilezikian hat eine nach biblischem Vorbild funktionierende Gemeinde nicht nur ein Herz für ungläubige Menschen, sondern entwickelt auch Strategien, wie sie solche Menschen erreichen kann. So wie es der Zöllner Matthäus tat, der so um seine ehemaligen Kollegen vom Zoll besorgt war, dass er sie zu einer Party mit Jesus und den anderen Jüngern einlud. Er hoffte dabei, sie miteinander bekannt machen und über geistliche Themen reden zu können. Sicher war es eine unkonventionelle Idee, aber welche Alternative hatte Matthäus? Er wusste, dass es sie nur verwirren würde, wenn er sie in die Synagoge eingeladen hätte. Vielleicht – nur vielleicht –

würde dagegen dieses lockere, mehr formlose Umfeld einige Gespräche ermöglichen, die letztendlich Bedeutung für die Ewigkeit gewinnen könnten.

Wie zu erwarten war, beendeten die Pharisäer das Fest ziemlich abrupt und beschuldigten Jesus einer unvorstellbaren Tat: der Verbrüderung mit Sündern. Auf Grund ihrer Kaltherzigkeit waren diese Freunde von Matthäus für sie einfach nur gotteslästerliche, unmoralische, treulose und schlechte Menschen, die man abschreiben und der Hölle überantworten konnte.

Aber Jesus erwiderte sinngemäß: „Ihr versteht es einfach nicht, oder? Mit all eurem Wissen, euren Schriftrollen und mit all eurer Erfahrung versteht ihr noch immer nicht, wie wichtig meinem Vater Menschen sind, die unter Umständen auf ewig verloren gehen. Vielleicht hilft euch ein Beispiel. Stellt euch vor, dass jeder in diesem Raum eine unheilbare Krankheit hat – ich allein aber habe das Heilmittel. Ist es dann nicht sinnvoll, dass der Einzige, der das Heilmittel hat, ganz in eure Nähe kommen muss, um euch zu heilen?"

Ich kann mir vorstellen, wie Matthäus und Jesus, nachdem die Party zu Ende war und alle nach Hause gegangen waren, erschöpft zusammensaßen und sich gegenseitig das Herz ausschütteten. „Danke, dass du gekommen bist und mit meinen Freunden geredet hast", kann ich Matthäus sagen hören. „Als die Pharisäer reinkamen und mit ihren knochigen Fingern auf dich gezeigt haben, wäre ich am liebsten im Erdboden versunken und gestorben. Ich hasste es zu sehen, dass du öffentlich in Verlegenheit gebracht wurdest. Aber danke, dass du da warst. Danke, dass du einigen Menschen geholfen hast, um die ich mir Sorgen gemacht habe."

Und ich kann mir vorstellen, dass Jesus erwiderte: „Matthäus, ich will dir zwei Dinge sagen, die du nie vergessen sollst. Erstens liebe ich es, dass du dir um deine Freunde und Kollegen Sorgen machst. Du hast deine Freunde nicht vergessen, als du zum Glauben gekommen bist. Du hast kein Evangelisationsseminar benötigt. Kein Pastor musste dir auf die Sprünge helfen. Du hast ganz einfach ein Herz für die Menschen, die vielleicht verloren gehen. Und zweitens mag ich deinen Mut. Du hast den Mut, innovative Dinge zu tun. Wer hat jemals von einer ‚zielorientieren' Party gehört? Ich liebe es, meine Jünger zu ermutigen, wenn sie versuchen, irgendetwas für das Vorwärtskommen von Gottes Reich zu tun."

Gemeinschaften, die nach biblischem Vorbild funktionieren, bleiben sensibel und liebevoll gegenüber Menschen, die außerhalb des Glaubens stehen – aber sie belassen es nicht dabei. Sie ergreifen die Initiative, indem sie Gelegenheiten schaffen, bei denen geistlich suchende Menschen in einem geschützten Rahmen von der gefährlichen, das Leben und die Ewigkeit verändernden Botschaft von Christus hören können. Das Gute ist, dass diese Gemeinschaften die revolutionären Möglichkeiten sehen werden, mit denen Gott menschliche Herzen umkrempelt, eines nach dem anderen.

Reichtum teilen

Wenn Dr. Bilezikian einmal in Fahrt war, konnte fast nichts seine Begeisterung für die Kirche aus Apostelgeschichte, Kapitel 2 aufhalten. In einer Gemeinschaft, die auf Gott ausgerichtet ist, teilen die Reichen mit den Armen, sagte er. Genau so steht es hier im Text. Diejenigen, die viel hatten, halfen denen äußerst großzügig, die in Not waren.

Im Allgemeinen hatten die Leute im Publikum in den Gemeinden, in denen sie aufgewachsen waren, nicht viel Großzügigkeit erlebt. Was sie sahen, war eine Mercedes fahrende Familie, die neben einer allein erziehenden Mutter saß, die mit zwei Kleinkindern auf dem Fahrrad kam. Während des Gottesdienstes sangen sie aus denselben Liederbüchern, beteten denselben Gott an und sprachen dasselbe Glaubensbekenntnis. Aber danach ging die wohlhabende Familie hinüber in ein Restaurant und gab dort ein kleines Vermögen für ihr Mittagessen aus, während die allein erziehende Mutter nach Hause fuhr und ihre Habseligkeiten in Umzugskartons packte, weil man ihr in dieser Woche ihre Zwei-Zimmer-Wohnung gekündigt hatte. Wo war das Teilen? Wo war hier Liebe sichtbar?

Aus diesem Grund haben wir in *Willow Creek* alle möglichen Dienste ins Leben gerufen, um die Wohlhabenden für die Nöte der Bedürftigen zu sensibilisieren, sowohl innerhalb als auch außerhalb der Gemeinde. Es gibt eine Armenküche und Hilfe für Obdachlose; es gibt einen Wohltätigkeitsverein, der finanzielle Unterstützung gibt; es gibt Freiwillige, die Häuser für arme Menschen bauen und bei Projekten in der Innenstadt von Chicago mitarbeiten. Und es gibt einen Dienst von Automechanikern, die von sich aus den Entschluss gefasst haben, gratis die Autos von allein erziehenden Müttern zu reparieren.

Viele Menschen in *Willow Creek* geben ihr altes Auto nicht in Zahlung, wenn sie sich ein neues kaufen. Stattdessen spenden sie es der Gemeinde, die Mechaniker richten es wieder her und geben es an eine Familie weiter, die dringend ein Beförderungsmittel braucht. 2004 hat die Gemeinde auf diese Weise mehr als vierzig Autos verteilt.

Als ich einmal aus unserem Hauptgebäude herauskam, sah ich dort einen glänzenden *Honda Accord* stehen. „Wem gehört das Auto?“, fragte ich meinen Bruder Dan, der für diesen Dienst mit zuständig ist.

Dan nannte mir den Namen eines Geschäftsmannes der Gemeinde, der auf der mittleren Führungsebene tätig war, einen Kredit abzahlen und seinen Kindern das Studium finanzieren musste. Mit anderen Worten: Er schwamm nicht gerade in Geld. Aber als er sich ein neues Auto kaufte, gab er der Gemeinde seinen *Honda.*

„Du solltest die Familie sehen, die dieses Auto bekommen wird“, sagte Dan. „Die werden es gar nicht fassen können.“

Er hatte Recht. Kurze Zeit später bekam die Gemeinde das folgende Dankesschreiben:

„Als ich das alleinige Sorgerecht für meinen Sohn zugesprochen bekam, hatten wir nichts – nur unsere Kleidung, kein Auto, kein Haus, kein Kindergeld. Ich hatte das Glück, eine Arbeitsstelle zu finden, die nur eineinhalb Meilen von unserer Wohnung entfernt war, so konnte ich zur Arbeit zu Fuß gehen. Menschen schienen sich

in Scharen meiner anzunehmen und liehen mir von Zeit zu Zeit ihre Autos. Auf diese Weise konnte ich einen zweiten Teilzeitjob annehmen, um die Rechnungen zu bezahlen, die ich mit der anderen Arbeitsstelle nicht bezahlen konnte.

Ich lernte, einen Tag nach dem anderen zu leben, dankbar für jedes Auto, das ich fuhr, dankbar für Willow Creek, *wo ich zum Glauben an Christus gekommen war, dankbar für die Jugendarbeit, die so etwas wie ein Vater für meinen Sohn wurde, dankbar für die Beratungsdienste der Gemeinde, wo ich lernte, dass Gott mir ein Ehemann und so vieles mehr sein wollte.*

Unser Leben hat sich auf wunderbare Weise verändert, weil diese Gemeinde, weil Menschen sich ausstrecken und andere so anrühren, dass wir das Gefühl haben, von Gott selbst angerührt zu sein.

Ich möchte, dass Sie wissen, wie schwer es ist, allein erziehende Mutter zu sein. Wir wissen nicht, wie wir Dinge reparieren können, wenn sie kaputtgehen, und oft haben wir kein Geld, um sie von jemand anderem reparieren zu lassen, und so machen wir mit Mühe und Not weiter und beten, dass das Auto, das wir fahren, uns ‚nur noch dieses eine Mal' dahin bringt, wo wir hinmüssen. Ich habe, solange ich denken kann, mit diesem ‚Nur noch dieses eine Mal'-Gebet gelebt, und bin erstaunt, dass Gott dieses Gebet so lange Zeit erhört hat.

Ich kann es kaum glauben, dass ich dieses Auto wirklich haben soll. Ich würde am liebsten jedes Mal weinen, wenn ich einsteige. Es ist für mich wie jedes andere ausgeliehene Auto – aber dieses Mal ist Jesus derjenige, der es mir leiht. Ich fahre sein Auto. Ich fühle mich gesegnet und kann bezeugen, dass er seinen Kindern wirklich Gutes gibt."

Eine andere Art von Liebe

Sagen Sie mir: Was ist edler, was ist erhabener, was ist ein höheres Ziel im Leben, als sich der Gründung und Entwicklung einer Gemeinschaft von Gläubigen hinzugeben, die sich darum bemüht, die in Apostelgeschichte, Kapitel 2 gegebene Beschreibung der Braut Christi zu erfüllen? Einen Ort zu schaffen, an dem Menschen unterstützt und ermutigt werden; an dem vom Heiligen Geist geleitete Predigten eine neue, auf Gott ausgerichtete Richtung in das Leben von Menschen bringen; an dem Christen in Kleingruppen zusammenkommen und ihre Herzen ganz weit öffnen; an dem Menschen voller Leidenschaft miteinander durch die Probleme und Schmerzen des Lebens gehen; an dem sich jeder ermutigt fühlt, mit seinen geistlichen Gaben etwas zu verändern; an dem Gebet, Lobpreis und Anbetung und die Sakramente hochgehalten werden; an dem die Reichen ihre von Gott gegebenen Mittel mit den Armen teilen; und an dem Menschen sich so sehr um ihre kirchendistanzierten Freunde sorgen, dass die Gemeinde Strategien entwickelt und Risiken auf sich nimmt, um diese Freunde mit der Guten Nachricht zu erreichen?

Glauben Sie mir, ich möchte *Willow Creek* nicht besser darstellen, als es ist. In diesem Buch haben wir versucht, ehrlich mit unseren Fehlern zu sein. Ja, ein paar unserer Programme waren totale Flops, und wir haben Fehler gemacht, die ungewollt Menschen verletzten. Aber jeder, der lange genug mit *Willow Creek* zu tun hatte, wird erfahren haben, dass sich die Zeichen und Spuren einer nach biblischem Vorbild funktionierenden Gemeinschaft mit jedem neuen Jahr immer deutlicher zeigen.

Und genau das begeistert mich. Nicht die Größe oder das Gelände oder die Kreativität inspirieren mich dazu, weiterzumachen. Es ist die fundamentale Erkenntnis, dass Menschen versuchen, mit der Kraft des Heiligen Geistes ihr Bestes zu geben, eine Gemeinschaft zu bauen, die nach dem Plan handelt, den Gott in der Bibel entworfen hat. Ich *muss* einfach daran teilhaben.

Und Sie können in Ihrer eigenen Gemeinde dieselbe Entwicklung in Gang setzen, wenn Sie die Vision ergreifen. Sie müssen dazu nicht den Namen über der Tür ändern oder die Orgel hinauswerfen oder Ihre Gemeinde zeitgemäßer gestalten. Darum geht es bei Erneuerung nicht. Erneuerung geschieht, wenn die innere Kraft im Kern Ihrer Gemeinde ganz einfach die „andere Art von Liebe“ ist. Oder um es mit anderen Worten zu sagen: das Geben und Empfangen der ungeheuerlichen Liebe, zu der Jesus uns berufen und die er uns geschenkt hat.

Blicken wir den Tatsachen ins Auge. Jesus war fast skandalös großzügig im Austeilen seiner Liebe. Als er bei einem Pharisäer eingeladen war (Lukas 7), platzte eine stadtbekannte Prostituierte herein, fiel vor Jesus nieder und benetzte seine Füße mit ihren Tränen. Die Situation war mehr als nur peinlich! Aber Jesus stieß sie wegen ihres schlechten Lebenswandels nicht zurück. Er warf sie nicht hinaus, um zu demonstrieren, dass er nichts mit ihr zu tun hatte; er hielt ihr auch keine Moralpredigt.

Stattdessen schaute er in ihre Augen und erkannte, dass ihre Tränen der Reue echt waren. Darauf versicherte er ihr, dass ihre moralische Schuld durch eine „andere Art von Liebe" getilgt war.

Kennen Sie die schockierende Botschaft, die wir Ihrer und meiner Nachbarschaft verkünden müssen? Diese „andere Art von Liebe" ist immer noch erhältlich. Wir müssen den Leuten, die ihr Leben verpfuscht haben, erzählen, dass es das Geschenk der Erlösung gibt, das Jesus mit seinem Tod am Kreuz erkauft hat und das er jedem anbietet, der es in Reue und Glauben annimmt.

Wir müssen zu entschlossenen „Vertretern" erlösender Gnade werden. Letztlich kann nur diese Liebe Jesu unsere Haltungen verändern, die Art und Weise ändern, wie wir mit anderen Menschen umgehen, und uns verzeihender, großzügiger und liebevoller machen. Und letztlich ist es diese Liebe, die unsere Gemeinden in authentische biblische Gemeinschaften umwandelt.

Die Quelle der Hoffnung

Es war am Flughafen von San Juan. Lynne und ich befanden uns auf dem Rückweg von einem Urlaub in Puerto Rico. Während wir am Flugsteig warteten, las ich noch etwas.

Plötzlich hörte ich, wie es auf der anderen Seite meiner Zeitung zu einem Gerangel kam. Ich blickte über ihren Rand und sah zwei kleine Jungen, vielleicht sechs oder sieben Jahre alt, die sich gegenseitig schubsten. *Na ja, die Eltern werden bald kommen und eingreifen,* dachte ich bei mir. *Kein Problem.* Und ich wandte mich wieder meiner Zeitung zu.

Augenblicke später vernahm ich einen lauten Schlag. Einer der Jungen hatte den anderen so fest geschlagen, dass dessen Gesicht sofort knallrot anlief. *Wo sind bloß diese Eltern?*, dachte ich. *Das wird langsam ernster.*

Kaum hatte ich das gedacht, da nahm der andere Junge seine Fäuste hoch und schlug den ersten mit solcher Wucht, dass dieser zu Boden geworfen wurde. Blut strömte aus seiner Nase. Eines war klar: Diese Jungen wussten, was Gewalt war. Sie kämpften nicht spielerisch miteinander, wie es mein Bruder Dan und ich getan hatten, als wir klein waren. Sie waren offenbar selbst geschlagen worden, da sie so genau wussten, wie sie austeilen konnten.

In meinem Inneren rumorte es gewaltig und ich dachte: *Wo sind bloß diese Eltern? Das ist ja schrecklich! Sie müssen dem ein Ende bereiten.*

Dann zog der zweite Junge den blutenden an den Haaren und begann damit, seinen Kopf auf den harten Boden zu hämmern. Zu hämmern! Ich konnte mich nicht länger zurückhalten, warf meine Zeitung weg, rannte zum Ort der Auseinandersetzung und packte die beiden Jungen, um sie voneinander loszureißen. Sie schlugen um sich, kämpften, bissen und schrien, aber schließlich konnte ich sie in verschiedene Richtungen drängen, gerade als der letzte Aufruf für meinen Flug kam.

Ich packte mein Handgepäck, ging zum Flugzeug und fiel in meinen Sitz. Ich kann Ihnen nicht sagen, wie sehr ich in diesem Augenblick einfach nur die Kopfhörer aufsetzen und in einer Segelzeitschrift blättern wollte. Ich hasse Gewalt und ich wollte meine Gedanken davon losreißen.

Aber Gott hatte andere Pläne. Es war, als ob der Heilige Geist mir den Eindruck eingab: *Steck deinen Kopf nicht in den*

Sand, Bill. Denk daran, was gerade eben passiert ist. Denk an diese zwei Jungen.

Und ich tat es. Als wir unsere endgültige Flughöhe erreicht hatten, sagte ich zu mir: *Also gut. Mit all diesem Hasspotenzial sind diese Jungen möglicherweise nicht dazu bestimmt, gute Schüler in der Grundschule zu werden. Und sie werden auch wahrscheinlich nicht zur Gruppe der beliebten Highschool-Schüler zählen. Werden sie sich mit Cheerleadern verabreden? Werden sie auf die richtige Uni gehen, gut bezahlte Jobs bekommen, ihre große Liebe heiraten, ein Haus in einem Vorort kaufen und Älteste einer Gemeinde werden? Nein, wahrscheinlich nicht. Der Kurs, den ihr Leben nimmt, führt nicht geradewegs Richtung Norden; er fällt nach Süden ab. Wenn sie einander bereits im Alter von sechs oder sieben Jahren mit geballten Fäusten schlagen, werden sie in der Grundschule Stöcke verwenden, in der Highschool Messer, und wer weiß, was danach kommt? Früher oder später wird jemand getötet werden.*

Was in dieser Welt kann die Flugbahn ihres Lebens ändern? Wird die Regierung ein Programm ins Leben rufen, das sie retten wird? Kann der Kongress ein Gesetz verabschieden, das sie wieder auf die rechte Bahn bringen wird? Wird irgendein Geschäftsmann ein Produkt verkaufen, das den Zustand ihres Herzens bessern wird? Werden die Medien ihr Wertesystem verbessern? Wird ein Professor an der Uni einige brillante Sätze von sich geben, die ihren Charakter auf den Kopf stellen?

Natürlich nicht. Ein ganz hingegebener Nachfolger Jesu aus Ihrer oder meiner Gemeinde muss ihnen an irgendeinem Punkt ihres Lebens begegnen und sagen: „Hört zu – ich sehe ganz deutlich, dass ihr in eurer Kindheit nicht viel Liebe bekommen habt. Aber ich bin hier, um euch zu sagen, dass es im Himmel genug Liebe für euch gibt. Und wenn ihr euch für die Gnade Christi öffnet, wird er euch mit der Zeit völlig umkrempeln. Die ‚andere Art von Liebe' kann schrittweise den Zustand eures Herzens verändern. Durch Christus kann euch alles vergeben werden, was ihr falsch gemacht habt, und ihr könnt Teil einer nach biblischem Vorbild funktionierenden Gemeinde werden, in der die Predigt verändernde Kraft hat. Ihr werdet durch tiefe und echte Beziehungen wachsen und reifen. Ihr werdet von Menschen geliebt werden, die wirklich auf eurer Seite stehen. Eure Seele wird durch Gebet und Lobpreis erfrischt werden. Ihr werdet eure geistlichen Gaben entdecken und ein neues Ziel für euer Leben finden. Und früher oder später werdet ihr die richtungsweisende Botschaft von Jesus Christus an jemanden weitergeben, der genau so ist, wie ihr es wart."

In diesem Flugzeug zwischen Puerto Rico und Miami packte mich diese Erkenntnis aufs Neue – Gemeindeleiter halten wirklich die Hoffnung für diese Welt in ihrer Hand. Sie haben mehr Macht als Politiker, mehr Einfluss als Geschäftsleute, mehr Antworten auf das Unglück und den Schmerz der Welt als jeder Experte irgendeiner Universität, einer Schule oder der Medien.

Die Antwort ist die „andere Art von Liebe", der durch das, was Jesus am Kreuz getan hat, und durch die Braut Christi Ausdruck verliehen wird – Gemeinschaften, die Teil seiner Familie sind und engagiert seine Vision für Gemeinde erfüllen wollen.

In welche größere Berufung – in welches bedeutendere Unternehmen – könnten Sie Ihr Leben investieren?!

Kapitel 12

Missionsaussage und Strategie

Der in vielen Stufen ansteigende Seminarraum der *Harvard Business School* bildete ein Halbrund um eine massive grüne Tafel. Die Studenten – zukünftige Wirtschafts- und Industriebosse – saßen hinter Pappschildchen, auf die sie ihre Namen geschrieben hatten. Ein Teil der Seminarbewertung basierte auf der Beteiligung der Studenten, und sie wollten sicherstellen, dass der Lehrer demjenigen Ehre gab, dem Ehre gebührte.

Der Professor durchstreifte den Raum, schoss kurze, präzise Fragen ab, erwartete von den Studenten Antworten, entlockte ihnen persönliche Stellungnahmen und stürmte wieder zurück an die Tafel, um dort eine besonders erhellende Beobachtung zu notieren. Die Diskussion war lebhaft, die Atmosphäre gespannt.

Um Erkenntnisse über effektive Geschäftspraktiken zu sammeln, waren es die Studenten gewohnt, in Fallstudien multinationale Unternehmen kritisch unter die Lupe zu nehmen. Aber zum ersten Mal in der Geschichte der Universität untersuchten sie eine Ortsgemeinde, nämlich *Willow Creek,* um den Schlüssel zu finden, wie eine Nonprofit-Organisation ihren „Kunden" dienen sollte.

Plötzlich blieb der Professor vor einer Studentin stehen, die bisher geschwiegen hatte. Er stellte sich dicht vor sie hin, blickte ihr geradewegs in die Augen und fragte: „Was halten Sie von der in einem Satz ausgedrückten Philosophie von ‚Willow Creek'?"

„Nun", erwiderte sie und blätterte in ihren Unterlagen, „sie sagen, dass sie aus nichtreligiösen Menschen ganz hingegebene Nachfolger Christi machen wollen."

Der Professor schüttelte den Kopf. „Nein, nein, nein – ich

habe Sie nicht gefragt, wie die Philosophie lautet. Ich wollte wissen, was Sie davon halten! Wie reagieren Sie innerlich darauf? Was *empfinden* Sie dabei?"

Sie war völlig durcheinander. „Äh, ich habe keinen religiösen Hintergrund", begann sie. „Aber wenn sie sagen, dass sie aus nichtreligiösen Menschen ganz hingegebene Nachfolger Christi machen wollen, klingt das für mich, als ob sie ... nun ... *sie versuchen, aus Atheisten Missionare zu machen.* Ehrlich gesagt, halte ich das für eine verdammt riesige Herausforderung!"

Der Kurs brach in Gelächter aus, aber ihr Kommentar war für mich mehr als bloß eine leichtfertige, grobe Bemerkung. Die Art, in der sie es sagte – aus Atheisten Missionare zu machen –, vermittelte mir eine neue Einsicht. Kein Wunder, dass es so schwer ist zu tun, was wir zu tun versuchen!

Wir wollen nicht einfach, dass Christen glücklich sind und sich weiterentwickeln können. Wir sind nicht darauf aus, durch glanzvollere Gottesdienste und bessere Programme Christen aus anderen Gemeinden anzuziehen. Wir beginnen mit hartgesottenen Skeptikern und versuchen, sie in hingegebene Jüngern Jesu umzuwandeln.

Und das ist wirklich schwer!

Die peinliche Wahrheit

Um ehrlich zu sein, sind die meisten Gemeinden nicht aktiv an diesem Prozess beteiligt. Aus diesem Grund wollen wir einmal wirklich ehrlich anschauen, was in einer Großzahl dieser Gemeinden passiert. Natürlich nicht in Ihrer und nicht in meiner, aber bei vielen Pastoren in traditionellen Gemeinden an der nächsten Straßenecke.

Wenn sie von der theologischen Hochschule kommen, wird diesen Pastoren eine kleine Herde Schafe zugeteilt und ein Pferch, in dem sie die Schafe halten können. Sie sehen ihre Aufgabe in erster Linie darin, die vorhandenen Schafe sicher in diesem Pferch zu halten. Also füttern sie sie ein wenig, geben ihnen etwas zu trinken, und wenn die Schafe zu nahe an den Zaun gehen, warnen sie: „Geht zurück! Geht zurück!" Von Zeit zu Zeit scheren sie die Schafe sogar – aber nicht zu sehr. Und sie ermutigen sie, kleine Lämmer zur Welt zu bringen, weil die Gemeinde auf diese Weise wächst.

Wenn sie alles gut machen, haben sie in ein paar Jahren eine größere Herde und einen größeren Pferch. Und wenn sie das drei- oder viermal so gut machen, ohne etwas zu verpfuschen, steigen sie ins Hauptquartier auf, wo sie nichts mehr mit Schafen zu tun haben!

Klingt das zu zynisch? Zugegeben, vielleicht ist es das wirklich. Aber es steckt auch ein Körnchen Wahrheit darin.

Als wir *Willow Creek* gegründet haben, beschlossen wir schon sehr früh, dass wir unser Leben nicht damit verbringen wollten, zu versuchen, nur die Schafe in unserem Pferch zu halten. Stattdessen wollten wir tun, wozu Jesus uns im Missionsbefehl berufen hat: „Darum geht zu allen Völkern, und macht alle Menschen zu meinen Jüngern; tauft sie auf den Namen des Vaters und des Sohnes und des Heiligen Geistes, und lehrt sie, alles zu befolgen, was ich euch geboten habe" (Matthäus 28,19–20).

Mit anderen Worten: *Erreicht sie und lehrt sie. Findet Lämmer, die noch nicht zur Herde gehören, und hüllt sie ein durch das, was Christus getan hat. Gebt ihnen nicht einfach einen Klaps auf den Kopf. Helft diesen Grasfressern dabei, zu geistlichen Champions zu werden – zu ganz hingegebenen Nachfolgern Christi, die ohne Wenn und Aber ihr ganzes Leben an ihm ausrichten.*

Das heißt, wir müssen auf beide Teile des Missionsauftrages Acht geben. Natürlich wollen wir eine anbetende Kirche sein, aber das erfüllt nicht die evangelistische Forderung von Jesu Auftrag. Sicher wollen wir auch kirchendistanzierte Menschen mit dem Evangelium erreichen, aber das erfüllt nicht die zweite Anweisung: Christen im Glauben zu fördern. Wir müssen beides erfüllen – und zwar im Einklang mit dem persönlichen Daumenabdruck, den der Heilige Geist für uns vorgesehen hat.

Also entwickelten wir eine klare Visionsaussage: Wir wollen

eine nach biblischem Vorbild funktionierende Gemeinschaft sein. Dann fassten wir unsere Berufung in einem Satz zusammen: Wir möchten dazu beitragen, dass kirchendistanzierte Menschen in hingegebene Nachfolger Christi verwandelt werden. Alles, was weniger anzielen würde, entspräche nicht den Anweisungen in Jesu Missionsbefehl. Aber was jetzt? Wir brauchten eine effektive, Gott verherrlichende Strategie, um diese Missionsaussage in die Tat umzusetzen.

Die Strategie, die wir intuitiv über mehrere Jahre hinweg verfolgt hatten, nahm Gestalt an, als ich sie eines Tages in Kalifornien auf eine Papierserviette schrieb. Jeder Christ in *Willow Creek* sieht sie als seinen persönlichen Plan an, um unsere Berufung zu erfüllen. Wir nennen sie unsere „7-Schritte-Strategie" und sie ist ein Teil des Daumenabdruckes unserer Gemeinde.

1. Schritt: Christen bauen eine aufrichtige Freundschaft zu Nichtchristen auf

Einige religiöse Leiter wollten Jesus einmal mit der wüstesten Beschimpfung treffen, die sie sich vorstellen konnten. Was war die hässlichste Beleidigung, die sie ihm entgegenschleudern konnten? Was war die beschämendste und niederschmetterndste Gemeinheit, die sie sich vorstellen konnten? Nachdem sie sich ihre Köpfe zerbrochen hatten, zischten sie schließlich: „Du … du … du Kumpan der Sünder!"

Aber Jesus trug diese Worte wie eine ehrenvolle Auszeichnung. Er bekannte sich schuldig, rauschende Hochzeiten besucht zu haben, mit unehrlichen Zöllnern herumgesessen zu haben, mit Frauen von schlechtem Ruf gesprochen und sich unter den Abschaum der Stadt gemischt zu haben. Sein Beweggrund war ganz einfach: Jesus freundete sich mit Sündern an, weil sie seinem Vater wichtig waren!

Als Christen gestalten wir unser Leben angeblich nach dem Vorbild Jesu. Doch irgendwann auf diesem Weg beginnen einige Pastoren auf die „Geh-zur-Seite-und-halt-dich-fern"-Trommel zu schlagen. Sie verdrehen Texte, die uns zu einem christlichen Lebensstil führen sollten, in Verse, die unsere

Ignoranz gegenüber Menschen rechtfertigen, die unter Umständen verloren gehen. Daraus hat sich eine „Wir-gegen-den-Rest-der-Welt"-Mentalität entwickelt, die Nichtchristen zu Feinden statt zum Inhalt unserer Gebete und den Empfängern unserer Liebe macht.

Ich staune darüber, dass viele Gemeindeleiter und ihre Gemeinden Gott so ernsthaft anbeten, so leidenschaftlich studieren und beten, ihre Kinder so entschlossen im christlichen Glauben erziehen und so viele Aspekte des kirchlichen Lebens verfolgen, sich aber so wenig um die Menschen kümmern, die nur einen Steinwurf von ihnen entfernt leben und ohne Jesus einen schlimmen Weg in Zeit und Ewigkeit vor sich haben.

Ich verstehe gut, dass es viel bequemer ist, sich mit Brüdern und Schwestern in Christus anzufreunden. Sie sprechen dieselbe Sprache, sagen dieselben Gebete auf, lesen dieselbe Bibel und lachen über dieselbe Art von Witzen. Es ist sauber, es ist leicht, es ist sicher. Und ich gebe zu, dass in dem Augenblick, in dem sie sich aus diesem Kreis hinausbegeben, alles zu haben ist. Die Sprache ist hässlich, die Werte unterscheiden sich deutlich, die Moral ist locker, die Witze sind zweideutig.

Aber ich sage es ganz offen: In unserer schnelllebigen Gesellschaft liegt es an christlichen Leitern, ob die Sache der Erlösung gewonnen oder verloren wird, an Leitern, die zu kirchendistanzierten Menschen Freundschaften aufbauen und die Menschen in ihrer Gemeinde durch ihr Beispiel und durch die Predigten dazu ermutigen, es genauso zu machen.

Der Skeptiker von heute ist nicht leicht zu überzeugen und auch nicht durch den Anblick eines christlichen Aufklebers zur Umkehr zu bewegen. Wenn er ein Traktat in die Hand bekommt, wird er es sehr wahrscheinlich in den nächsten Papierkorb werfen. Aber in freundschaftlichen Beziehungen herrscht Glaubwürdigkeit, Vertrauen. Es findet sich eine Spur von gegenseitiger Sorge und Liebe. Deswegen braucht der typische Nichtchrist jemanden, der eine aufrichtige Freundschaft zu ihm aufbaut, der seine Fragen beantwortet und ernsthaft mit ihm über seine Probleme spricht, der vor ihm seinen Glauben in einer demütigen und ehrlichen Weise lebt und der – irgendwann – der Richtige sein wird, um ihn in den sensiblen Bereich des Glaubens einzuführen.

In *Willow Creek* bemühen wir uns nach Kräften um Freundschaftsevangelisation. Wir machen kaum Werbung, wir sind nicht im Fernsehen zu sehen oder im Radio zu hören, wir machen keine Direktwerbung und wir besuchen keine Fremden an der Haustüre. Andere Gemeinden finden diese Vorgehensweisen vielleicht hilfreich, aber das ist nicht der Daumenabdruck, den der Heilige Geist unserer Gemeinde aufgedrückt hat.

Durch unser Trainingsprogramm „So wird Ihr Christsein ansteckend" und durch sonstige Predigten oder Modelle geben wir unseren Mitgliedern praktische Hilfen an die Hand und ermutigen sie dazu, ganz aktiv Beziehungen zu gottfernen Menschen aufzubauen, mit dem Ziel, sie zu Christus zu führen.

So kommt das Reich Gottes voran – ein Leben nach dem anderen.

2. Schritt: Christen erzählen anderen von ihrem Leben mit Gott

Vor einigen Jahren verbrachten Lynne und ich idyllische zweite Flitterwochen an Bord eines Segelbootes, das uns ein Freund geliehen hatte. Wir warfen Anker in einem malerischen karibischen Hafen und gingen an Land, um für eine Weile den Strand zu genießen.

Dort trafen wir einen anderen Segler, der ein Zwanzig-Meter-Boot gechartert hatte.

„Warum kommen Sie nicht heute Abend auf ein paar Cocktails zu uns?", fragte er. Als ich einwandte, dass wir eigentlich keine großen Trinker wären, meinte er: „Ach, das ist schon in Ordnung. Kommen Sie einfach rüber. Wir werden uns schon gut unterhalten."

Zur angegebenen Zeit manövrierten wir unser Schlauchboot zu seinem Schiff und kletterten an Bord. Wir wurden von sechs Ehepaaren begrüßt, die von der Ostküste stammten und ganz eindeutig in Partystimmung waren. Die *Piña Coladas* flossen in Strömen, die Gespräche waren lebhaft – und nachdem wir einige Zeit damit verbracht hatten, einander etwas kennen zu lernen, fragte plötzlich jemand: „Na, Bill, wie verdienst du dir deine Brötchen?"

Ich dachte, meine Antwort würde das Boot zum Sinken bringen. „Nun", erwiderte ich, „ich bin Pastor." Aber es zeigte sich, dass wir einander schon gut genug kannten und die Antwort keine Barriere aufzubauen schien. Wir unterhielten uns weiter und hatten unseren Spaß, bis es für Lynne und mich Zeit war, zu unserem Boot zurückzukehren, das in der Nähe ankerte.

Lynne kletterte die Leiter hinab und setzte sich in unser Schlauchboot. Aber als ich gerade dabei war, hineinzusteigen – ich hatte einen Fuß auf der Leiter des Segelbootes und den anderen Fuß in unserem Boot –, rief mir die Frau nach, die mich nach meinem Beruf gefragt hatte: „Sag, Bill, kannst du mir noch eine Frage beantworten, bevor du gehst? Ich wollte Christen schon immer mal fragen, was es eigentlich heißt, Christ zu werden. Kannst du uns das erklären?"

Ich schaute auf die leicht angeheiterte Zwölfergruppe, die meisten hielten Drinks mit kleinen Schirmchen in der Hand, und stellte im Geist eine schnelle Berechnung an. Schätzungsweise hatte ich fünfundvierzig Sekunden bis eine Minute Zeit, um die einzige Botschaft des ganzen Universums zusammenzufassen, die in der Lage war, ihre Ewigkeit zu verändern.

Bitte halten Sie einen Augenblick inne.

Es reicht nicht aus, sich in die Welt der Nichtchristen zu begeben, Beziehungen zu ihnen aufzubauen und seinen Glauben vor ihnen zu leben. Wenn wir für sie beten, öffnet uns der Heilige Geist an irgendeinem Punkt das Fenster für eine Gelegenheit, vom Glauben zu reden, und wir müssen wissen, wie wir darauf reagieren können. Wie der Apostel Petrus mahnte: „Seid stets bereit, jedem Rede und Antwort zu stehen, der nach der Hoffnung fragt, die euch erfüllt" (1. Petrus 3,15).

Ich möchte Sie also fragen: Sind *Sie* bereit?

Nicht nur die zehn Prozent aller Christen, die die Gabe der Evangelisation haben, sind in der Lage, anderen von ihrem Glauben zu erzählen, sondern *jeder* Christ muss bereit sein, weil sich mit Sicherheit entsprechende Gelegenheiten ergeben werden, wenn wir mit Menschen zu tun haben, die geistlich auf der Suche sind. Wir lehren unsere Mitglieder in *Willow Creek* ganz praktisch, wie sie davon erzählen können, auf welche Weise Christus ihr Leben verändert hat. Dann zeigen wir ihnen einige Techniken und Beispiele, wie sie ihren Glauben anschaulich und präzise vermitteln können. Ich verwendete für die Leute im Boot eine dieser Illustrationen.

Jetzt geht's weiter.

„Ich kann es euch ganz kurz erklären", meinte ich. „Ich buchstabiere Religion T-U-N. Es ist das, was Menschen tun. Die guten Dinge, die sie tun, um Gottes Zorn zu besänftigen, und die schlechten Dinge, die sie getan haben. Religiöse Menschen stecken immer in dieser religiösen Tretmühle: Sie versuchen, mehr zu tun, mehr zu geben, mehr Gottesdienste zu besuchen – sie versuchen, irgendeine mysteriöse Quote zu erreichen, bei der sie dann sagen können: ‚Puh! Ich glaube, ich habe endlich meine schlechten Taten abbezahlt.' Religion hat mich selbst lange Jahre unglaublich frustriert und ich bin von dem T-U-N-Plan abgekommen."

Sie nickten, als ob sie sagen wollten: *Wir auch! Wir haben uns schon lange von dieser Geschichte verabschiedet!*

„Aber christlicher Glaube ist anders", fuhr ich fort. „Er wird G-E-T-A-N buchstabiert. Es ist das, was Jesus Christus, der Sohn Gottes, *getan* hat. Als er am Kreuz starb und die Strafe für meine Sünden und Fehler auf sich nahm, bezahlte er die Strafe, damit mir Vergebung als ein Geschenk gegeben werden konnte. So stieg ich aus der Tretmühle aus und vertraute ganz einfach auf das, was Jesus am Kreuz getan hat. Es hat mein Herz verändert, es hat mein Leben verändert, und es hat verändert, wo ich meine Ewigkeit verbringe."

„Besser kann ich es jetzt nicht zusammenfassen", fügte ich hinzu. „Aber wenn jemand von euch noch Fragen hat oder noch mehr darüber sprechen möchte – unser Boot liegt gleich da drüben und ihr seid herzlich eingeladen."

Diese Leute hatten weder die Zeit noch das Interesse an einer theologischen Lektion; sie mussten einfach nur die Grundzüge des Evangeliums so erklärt bekommen, dass sie etwas damit anfangen konnten. Ich weiß nicht, ob ich jemanden von ihnen im Himmel treffen werde, aber ich weiß, dass ich unter den gegebenen Umständen mein Bestes getan habe, um ihnen kurz und knackig zu erklären, worum es beim christlichen Glauben geht.

Für sich genommen reichen diese beiden Schritte – Freundschaften zu kirchendistanzierten Menschen aufzubauen und in der Lage zu sein, von seinem Glauben zu erzählen –, um eine Gemeinde wieder zum Leben zu erwecken, die vorher das Konzept „Hütet die Schafe im Pferch" verfolgt hat.

Wenn Menschen sich in das Drama der Erlösung hineinnehmen lassen, wird ihr eigenes Leben verändert, und unversehens gibt es ein paar neue Christen. Eine solche Erfahrung macht unvermeidbar alle Herzen empfindsam und offen für kirchendistanzierte Menschen.

Aber Christen sind in diesem Prozess auf Unterstützung angewiesen. Sie brauchen einen Partner.

3. Schritt: Christen laden ihre kirchendistanzierten Freunde zu einem speziell für sie gestalteten Gottesdienst ein

Linda und Leslie waren die besten Freundinnen. Linda war Christ und gehörte zu einer bibelorientierten Gemeinde. Leslie war quasi ohne kirchliche Erfahrungen aufgewachsen, stand geistlichen Dingen neutral gegenüber und wusste nicht, ob Gott existierte oder ob er nur eine Fantasiegestalt war.

Als ihre Freundschaft auf einem festen Fundament stand und gegenseitiges Vertrauen und Offenheit herrschten, erzählte Linda, wie Jesus ihr Leben verändert hatte, und erklärte Leslie die Gute Nachricht, so gut sie nur konnte. Leslie war ehrlich interessiert, vor allem, da sie sehen konnte, dass Lindas Glauben mit ihrem alltäglichen Verhalten übereinstimmte.

Aber Leslie ging nie selbst einen Schritt des Glaubens.

Linda wusste nicht weiter. Sie hatte alles getan, was sie in den verschiedensten Evangelisationsseminaren gelernt hatte, und jetzt wusste sie nicht, was sie als Nächstes tun sollte. Intuitiv spürte sie, dass sie eines nicht tun sollte – nämlich

Leslie in ihre Gemeinde mitzunehmen. Ihre Gemeinde bot nur einen Anbetungsgottesdienst an. Wie konnte Leslie einen Gott anbeten, von dem sie nicht sicher wusste, ob er überhaupt existierte? Sie müsste dort Texte singen, an deren Inhalt sie nicht glaubte; sie wäre schockiert, wenn der Pastor jeden aufforderte, eine Bibelstelle nachzuschlagen. Sie würde nicht wissen, wie und was sie tun soll; sie würde das „Kanaanäisch" und die kirchlichen Rituale nicht verstehen; sie wüsste nicht, wann sie sich setzen oder wann sie stehen sollte; sie würde sich durch die Kollekte genötigt fühlen; und die Predigt schließlich würde jemandem wie ihr nicht viel sagen, da sie ja nur von außen einen Blick auf den Glauben werfen wollte.

Dann las Linda von einer „neumodischen Gemeinde" namens *Willow Creek,* die jede Woche „Offene Gottesdienste" in einem nahe gelegenen Kino veranstaltete. Linda und ihr Ehemann Jerry schauten sich einen Gottesdienst an und wussten sofort, dass er einfach wie geschaffen dafür war, Leslie bei ihrem nächsten Schritt auf ihrer geistlichen Reise zu helfen.

Sie luden Leslie dazu ein, und diese nahm die Einladung an, weil sie Linda vertraute. Und irgendwie wurde sie von diesem Gottesdienst einfach überwältigt. Ihr gefiel die zeitgemäße Musik mit christlichen Texten; das Theaterstück brachte sie zum Lachen und zum Weinen; ihr Horizont wurde durch die Multimediashow erweitert; und, was am wichtigsten ist, sie wurde von der Predigt gepackt. „Es war, als ob der Pastor durch ein Fenster in mein Herz geblickt hätte", erzählte sie Linda später.

Bald entwickelte sich ein festes Muster: Leslie besuchte jeden Sonntag zusammen mit Linda die „Offenen Gottesdienste" und anschließend sprachen sie in allen Einzelheiten darüber. Besonders wichtig war dabei die Frage, was die Botschaft des Gottesdienstes mit ihr persönlich zu tun hatte. Sie stellte Fragen und bemühte sich um genauere Erklärungen – bis zu dem Tag, an dem alle Puzzleteile an ihrem Platz waren. Sie nahm im Gebet Jesus als denjenigen an, der ihre Sünden vergab und ihrem Leben Richtung gab, und danach begann ihre geistliche Umwandlung und die ihrer Familie.

Das nennen wir „Teamevangelisation".

Mit den Christen in *Willow Creek* haben wir folgenden „Handel" vereinbart: Ihr baut Freundschaften zu kirchendistanzierten Menschen auf, betet für sie und kümmert euch um sie, erzählt ihnen, wie Jesus euer Leben verändert hat, und erklärt ihnen das Evangelium, wenn der Heilige Geist euch dazu die Gelegenheit gibt. Und dann könnt ihr in euren persönlichen evangelistischen Bemühungen auf diejenigen aus der Gemeinde zurückgreifen, die als Musiker und Schauspieler, Produzenten und Lehrer, Tänzer und Solisten begabt sind. Sie werden ihr Bestes geben und die Grundwahrheiten des christlichen Glaubens auf kreative, mitreißende und vom Heiligen Geist gesalbte Weise präsentieren. Und zusammen – als ein Team – werden wir unsere Stadt für Christus gewinnen; einen Freund, einen Nachbarn, einen Arbeitskollegen, einen Familienangehörigen nach dem anderen.

Wie funktioniert Teamevangelisation praktisch?
Wir nennen unseren Teil des Handelsabkommens „Offenen Gottesdienst". Alles, von der Musik bis zum gedruckten Programmablauf, ist speziell auf kirchendistanzierte Menschen zugeschnitten. Wir halten unsere Gottesdienste am Wochenende, weil das die Zeit ist, zu der nach Ansicht von Nichtchristen Gottesdienste eben stattfinden, wenn sie sich entschließen, einen zu besuchen. Wir halten unsere Gottesdienste an zweiundfünfzig Wochenenden im Jahr, damit immer ein Gottesdienst stattfindet, wenn er gebraucht wird. Wir minimieren den „Schreckfaktor", indem wir uns um höchste Qualität bemühen. Wir wahren die Anonymität und versuchen, den Besuchern mit allen Mitteln einen sicheren Raum zu bieten.

Nichts war bisher effektiver, um Menschen zu Jesus zu führen, und nichts war in der christlichen Welt umstrittener als unsere Gottesdienste für kirchendistanzierte Menschen. Das überraschte uns, weil sich unsere Vorgehensweise nicht sehr von dem unterscheidet, was Billy Graham in den letzten Jahrzehnten mit fast weltweiter Zustimmung gemacht hatte.

Vor einem typischen Feldzug Billy Grahams reist zuerst sein Team an und schult Christen, wie sie Beziehungen aufbauen und ihren Glauben mit kirchendistanzierten Menschen teilen und wie sie diese zu einer Veranstaltung einladen können, auf der sie mehr über den christlichen Glauben erfahren. Die Veranstaltung wird normalerweise in einem neutralen Umfeld abgehalten, für gewöhnlich in einem Stadion oder einer Stadthalle. Die Musik, die Bühnengestaltung, die Sprache – alles, was im Gottesdienst passiert – werden aus der Sicht eines Nichtchristen geplant. Das Programm gipfelt darin, dass Graham eine biblische Botschaft weitergibt, die Nichtchristen verstehen können. Er ruft sie dann dazu auf, Jesus gleich jetzt anzunehmen oder, wenn sie noch nicht dazu bereit sind, sich weiter mit dem christlichen Glauben auseinander zu setzen.

Unsere Vorgehensweise ist ähnlich. Was einige Missverständnisse hervorgerufen haben könnte, ist unser zeitgemäßer Ansatz. Weil wir Mitte der siebziger Jahre angefangen haben – einige Zeit nach Graham –, setzten wir innovative Kommunikationstechniken ein: zeitgemäße christliche Musik, Theater, Multimedia, Video und Tanz. Aber wir haben uns diese Methoden lediglich nutzbar gemacht wie Graham seine Solisten, seinen Chor und seine Zeugnisse. Unser Zugang mag etwas von seinem abweichen, aber unsere Motive sind dieselben.

Unser Einsatz verschiedener darstellender Künste hat bei einigen fehlinformierten Menschen sogar zu der Annahme geführt, dass wir lediglich versuchen, Menschen zu unterhalten. Sie verdächtigen uns, irgendeine oberflächliche Botschaft zu predigen, weil in unseren Wochenend-Gottesdiensten so viele Menschen zum Glauben kamen.

Aber unsere Wochenend-Gottesdienste sind nicht seicht. Jeder, der sie über einen längeren Zeitraum besucht hat, kann das bestätigen. Die Texte unserer Lieder verherrlichen Gott und stimmen mit den Aussagen der Bibel überein. Die Theaterstücke, Videos und Medien berühren Menschen auf einer emotionalen Ebene und helfen mit, die tiefen Seen der geistlichen Sehnsucht aufzutauen, die oft eingefroren unter der Oberfläche liegen.

Und auch wenn wir uns frei fühlen, die Methoden, mit denen wir die Botschaft verkünden, zu variieren, pfuschen wir doch nicht an der Botschaft selbst herum. Unsere Predigten schrecken nicht davor zurück, die ganze Bandbreite des Evangeliums zu verkündigen, einschließlich der schwierigeren Elemente wie Sünde und Reue. Übrigens wollen die meisten Kirchendistanzierten unserer Tage, dass man ihnen gegenüber ehrlich ist und ihnen die ungeschminkte Wahrheit sagt, so wie sie in der Bibel steht. Vor ein paar Jahren beschäftigten wir uns in unseren „Offenen Gottesdiensten" sechsundzwanzig aufeinanderfolgende Wochen lang mit der Bergpredigt – Vers für Vers, Kapitel für Kapitel – und tauften in dieser Saison einige hundert neue Christen.

Sicher, wir behandeln Themen, die für kirchendistanzierte Menschen relevant sind – ihre Ehen, ihre Prioritäten, ihre Gefühle, ihre Finanzen, ihre Elternschaft, ihre Suche nach einem erfüllten Leben, ihre Sexualität. Aber wir betrachten diese Themen immer aus biblischer Perspektive, um sie erkennen zu lassen, dass christlicher Glaube nicht nur echt ist, sondern auch in ihrem Leben funktionieren kann. Und über das Jahr verteilt weben wir evangelistische Botschaften ein, um die Menschen auf dem Weg in Gottes Familie zu begleiten.

Das Schöne an den „Offenen Gottesdiensten" ist, dass die ganze Gemeinde durch ihre Freundschaftsevangelisation daran beteiligt ist, nicht nur die Personen mit evangelistischer Begabung oder extrovertierter Persönlichkeitsstruktur. Vor einigen Jahren ermutigten wir unsere Täuflinge, sich von den Menschen zur Taufe begleiten zu lassen, die am meisten an ihrer Lebenswende beteiligt waren. In diesem Gottesdienst bemerkte ich, dass eine ziemlich schüchterne Frau alleine für den Glaubensschritt von vier oder fünf Menschen „verantwortlich" war. Sie schien mir überhaupt nicht der Typ einer extrovertierten, jeden Ungläubigen bearbeitenden Evangelistin zu sein. Nach dem Gottesdienst erwähnte ich sie im Gespräch mit einem der Täuflinge.

„Sie muss etwas Besonderes sein", meinte ich.

„Ich kann dir etwas über sie erzählen", erwiderte er. „Sie arbeitet in meinem Büro und sie wirft nicht mit Bibeln um sich oder so etwas in der Richtung. Sie ist ganz einfach der liebevollste, treueste und lebendigste Mensch in unserer Abteilung. Ich musste sie ganz einfach fragen, warum sie so ist, wie sie ist. Sie gab mir eigentlich keine richtig verständliche Antwort. Sie sagte ganz einfach: ‚Komm mit mir zum Gottesdienst.'"

Er schaute mir direkt in die Augen und fügte hinzu: „Und dann habt ihr, du und die anderen hier, die restlichen Puzzleteile eingesetzt."

Das ist Teamevangelisation.

Soll *Willow Creek* weiterhin wöchentlich stattfindende „Offene Gottesdienste" anbieten? Natürlich, weil diese Gottesdienste Teil des Daumenabdruckes sind, den der Heilige Geist unserem Dienst unmissverständlich aufgedrückt hat. Er hat uns dazu gebracht, ein effektives, fruchtbringendes Werkzeug zu entwickeln, das optimal zu denen passt, die den Kern unserer Gemeinde bilden.

Soll Ihre Gemeinde einen wöchentlich stattfindenden „Offenen Gottesdienst" anbieten? Vielleicht, vielleicht aber auch nicht. Diese Frage müssen Sie Gott stellen. Aber welchen Kurs auch immer Sie einschlagen – ob es eine monatlich stattfindende Veranstaltung für kirchendistanzierte Menschen oder ein vierteljährliches evangelistisches Frühstück oder irgendetwas anderes ist –, jede Gemeinde muss unter der Leitung des Heiligen Geistes herausfinden, wie sie den ersten Teil des Missionsbefehles ausführen kann.

Natürlich muss auch der zweite Teil des Missionsbefehles erfüllt werden. Wenn in *Willow Creek* Menschen die Entscheidung getroffen haben, Jesus als ihren Erlöser und Herrn anzunehmen, ermutigen wir sie, die nächsten vier Schritte zu unternehmen.

4. Schritt: Kirchendistanzierte Menschen entscheiden sich für Jesus und nehmen regelmäßig am Gemeindegottesdienst teil

Vor einigen Jahren lud ich einige ungläubige Freunde ein, mich während der Wettkampfsaison in einem Segelboot auf dem Michigansee zu begleiten. Einer von ihnen, ein nicht gerade wenig trinkender Partylöwe namens Tom, vertraute wenig später sein Leben Jesus an. Ich habe ihn weiterhin in seiner geistlichen Entwicklung begleitet, auch wenn dies dadurch erschwert wurde, dass er drei Stunden von mir entfernt wohnte. Eine Möglichkeit, ihm zu helfen, bestand darin, ihm Bücher und andere Materialien zukommen zu lassen; manchmal schickte ich ihm auch Kassettenmitschnitte unserer unter der Woche stattfindenden Gottesdienste in der *New Community.*

Als wir uns das nächste Mal trafen, riss mich seine Begeisterung vom Hocker. „Also, was euer Dieter macht", sagte er und bezog sich damit auf Dieter Zander, damals Lobpreisleiter und Prediger von *New Community,* „das ist wirklich toll!"

„Tommy", antwortete ich ihm, „das ist nur ein weiteres Zeichen, dass der Heilige Geist in dir arbeitet. Du lernst gerade, Anbetung zu schätzen."

Das passiert, wenn Menschen neu in Gottes Familie aufgenommen werden. Sie werden von Gottes wunderbarer Gnade überschüttet und von der „Liebe der anderen Art" überfallen, sodass ihre natürliche Reaktion darin besteht, Gott zu danken und ihn zu preisen. Wir bieten ihnen dazu in unseren Gottesdiensten am Mittwoch- und Donnerstagabend Gelegenheit.

Wie Lynne bereits erwähnt hat, waren wir nicht immer eine anbetende Gemeinde. In unseren frühen Jahren sangen wir nur ein paar Lieder, bevor wir uns dem Bibelstudium zuwandten. Aber dann wurde ich eingeladen, auf einer Konferenz in der Gemeinde von Jack Hayford in Kalifornien zu sprechen. Während ich darauf wartete aufzutreten, sagte Jack der Gemeinde: „Bevor unser Sprecher kommt und uns seine Botschaft weitergibt, wollen wir einfach noch Gott anbeten."

Kein Problem. Ich war der festen Meinung, dass es nicht lange dauern könnte.

Eine Stunde und zwanzig Minuten später hatte ich das Gefühl, dringend eine Dusche zu brauchen. Zum ersten Mal in meinem Leben hatte ich richtige Anbetung erlebt. Befreiende Anbetung, in der der Heilige Geist am Werk war, die Lieder zielorientiert waren, die Texte wichtig waren und wir sanft vor den Thron Gottes geleitet und eingeladen wurden, ihm unsere Herzen zu öffnen.

Seit damals haben wir uns bemüht, Anbetung zu einem zentralen Bestandteil der *New Community* zu machen. Manchmal ist dieser Teil eher feierlich, manchmal eher nachdenklich, aber wir verbringen dreißig bis fünfundvierzig Minuten damit, Gott gemeinsam zu erheben. So wurde der Gottesdienst zur erfrischenden Oase für alle, die den Großteil ihrer Woche in geistlich ausgetrocknetem Gelände verbringen.

In der *New Community* werden Christen ermutigt und gefördert, herausgefordert und inspiriert, aufgebaut und, wenn nötig, auch korrigiert. Wir feiern einmal im Monat Abendmahl, das wir mit tiefem Respekt als das Sakrament begehen, das uns an das Opfer erinnert, das Jesus Christus für uns gebracht hat. Und wir lernen gemeinsam, indem wir die Bibel Buch für Buch durchgehen und uns auf Themen konzentrieren, die dann als gemeinsames Herzensanliegen das Gemeindeleben durchdringen.

Ein Vorteil von getrennten Gottesdiensten für Kirchendistanzierte und Christen ist, dass jeder Gottesdienst optimal ausgerichtet werden kann. Jede Woche findet in der *New Community* so etwas wie ein Treffen des Kernes der Gemeinde statt; ich kann dort sozusagen den Familienvorsitz übernehmen. Ich kann einen Wert, der in den Hintergrund getreten ist, neu betonen, über neue Möglichkeiten sprechen, den nächsten Hügel abstecken, den wir erklimmen werden, und wir können sicher sein, dass wir unsere „Familienangelegenheiten" besprechen können, ohne Besucher damit zu langweilen oder durcheinander zu bringen.

Wenn eine Gemeinde einen großen Teil ihrer Mittel und Energie darauf verwendet, kirchendistanzierte Menschen zu erreichen, besteht manchmal die Versuchung, ihren eigenen Mitgliedern bloß ein paar Krümel hinzuwerfen. Leider bekommen sie oft nur noch aufgewärmte Reste. Und bedauerlicherweise haben auch wir ihnen manchmal nur Reste gegeben.

Aber wir kamen an den Punkt, an dem wir erkannten, dass mit der *New Community* die gesamte Gemeinde steht oder fällt. Die Herzen der Christen müssen bis zum Überlaufen mit der „anderen Art von Liebe" gefüllt werden, wenn sie dazu in der Lage sein sollen, einen leidenschaftlichen, heiligen und authentischen christlichen Lebensstil zu führen, der für andere Menschen Salz und Licht sein soll.

5. Schritt: Mitgliedschaft in einer Kleingruppe

Ray starb an Krebs, aber er starb nicht alleine. Seine Kleingruppe kam zusammen und schwor sich: „Wir gehen bis zum Ende mit ihm. Wir werden ihn lieben und uns um ihn kümmern und für ihn beten, weil er unser Bruder in Christus ist."

Und sie hielten Wort. Sie besuchten ihn zu Hause, saßen im Halbkreis um ihn herum, hielten sich an den Händen und sangen gemeinsam ein Lied aus der *New Community*, das zu seinem Motto geworden war: „Sei stark, sei fest, denn der Herr, dein Gott, ist mit dir."

Das heißt es, Teil einer Kleingruppe zu sein. Eine Kleingruppe ist ein Ort der Loyalität und des Mit-Leidens, der Hingabe und der Fürsorge, des Gebetes und des gegenseitigen Opfers. Sie ist ein kleiner Versorgungszug, in dem Menschen ihr Leben miteinander teilen, über ihre Fehler und Schwächen sprechen, Rat und Ermutigung suchen, einander zur Verantwortung ziehen und die „andere Art von Liebe" geben und empfangen können. Es ist kein Zufall, dass Jesus sich selbst mit einer kleinen Gruppe von engen Nachfolgern umgeben hat.

Ich habe erlebt, wie sich Leben rund um einen Esstisch auf unglaubliche Weise verändert haben, wo Menschen knietief im Leben anderer standen und sie voller Liebe, aber auch voller Nachdruck herausgefordert haben, danach zu streben, Jesus ähnlicher zu werden. Bitte verstehen Sie mich nicht falsch – ich glaube daran, dass die Predigt die Kraft hat, Menschen zu verändern, aber wir müssen ebenso anerkennen, dass Kleingruppen zusätzlich den Vorteil von direkter Interaktion und Nacharbeit haben.

Dies fiel mir so richtig auf, als Lynne und ich vor einigen Jahren eine Jüngerschaftsgruppe mit vier anderen Ehepaaren leiteten. Während eines Treffens bei uns zu Hause stellte einer der Teilnehmer eine Frage. Das alleine ist nichts Ungewöhnliches. Abgesehen davon, dass es genau die Frage war, mit der ich mich an diesem Vormittag dreißig Minuten lang in meiner Predigt beschäftigt hatte!

Ich dachte, er macht Witze. „Genau darüber habe ich heute Vormittag gepredigt", sagte ich lachend.

Er war erstaunt: „Wirklich?"

Wer predigt, geht gerne davon aus, dass jedermann nur genau auf unsere Predigten achten müsse, um geistlich zu wachsen. Und wenn auch vom Heiligen Geist bevollmächtigte Predigt verändernde Kraft hat, verblassen die drei vom Prediger sorgfältig ausgefeilten Punkte im Gedächtnis der Zuhörer schneller, als er sich zugestehen will.

Jedenfalls bieten Kleingruppen das optimale Umfeld für den Reifungsprozess. Wo Vertrauen und Transparenz herrschen und wo sich genügend Zeit findet, biblische Aussagen auf die Situationen des täglichen Lebens zu übertragen, werden geistliche Wahrheiten, die immer zu theoretisch erschienen, plötzlich konkret und praktisch. Schon der alttestamentliche Weisheitslehrer wusste es: „Eisen wird an Eisen geschliffen; so schleift einer den Charakter des anderen" (Sprüche 27,17).

Nahezu alle wichtigen Entscheidungen, die ich in den letzten drei Jahrzehnten meines Dienstes getroffen habe, sind in einer Kleingruppe entstanden, aus der Gemeinschaft mit Brüdern und Schwestern, die mich gut kennen und mir gesagt haben: „Bill, du musst den Tatsachen ins Gesicht sehen, auch wenn du sie noch nicht wahrnehmen willst." Oder: „Du musst dieses verdrehte Verhaltensmuster aus deinem Leben herausbekommen. Du solltest in diesem Bereich deines Charakters noch wachsen. Wir werden dir helfen, wir werden dich anfeuern, aber es ist Zeit, dass du dich änderst."

Aus diesem Grund wollen wir nicht, dass *Willow Creek* eine Gemeinde ist, die Kleingruppen anbietet, sondern wir wollen eine Gemeinde sein, die aus Kleingruppen besteht. Ich bedauere sehr, dass wir diese Kleingruppenstruktur nicht früher in unserer Gemeinde eingeführt haben, um Wachstum zu fördern und sicherzustellen, dass Leiter einen überschaubaren Verantwortungsbereich bekommen, auch um ihren *Burnout* zu verhindern.

Mit Jim Dethmers Hilfe haben wir begonnen, eine Variation des Meta-Gemeinde-Modells einzuführen, das aus einem System von Leitern, Leitern in Ausbildung und einem „freien Stuhl" in jeder Gruppe besteht. So können Gruppen wachsen und dann neue Gruppen hervorbringen. Er half uns auch dabei, ein Schulungskonzept für Gruppenleiter einzuführen, das den Blick immer auf die Ausbildung neuer Leiter und die Multiplikation der Kleingruppen richtet. Das Ergebnis war bessere Betreuung der Leiter und damit weniger Verluste unter ihnen. Zum ersten Mal in der Geschichte unserer Gemeinde fühlen sich unsere Leiter angemessen ausgebildet und zugerüstet für die Erfüllung ihres Hirtendienstes.

Unser Ziel ist es, dass jeder, der *Willow Creek* seine Heimat nennt, zu einer kleinen Gruppe von Christen dazugehört und sein Leben mit ihnen teilt.

6. Schritt: Entdeckung, Entwicklung und Anwendung der geistlichen Gaben

Als junger Pastor fühlte ich mich verpflichtet, jeden in der Gemeinde zu besuchen, der im Krankenhaus lag. Und ganz ehrlich, es war eine sehr frustrierende Erfahrung für mich – und möglicherweise auch für die Menschen, die ich besucht habe. Ich wusste nicht, wo ich mich hinsetzen oder welche Fragen ich stellen sollte, und so fühlte ich mich unbeholfen und unwohl. Ich hatte das Gefühl, dass sich Menschen nach meinem Besuch schlechter fühlten als vorher.

Als ich einmal einen Patienten besuchte, kam einer unserer Ältesten ins Zimmer. Er war liebenswürdig und mitfühlend, sagte die richtigen Dinge, stellte die richtigen Fragen, ermutigte den Patienten in genau der richtigen Weise, betete das richtige Gebet und hatte immer genau den richtigen Tonfall. Ich fühlte mich wirklich schrecklich!

Später legte er seinen Arm um mich und sagte: „Bill, denke dir nichts dabei. Ich bin glücklich, die geistliche Gabe der Barmherzigkeit zu besitzen, aber das ist keine Gabe, die Gott dir gegeben hat. Und du musst schließlich nicht alle Gaben haben. Warum konzentrierst du dich nicht einfach auf die

Gaben, die Gott dir gegeben hat, und suchst dir dann andere Menschen, die dich mit ihren Gaben ergänzen?"

Er hatte Recht. Alle Christen sollen mitfühlen können, aber einige haben die geistliche Gabe der Barmherzigkeit – eine von Gott gegebene Fähigkeit, den Menschen voller Freude und in angemessener Weise zu dienen, die leidend sind. Wie ich bereits erwähnt habe, sind meine besonderen Gaben Leitung, Evangelisation und Lehre. Andere haben die Gaben der Organisation, des Handwerks, der Ermutigung oder andere Gaben, die in der Bibel erwähnt werden. Die Bibel lehrt uns, dass jeder Nachfolger Christi mindestens eine geistliche Gabe hat und dass Gott Menschen nach seinen Vorstellungen Gaben gibt und sie so in seiner Gemeinde einsetzt.

Aus diesem Grund steht bei uns in *Willow Creek* nicht zuerst eine Dienstposition, die wir unbedingt besetzen müssen – wie Sonntagsschulunterricht bei Viertklässlern oder Gebäudereinigung –, und dann setzen wir Menschen so unter Druck, dass sie widerwillig zustimmen, in dieser Position mitzuarbeiten. Dies wäre die beste Möglichkeit, um Menschen zu frustrieren und die Gemeinde zu demotivieren. Wir fangen stattdessen mit dem Menschen an. Welche geistlichen Gaben hat Gott ihm oder ihr gegeben? Welche Neigungen, welches Temperament und welche Persönlichkeit hat er oder sie? Wenn wir das herausgefunden haben, versuchen wir, für diesen Menschen eine Aufgabe innerhalb unserer vierundneunzig Dienste zu finden, die gut zu ihm oder ihr passt.

Dies führt dazu, dass Menschen voller Freude und sehr wirkungsvoll mitarbeiten, dass sie sich ausgefüllt fühlen und einen langen Atem haben und dass jeder darüber staunt, wie Gott seine Gemeinde als eine miteinander verbundene und vernetzte Gemeinschaft geschaffen hat, in der jeder seinen ganz persönlichen Beitrag leisten kann.

Als Leiter geben mir nur wenige Dinge so viel Genugtuung, wie Menschen zu sehen, die Gott mit ihren Gaben dienen, gleichgültig, ob sie die Lebensmittelbestände auffüllen, eine Kleingruppe leiten oder organisatorische Aufgaben erfüllen. Ich erinnere mich noch daran, als ich einmal in einem

Gottesdienst in der *New Community* saß und erlebte, wie einer unserer Predigtpastoren, John Ortberg, seine phänomenale Gabe des Lehrens einsetzte.

„John", sagte ich ihm später, „du bist von Gott wirklich zu dem geschaffen worden, was du heute Abend gemacht hast. Mit deiner Gabe, deiner Neigung, deiner Persönlichkeit, deiner Ausbildung, deiner Lebenserfahrung und der Art, wie Gott dich unter Spannung versetzt, hast du der Gemeinde genau das weitergegeben, was sie am meisten gebraucht hat."

Gott lässt seine Kinder nicht nur einen Beitrag zu seinem Werk leisten, sondern lässt sie dabei auch noch seelische Genugtuung empfinden. Was für ein königlicher Schachzug!

7. Schritt: Neuer Umgang mit Finanzen, Ressourcen und Zeit

Oh je. Jetzt kommt es. Die Kollekte! Während meiner Schulzeit überschlug ich im Geist immer meine Finanzen, als die Kollekte eingesammelt wurde. Ich hatte beispielsweise einen Zwanzigdollarschein, einen Fünfdollarschein und einen einzelnen Dollar in der Tasche, und ich versichere Ihnen – der Zwanzigdollarschein war sicher. Ich musste mich zwischen einem Dollar und fünf Dollar entscheiden.

Ich dachte schnell an den Benzinverbrauch meines Autos. Ich ging meinen Tagesplan durch – wollte ich Essen gehen? Hatte ich eine Verabredung? Und von meinem Benzinverbrauch, meinem Hunger und meinen sozialen Verpflichtungen machte ich schließlich meine Entscheidung abhängig, welchen Schein ich opfern sollte. Gewöhnlich war es der eine Dollar, manchmal war er es auch nicht.

So sah meine Einstellung lange Zeit aus. Bis zu dem Tag, an dem ich das letzte Buch des Alten Testamentes las, in dem Gott zum Propheten Maleachi sagt: „Es geschieht etwas im Volk Gottes, das mir völlig das Herz bricht." Wow, das machte mich neugierig! Was entsetzte Gott so sehr?

Ich entdeckte, dass Gott sein Volk ganz genau angewiesen hatte, ihm ihre besten Lämmer zu opfern, wenn sie Brandopfer verrichteten. Die Lämmer ohne Makel. Diejenigen, die auf dem

Markt das meiste Geld einbringen. Dieses Opfer war das Vorzeichen dafür, dass Gott das Beste, was er hatte, seinen Sohn, das Lamm der Welt, opfern wollte, um unsere Sünden zu tilgen.

Aber im Laufe der Zeit begann Gottes Volk zu betrügen. Sie durchsuchten ihre Herden nach kranken, lahmen oder blinden Lämmern und trieben sie zum Opferaltar. Und Gott gab ihnen zu verstehen, wie sehr er deswegen verletzt und zornig war. Er sagte sogar, dass er am liebsten die Tempeltür verschließen lassen würde, um sein Volk daran zu hindern, ihm ihren Ausschuss zu opfern. Er beschuldigte sie schließlich, ihn zu bestehlen. Denken Sie darüber nach. Sie beraubten den Gott, den sie zu lieben vorgaben!

Ich musste die Tränen zurückhalten, als ich das las. *Oh, Herr, es tut mir Leid,* betete ich. *Ich schäme mich schrecklich dafür, dass ich dich verletzt habe, indem ich dir keine makellosen Lämmer geopfert habe. Es tut mir Leid, dass ich dich dessen beraubt habe, was dir rechtmäßig zusteht für alles, was du für mich getan hast.*

Damals gab ich Gott das Versprechen, ihn beständig durch mein Opfer zu ehren. Nicht als zusätzliche Idee, sondern als wesentlichen Teil meines Lebens. Und ich habe es niemals bereut. Gott hat sich wiederholt treu zu seiner Zusage in Maleachi 3, Vers 10 gestellt: „Ja, stellt mich auf die Probe damit […] und wartet, ob ich euch dann nicht die Schleusen des Himmels öffne und Segen im Übermaß auf euch herabschütte."

In *Willow Creek* beschäftigen wir keine professionellen Spendeneintreiber, die „Thermometer" an die Wand hängen oder Hausbesuche machen, um Menschen zu höheren Spenden zu überreden. Wir lehren ganz einfach die Aussage des Neuen Testamentes, dass alles, was wir sind und haben, Gott gehört und wir ihn damit ehren sollen, indem wir mindestens die historischen zehn Prozent, genannt den „Zehnten", geben.

Dies läuft der allgemeinen Einstellung in der heutigen Gesellschaft direkt zuwider. Bevor Menschen Jesus begegnen, ist ihre Einstellung: *Ich habe mir alles, was ich besitze, selbst verdient, also ist es mein Geld. Ob ich es spare oder ausgebe, ob ich sparsam oder verschwenderisch damit umgehe, geht niemanden außer mir etwas an.*

Wenn Menschen ihr Leben aber Christus anvertrauen, vertrauen sie ihm alles an, Geld eingeschlossen. Gott wird Herr über alles, was sie besitzen, weil ihm letztlich auch alles gehört. Aber selbst wenn all unsere Besitz- und Reichtümer im geistlichen Reich auf seinen Namen registriert sind, vertraut er uns doch liebenswürdigerweise ihre Verwaltung unter seiner Leitung an. Welch eine Verantwortung!

In diesem Sinne haben wir versucht, Menschen Folgendes nahe zu bringen: „Ihr steht in Beziehung zu einem Gott, der euch wider alle Vernunft liebt, zu einem Gott, der absolut vertrauenswürdig ist, zu einem Gott, der sehr genaue Vorstellungen davon hat, wie ihr mit euren Mitteln umgehen sollt. Ihr sollt nicht über eure Verhältnisse leben. Ihr sollt sparsam und uneigennützig sein. Und ihr sollt glauben, dass Gott sich euch in einer Weise als großzügig erweisen wird, die weit über Dollar und Cent hinausgeht, wenn ihr großzügig gegenüber Gottes Werk seid."

Letztendlich ist verantwortlicher Umgang mit Finanzen keine Sache des Geldes. Es ist eine Sache des Herzens. Und deswegen ist es auch der letzte der sieben Schritte. Ein menschliches Herz muss verändert sein, bevor die Brieftasche eines Menschen die volle Hingabe an Gott widerspiegeln kann.

Ein Aktionsplan

Diese sieben Schritte bilden die Zusammenfassung der Strategie einer Gemeinde, die den Missionsbefehl erfüllen möchte. Wir halten unsere Gemeindeglieder dazu an, mit Meiers von nebenan Freundschaften zu schließen, mit ihnen ihren Glauben zu teilen, ihnen zu erklären, was es mit dem Kreuz auf sich hat, und sie dann zu einem Wochenend-Gottesdienst einzuladen, in dem wir zusammen „Teamevangelisation" praktizieren können. Wenn Meiers von nebenan dann irgendwann Vertrauen zu Jesus gefasst haben und sie zu den Meiers aus der Gemeinde geworden sind, halten wir sie dazu an zu lernen, Gott anzubeten und am Sakrament des Abendmahls in der *New Community* teilzunehmen, Lebensveränderung durch tiefe Liebe und liebende Interaktion in einer Kleingruppe zu erfahren, ihre geistlichen Gaben zu entdecken und sie ins Spiel zu bringen und Gott durch einen verantwortlichen Umgang mit ihren Finanzen, ihrer Zeit und anderen Ressourcen zu ehren.

Und danach? Meiers schließen Freundschaft mit Müllers von nebenan und der ganze Prozess beginnt von neuem. So stellt unsere Strategie weniger einen linearen Prozess als vielmehr eine sich ständig wiederholende Kreisbewegung dar.

Andere Gemeinden werden andere Möglichkeiten finden, da ihr Daumenabdruck anders aussieht. Und das ist gut so. Aber jede Gemeinde muss sich der Frage stellen, wie sie die genauen Anweisungen Jesu umsetzen will: „Darum geht zu allen Völkern und macht alle Menschen zu meinen Jüngern; tauft sie auf den Namen des Vaters und des Sohnes und des Heiligen Geistes, und lehrt sie, alles zu befolgen, was ich euch geboten habe."

Es reicht nicht aus, eine Missionsaussage in eine Platte eingravieren zu lassen und sie in der Eingangshalle aufzuhängen, wo sie jeden inspirieren kann. Auch wenn das ein guter erster Schritt ist, bleibt er nur Wunschdenken, bis es einen konkreten, vom Heiligen Geist inspirierten Spielplan gibt, um ihn in die Praxis umzusetzen.

Kapitel 13

Werte, die eine Bewegung kennzeichnen

Vor einigen Jahren rutschte eine der Solistinnen von *Willow Creek* in ein Verhaltensmuster des Ungehorsams gegenüber Gott, in eine Zeit der Verwirrung und des Chaos, die schließlich in Falschheit und immer tieferer Sünde mündeten.

Sie verlor ihre Position im Team, und als die Gemeindeleitung ihr nach biblischen Prinzipien zu erklären versuchte, dass sie so nicht weitermachen kann, verließ sie die Gemeinde. Wir waren traurig darüber, dass sie, die einmal durch ihren Gesang kirchendistanzierte Menschen von der Hoffnung Christi überzeugt hatte, nun einen ganz anderen Weg einzuschlagen schien.

Die Zeit verging und schließlich wurde ihre einst so rebellische Haltung durch echte Reue ersetzt. Die Gemeindeleitung suchte in der Bibel nach Führung und befolgte ihre Anweisungen: Wenn offensichtliche Reue erkennbar ist, dann sollte sie sorgfältig und mit viel Freundlichkeit wieder in die eigenen Reihen aufgenommen, das heißt, wiederhergestellt werden. Wir hatten den Eindruck, dass wir allen Menschen, die durch ihren Dienst mit ihr in Berührung gekommen waren, an ihrem Wiederherstellungsprozess Anteil geben sollten.

So praktizierten wir zunächst mit den Ältesten, dann mit dem Singteam Umkehr und Vergebung. Danach ging sie in die *New Community,* stellte sich vor Tausende unserer Gemeindemitglieder und bekannte ihre sündhafte Abkehr und ihren langen Weg zurück in die Gemeinde.

„Ein Schritt fehlt noch", sagte sie, „nämlich, dass auch ihr mir vergebende Gnade anbietet. Was ich getan habe, tut mir Leid, aber wenn ihr mir vergebende Gnade entgegenbringen würdet, würde ich voller Sorgfalt damit umgehen und euch wieder eine

Schwester in diesem Leib werden. Ich würde alles geben, damit ihr mich nicht mehr als jemanden anseht, der gefallen ist, sondern als jemanden, den Gnade wiederhergestellt hat."

Sofort brach die gesamte *New Community* in warmherzige und liebevolle Beifallsstürme aus, dankte Gott für die Macht seiner Wiederherstellung und drückte ihr Mitgefühl und ihre Zustimmung aus. Es war ihre Art zu sagen: *Wie Gott uns vergeben hat, so vergeben wir auch dir.*

Diese Erinnerung werden wir alle mit in den Himmel nehmen. Für mich war es ein weiteres Zeichen dafür, dass wir immer mehr zu einer nach biblischen Maßstäben funktionierenden Gemeinde werden.

Seit ich ein idealistischer Student am College war, als Dr. Bilezikian das 2. Kapitel der Apostelgeschichte mit solcher Leidenschaft las, bin ich in den Tiefen meiner Seele überzeugt, dass nach biblischem Vorbild funktionierende Gemeinden wieder zum Leben erweckt werden können und werden. Es wird nicht geschehen, weil wir begabt sind oder etwas Besonderes sind oder alle Antworten haben oder weil wir Fachleute im Laserzeitalter sind, die genau das richtige Umfeld dafür schaffen. Nein, es wird geschehen, weil die Bibel davon spricht – und auf sie können wir uns mehr als auf alles andere verlassen.

Wenn ich mich unter den Gemeinden umsehe, die diese Vision verfolgen, stelle ich fest, dass es sich dabei nicht nur um eine Denomination handelt. Aber ich sehe einige gemeinsame Überzeugungen, die diese Dienste kennzeichnen. Mit anderen Worten: Es gibt also zusätzlich zu den biblischen Charakteristika, die eine Gemeinschaft von Christen aufweisen sollte, weitere Merkmale, die solche Gemeinden kennzeichnen. Zur besseren Übersicht und um Schwerpunkte zu setzen, habe ich zehn solcher Kernwerte herausgearbeitet.

1. Wir sind überzeugt, dass vollmächtige Lehre Veränderung im Leben eines Menschen und in der Gemeinde bewirkt

„Denn lebendig ist das Wort Gottes", heißt es im Hebräerbrief, Kapitel 4, Vers 12, „kraftvoll und schärfer als jedes zweischneidige Schwert; es dringt durch bis zur Scheidung von Seele und Geist, von Gelenk und Mark; es richtet über die Regungen und Gedanken des Herzens." In Apostelgeschichte, Kapitel 20, Vers 32 lesen wir: „Und jetzt vertraue ich euch Gott und dem Wort seiner Gnade an, das die Kraft hat, aufzubauen und das Erbe in der Gemeinschaft der Geheiligten zu verleihen." Und in der Passage in Apostelgeschichte, Kapitel 2, Vers 42, die unser Bekenntnis enthält, lesen wir, dass die Christen in der ersten Gemeinde „an der Lehre der Apostel festhielten".

Wir glauben nicht nur, dass das Wort Gottes völlig wahr ist, sondern dass es auch verändernde Kraft im Leben eines Menschen und einer Gemeinde hat. Unter „vollmächtiger Lehre" verstehen wir Lehre, die von der Vorbereitung bis zur Präsentation durch den Heiligen Geist geprägt wird und die über bloßen akkuraten Umgang mit der Bibel hinausgeht zu einer praktischen Anwendung von biblischen Aussagen im Alltag, die Sünder in Heilige verwandeln können. Gefahr lauert, wann immer wir uns von etwas anderem abhängig machen.

In diesem Buch haben Sie schon etwas über den „großen Schiffbruch" von 1979 gelesen, als *Willow Creek* in seinen Grundfesten erschüttert und fast vernichtet wurde. Im Nachhinein haben wir ganz klar erkannt, an welchen Punkten wir wegen unausgewogener Predigten schwach und verwundbar wurden. Es war meine Schuld. Obwohl jede meiner Predigten auf absolut biblischer Grundlage stand, nahmen einige Themen zu breiten Raum ein, während andere nahezu ausgeklammert wurden. In dieser Zeit betonte ich unabsichtlich die Gnade Gottes und vernachlässigte seine Heiligkeit. Dies führte dazu, dass sich bei uns eine gewisse Sorglosigkeit einschlich. Jedes Mal, wenn die Gemeinde einem Riff gefährlich zu nahe kommt, können wir sie durch einige geringe Variationen in der Ausgewogenheit – nicht in der Genauigkeit – der Predigt wieder auf den geraden Kurs bringen. Dies ist für mich als Hauptprediger eine nüchterne Tatsache. Aber wir haben einige Lektionen gelernt, die uns – wie ich glaube – auf geradem und sicherem Kurs in die Zukunft segeln lassen. Einige Beispiele:

- Passen Sie auf, dass Sie es nicht mit „bedürfnisorientierten" oder „hilfreichen" Predigten übertreiben. Wenn Sie an einem besucherorientierten Gottesdienst beteiligt sind, besteht die Versuchung, dass man über längere Zeiträume hinweg in den Predigten, wie ich es nenne, ungesundes Essen serviert. Mit anderen Worten: Menschen biblische Weisheiten vermittelt, mit deren Hilfe sie ihre Beziehungen verbessern können, ihre Emotionen glätten, mit ihren täglichen Problemen umgehen und in ihre Ehe wieder etwas Schwung bringen können. Glauben Sie mir, ich befürworte es, von Zeit zu Zeit auf Bedürfnisse einzugehen, weil man so zeigen kann, dass biblische Aussagen unser Alltagsleben verändern und verbessern können. Für kirchendistanzierte Menschen ist dies eine wertvolle Lektion. Aber wir sind dafür verantwortlich, das ganze Evangelium in einer ausgewogenen, biblischen und reifen Form zu predigen, die die Bibel als Ganzes reflektiert. Sie werden mit geistlichen Instantwahrheiten keine völlig hingegebenen Nachfolger Christi großziehen können.
- Hüten Sie sich davor, Kirchendistanzierte und junge Christen zu sehr zu behüten. Ich habe die Erfahrung gemacht, dass man Dinge klar ansprechen und nicht fünf verschiedene verschlungene Wege wählen sollte aus Angst, dass die Menschen abgeschreckt würden. Heutzutage kommen Menschen in weit verzweifelterem Zustand zur Kirche als je zuvor, ihr Leben ist übel zugerichtet und zerbrochen, und deswegen sehnen sie sich einfach nach jemandem, der ihnen ungeniert eine große Portion Bibel serviert.
- Hüten Sie sich vor der Schattenseite der Teampredigt. Ich glaube, dass einer der hilfreichsten Beiträge *Willow Creek*s zur Arbeit der Gemeinde die Einführung der Teampredigt war. Dadurch werden Pastoren vor selbstmörderischen Terminkalendern bewahrt und die Gemeinde kann das Wort Gottes von Verkündern mit unterschiedlicher Sichtweise hören. Eine Warnung soll in diesem Zusammenhang ausgesprochen werden: Der Hauptpastor der Gemeinde sollte unbedingt die oberste Autorität behalten und das

Recht haben, eine Linie in den Sand zu ziehen und zu sagen: „In dieser Gemeinde werden wir, gestützt auf Gottes Wort, diesen Hügel erklimmen." Andere Prediger haben nicht das Recht, solche klaren Richtungsweisungen zu geben, da dies wirklich die alleinige Aufgabe des Hauptpastors ist.

- Passen Sie auf, dass keine Programmgestaltungstalente zu prominent sind, und hüten Sie sich davor, alles „machen" und in feste Form bringen zu wollen. Nancy Beach war die Erste, die sagte, dass der Einsatz der darstellenden Künste immer darauf ausgerichtet sein muss, den Moment, in dem die Bibel aufgeschlagen und aus ihr gelehrt wird, zu unterstützen und zu ihm hinzuführen. Die Predigt sollte immer das Zentrum des Gottesdienstes bilden, weil letztlich nur Gottes Wort die Kraft hat, Leben zu verändern.

Ich erinnere mich an eine Abschlussfeier, in der ich vier oder fünf Sprecher erleiden musste, die einer nach dem anderen die unterschiedlichsten Klumpen geistiger Kraftnahrung pur verteilten: „Los geht's!" – „Du kannst alles erreichen, was du willst!" – „Vergiss nicht, Spaß zu haben!" Für mich war es der ernüchternde Hinweis darauf, wie groß in unserer Gesellschaft der Mangel an wahren und wesentlichen Gedanken ist. Nur die Bibel – gepredigt in der Vollmacht Gottes und auf bedeutsame, kompromisslose und anwendungsorientierte Weise – ist „schärfer als ein zweischneidiges Schwert".

2. Wir sind überzeugt, dass Menschen, die in Gefahr stehen, verloren zu gehen, Gott wichtig sind und daher auch der Gemeinde wichtig sein sollten

Vor ein paar Jahren traf ich mich in Kalifornien mit Pastoren, deren Gemeinden besucherorientierte Gottesdienste veranstalteten. Weil in meinem Leben gerade einiges drunter und drüber ging, war ich vermutlich der am wenigsten motivierte und pessimistischste Mensch in diesem Raum.

Aber dann bat ich diese Pastoren, einer nach dem anderen aufzustehen und das aufregendste Erlebnis zu erzählen, das sie mit Gott in ihrem Leben hatten. Ich erwartete, dass sie eine

Menge über Programme und Gottesdienste, über Gebäude und Finanzen erzählen würden. Aber dann erzählte die Hälfte dieser Leiter etwas wie „Das Aufregendste ist für mich, eine Beziehung zu einem Mann in meiner Straße aufzubauen" oder „Ich habe im Fitness-Studio vor sechs Monaten jemanden kennen gelernt, und inzwischen haben wir eine wirklich gute Beziehung zueinander" oder: „Ich bin am meisten davon begeistert, dass ich mich jeden Freitag mit meinem Schwager zum Frühstück und Bibelstudium treffen kann."

Ich wurde von Emotionen geradezu überwältigt! Wenn besucherorientierte Gemeinden auf der ganzen Welt von Pastoren geleitet werden, die sich selbst aktiv darum bemühen, gottferne Menschen zu Christus zu führen, dann können wir voller Optimismus in die Zukunft der Gemeinde Jesu schauen!

Sie sehen, dass besucherorientierte Gemeinden ein entscheidendes Wesensmerkmal haben: Ihre Leiter reden nicht nur über Evangelisation, sondern stürzen sich selbst in ihrem Alltagsleben in persönliche Evangelisation. Unausweichlich bestimmt dieses Anliegen alles, was sie tun – ihr Gebetsleben, ihren Umgang mit Finanzen, die Auswahl von Mitarbeitern, ihre Predigten. Die gesamte Einstellung zum Dienst ändert sich, wenn sich Pastoren persönlich mit Menschen abgeben, die weit von Gott entfernt leben.

Ich erinnere mich noch an eine Segelregatta auf dem Michigansee, die vor einigen Jahren veranstaltet wurde. Ich stand nach dem Wettkampf im leichten Regen in der Nähe eines Konkurrenten, den ich schon seit einigen Jahren vom Sehen kannte, aber nie persönlich kennen gelernt hatte. Als der Regen nachließ, erschien ein heller Regenbogen am Himmel.

„Ich weiß, wer Sie sind, und ich weiß, dass Sie Christ sind", sagte dieser Mann zu mir. „Vor einem Jahr kam meine Schwester bei einem Autounfall ums Leben. An diesem Abend stand ein Regenbogen am Himmel. Dies ist der erste Regenbogen, den ich seitdem gesehen habe." Seine Augen wurden feucht. „Ich weiß nicht, warum es passieren musste", fügte er leise hinzu. „Ich verstehe Gott nicht. Ich verstehe die Ewigkeit nicht. Wenn mir nur mal jemand erklären würde ..." Die darauffolgende Unterhaltung wird mir noch lange im Gedächtnis bleiben.

Jedes Mal, wenn ich eine Erfahrung wie diese mache, denke ich daran, welches Vorrecht und welches Abenteuer es ist, dass wir die Möglichkeit haben, mit Menschen, die geistlich auf der Suche sind, über Gott zu sprechen. Sie sind Gott wichtig; und deswegen sollen sie auch immer seiner Kirche wichtig sein.

3. Wir sind überzeugt, dass die Gemeinde auch kulturell und gesellschaftlich relevant sein sollte, ohne dabei ihre Identität und Lehre zu verleugnen

Jesus war einer der effektivsten und bedeutsamsten Kommunikatoren aller Zeiten. Er nahm auf alles Bezug, das in der Gesellschaft des ersten Jahrhunderts ein heißes Eisen war, was die Aufmerksamkeit der Menschen auf sich zog oder was in das Gefüge ihrer Alltagserfahrungen eingewoben war. Er sagte: „Schaut auf den Feigenbaum" oder: „Denkt an das Senfkorn", und jeder wusste, wovon er sprach. Wenn er eine Episode von einem Mann erzählte, dessen Sohn sein Erbe ausbezahlt haben wollte, wusste die ganze Volksmenge, worum es ging. Einmal nahm er eine römische Münze in die Hand und fragte: „Wessen Gesicht ist auf dieser Münze eingeprägt?" Ein anderes Mal bezog er sich auf achtzehn Menschen, die von einem zusammengebrochenen Turm erschlagen wurden. Er war immer erfrischend und auf dem Laufenden. Ich zweifle daran, dass es ihm jemals in den Sinn kam, seine Predigten um fünfhundert Jahre in die Vergangenheit zu versetzen.

Besucherorientierte Gottesdienste müssen die Methoden Jesu einfach nur auf unsere Generation übertragen. Während er Gleichnisse erzählte, setzen wir Theaterstücke ein. Während er auf dem Allgemeinwissen seiner Tage aufbaute, erschließen wir unsere Tagesereignisse. Während er von einem Hügel oder vom Boot aus zu den Menschen sprach, verbessern wir unsere Kommunikation durch die Technologie des einundzwanzigsten Jahrhunderts.

Die Gefahr besteht jedoch darin, sich so sehr darauf zu konzentrieren, zeitgemäß und aktuell zu sein, dass wir unsere biblische Bestimmung aus den Augen verlieren. Wenn das passiert, werden wir zu einer Art Polit-Show, spiegeln zwar die Gesellschaft wider, geben aber keine biblischen Wahrheiten weiter, die sich auf diese Gesellschaft auswirken. Ich habe im Laufe der Jahre erkannt, dass ich versagt habe, wenn ich eine „Eins“ in gesellschaftlicher Relevanz, aber nur eine „Drei“ in reiner Lehre bekomme.

Und die Verlierer sind sowohl die kirchendistanzierten Menschen als auch die Gemeinde.

4. Wir sind überzeugt, dass Menschen, die Christus aus ganzem Herzen nachfolgen, authentisch leben und stetes geistliches Wachstum anstreben sollten

„Darauf kam Jesus mit seinen Jüngern zu einem Grundstück, das man Getsemani nennt, und sagte zu ihnen: Setzt euch und wartet hier, während ich dort bete. Und er nahm Petrus und die beiden Söhne des Zebedäus mit sich. Da ergriff ihn Angst und Traurigkeit, und er sagte zu ihnen: Meine Seele ist zu Tode betrübt. Bleibt hier und wacht mit mir! Und er ging ein Stück weiter, warf sich zu Boden und betete: Mein Vater, wenn es möglich ist, gehe dieser Kelch an mir vorüber. Aber nicht wie ich will, sondern wie du willst.“

Matthäus 26,36–39

Als ich diesen Text vor langer Zeit einmal las, war ich verblüfft über die Verletzlichkeit Jesu. Man muss eine gute Portion Stolz herunterschlucken, um zu sagen, dass nicht alles gut läuft und dass man gerade nicht auf der Höhe ist. Aber hier steht der sündlose Sohn Gottes vor seinen Mitstreitern und gesteht ihnen, in welch schlechter Verfassung er ist, sodass er sich zu Tode deprimiert fühlt. Mit anderen Worten: Die Angst hat ihn so fest im Griff, dass er das Gefühl hat, sterben zu müssen!

Jesus setzt den Standard für Authentizität. Er erwartet grundsätzlich von seinen Nachfolgern, dass sie voreinander nichts zurückhalten oder verbergen sollen. Sie sollen wahrhaftig miteinander umgehen. Und ein wichtiges Merkmal besucherorientierter Gemeinden ist, dass sie Gemeinschaften hervorbringen, in denen Menschen nicht vorgeben müssen, mehr zu sein, als sie sind, oder schlauer zu sein, als sie sind, oder dass sie ihr ganzes Leben perfekt auf die Reihe kriegen.

Manchmal werde ich gefragt, warum es für mich so leicht ist, meiner Gemeinde gegenüber offen zu sein. Ich antworte darauf, dass ich einfach nicht die Energie habe, das Offensichtliche zu verbergen. Es sind viel größere Anstrengungen und Tricks nötig, um darauf zu achten, was man sagt, und aufzupassen, dass die Spuren nur ja gut verwischt sind. Ganz ehrlich, es ist weniger Arbeit zu sagen: „An diesem Punkt, denke ich, ist alles in Ordnung, und hier läuft es nicht so gut, und ich bin offen für Feedback jeglicher Art."

Von Anfang an bestand keinerlei Zweifel daran, dass die *Willow Creek Community Church* von einem Sünder geleitet wird. Die einzige Frage war, ob es ein ehrlicher Sünder war oder einer, der seine Gemeinde täuschen und seine Liste von Sünden verbergen wollte.

Archibald Hart sagte einmal, dass pathologische Pastoren sich nicht mit ihren Schwierigkeiten, Verletzungen und Sünden auseinander setzen. Dies führt dazu, dass sie mit ihrem Verhalten die ganze Gemeinde krank machen. Und genauso wahr ist, dass die Pastoren, die Authentizität hoch einschätzen und die geistlich, auf der Beziehungsebene, intellektuell, in der Gestaltung ihrer Freizeit und psychisch weiterwachsen wollen, viel eher in der Lage sind, eine gesunde Sichtweise in ihre Gemeinde hineinzutragen.

5. Wir sind überzeugt, dass die Gemeinde eine Gemeinschaft von Dienern ist, die ihre geistlichen Gaben vereint zum Dienst an der Welt einsetzen

Pastoren sagen mir immer wieder: „In ‚Willow Creek' ist es anders", „Die Leute bringen sich besser ein", „Ihre Hingabe ist tiefer", „Die persönliche Verantwortlichkeit ist größer" oder: „Die Leute sind bereit, einen höheren Preis zu bezahlen."

Ich war nicht von der Richtigkeit ihrer Beobachtungen überzeugt, aber nachdem im Laufe der Jahre genug Gemeindeleiter diese und ähnliche Bemerkungen gemacht hatten, versuchte ich, herauszufinden, warum in *Willow Creek* die Bedeutung des Dienens so tief verwurzelt ist. Ich nahm schließlich an, dass dies auf die ersten Tage der Gemeinde zurückzuführen ist, als Dr. Bilezikian immer wieder über radikales Dienen gepredigt hatte. Dr. Bilezikian erklärte uns, dass die größte Herausforderung, der Jesus sich gegenübersah, war, die Einstellung seiner Jünger „Zuerst komme ich" in eine dienende Haltung umzuformen.

Denken Sie über folgende Verse nach:

- „Wer mein Jünger sein will, der verleugne sich selbst, der nehme sein Kreuz auf sich und folge mir nach" (Markus 8,34).
- „Wer der Erste sein will, der soll der Letzte von allen und der Diener aller sein" (Markus 9,35).
- „Bei euch aber soll es nicht so sein, sondern wer bei euch groß sein will, der soll euer Diener sein, und wer bei euch der Erste sein will, soll der Sklave aller sein. Denn auch der Menschensohn ist nicht gekommen, um sich dienen zu lassen, sondern um zu dienen und sein Leben hinzugeben als Lösegeld für viele" (Markus 10,43–45).
- „Als er ihnen die Füße gewaschen und sein Gewand wieder angelegt und Platz genommen hatte, sagte er zu ihnen: Begreift ihr, was ich an euch getan habe? Ihr sagt zu mir Meister und Herr, und ihr nennt mich mit Recht so; denn ich bin es. Wenn nun ich, der Herr und Meister, euch die Füße gewaschen habe, dann müsst auch ihr einander die Füße waschen. Ich habe euch ein Beispiel gegeben, damit auch ihr so handelt, wie ich an euch gehandelt habe" (Johannes 13,12–15).

In einer leistungsorientierten Gesellschaft, in der Erfolg mehr Anerkennung, mehr Macht, mehr Rampenlicht und mehr Vergünstigungen bedeutet, definiert Jesus für uns von Grund auf neu, was Größe in Gottes Augen heißt. Größe heißt Demut, Verfügbarkeit, Karriere nach unten und Dienen. Und durch Dr. Bilezikians Predigten bekamen wir eine ständige Dosis davon, bis wir uns schließlich ein wenig mit der Beschreibung eines Dieners Christi bei Paulus identifizieren konnten.

Es ist richtig, dass Gott seinen Kindern geistliche Gaben schenkt. Es ist auch richtig, dass es erfüllend, aufregend und genugtuend sein kann, mit diesen von Gott gegebenen Fähigkeiten zu dienen. Aber grundsätzlich sind wir zunächst einmal Diener Christi, die alles tun, um das Reich Gottes voranzubringen, die ihre Mittel und ihre Zeit in seine Gemeinde investieren und die unter das schwere Ende des Kreuzbalkens gehen und helfen, ihn anzuheben. Nicht bis an den Punkt der Selbstzerstörung, aber als demütige und hingegebene Diener Christi.

Wenn Christen ihre geistlichen Gaben einsetzen und aus einer dienenden Haltung heraus Opfer bringen, wenn es keine Einschränkungen durch Geschlecht oder Hautfarbe gibt, dann ist die Gemeinde durch ein gemeinsames Ziel verbunden. Dann wird aus passiven Zuhörern eine mächtige, aktive Armee!

6. Wir sind überzeugt, dass liebevolle Beziehungen jeden Aspekt des Gemeindelebens prägen sollten

Der Apostel Paulus musste den Leitern der Gemeinde in Ephesus zu verstehen geben, dass er sich nach drei Jahren Dienst in ihrer Mitte jetzt vom Heiligen Geist getrieben fühlte, nach Jerusalem zu gehen. Diese Nachricht traf sie schwer. Sie weinten, sie umarmten ihn, sie küssten ihn immer wieder. Es war offensichtlich, dass er für sie mehr war als nur ein geistlicher Mentor oder ein professioneller Kirchenmann. Ihre Herzen waren als Folge ihrer engen und liebevollen Beziehungen zusammengewachsen.

Dienst sollte genau so aussehen. Wenn Sie sich auf ähnliche Art und Weise emotional öffnen, ist Ihr Einsatz sehr hoch. Sie entblößen sich selbst und gehen das Risiko ein, die höchsten Höhen, die Sie sich jemals vorstellen könnten, zu erreichen – und in die tiefsten Tiefen, die Sie jemals erfahren werden, einzutauchen.

Manche Pastoren weigern sich, dieses Risiko einzugehen.

Sie bleiben in den engen Spielfeldgrenzen und wehren sich dagegen, mehr zu werden als der berufsmäßige Hirte, weil sie Angst davor haben, dass ihnen ihr Herz von der Gemeinde aus dem Leib gerissen werden könnte. Ihre Zusammenarbeit mit den Mitarbeitern ist sehr zurückhaltend. Und ihr Dienst wird gewöhnlich mehr zur langweiligen Plackerei als zum aufregenden Abenteuer.

In den letzten Jahren habe ich festgestellt, dass ich mich durch das Eingebundensein in liebevolle Beziehungen am besten gegen die äußerst schwierigen Aspekte des Gemeindelebens wappnen kann, die unausweichlich schlimme Verletzungen mit sich bringen. Mit anderen Worten: Wenn ich mich zusammen mit den Ältesten durch fünf schwer wiegende Disziplinarfälle hindurchkämpfen muss, tut es mir gut, in bergende, unterstützende und liebevolle Beziehungen eingebunden zu sein, durch die ich vieles ausgleichen kann. Wenn ich mit dem Leitungsteam einen Tagesordnungsplan durchgehe, der mit Landminen gespickt ist, kann ich Ausgleich schaffen, indem wir die erste Stunde unseres Treffens damit verbringen, uns offen und liebevoll über unser Leben auszutauschen.

Wir sollten uns genauso viele Gedanken darüber machen, wie wir unsere Aufgaben in der Gemeinde erfüllen, wie über die Aufgaben selbst. Wir hatten beispielsweise immer einen Freiwilligen, der einmal in der Woche die Rasenflächen der Gemeinde gemäht hat. Rasenmähen ist eine wichtige Aufgabe, die unbedingt erledigt werden muss, aber ebenso wichtig ist die Art und Weise, wie diese Aufgabe erledigt wird. Wenn heute jemand Rasen mäht, setzt er sich zunächst mit ein paar anderen Mitarbeitern zusammen, sie verbringen Zeit miteinander, beten füreinander, ermutigen einander und nehmen aneinander Anteil. Sehr schnell pflegen sie tiefe Freundschaften. Das Rasenmähen wird zweitrangig – und so sollte es auch sein.

Als ich das erste Mal nach dem Seminar auf Dr. Bilezikian zuging, um ihn zu fragen, ob ich mich mit ihm in seinem Büro treffen könnte, schlug für mich die Stunde der Wahrheit. Würde er mich abweisen? Würde er sagen, er wäre anderweitig beschäftigt? Würde er mich, den unbekannten Studenten, von oben herab behandeln? Stattdessen sagte er: „Natürlich, Bill, kommen Sie gleich mit."

Und in dem Augenblick, in dem ich sein Büro betrat, wurde das übliche Professor-Student-Schema außer Kraft gesetzt. Ich wusste nicht einmal, ob es erlaubt war, in freundschaftlicher Beziehung zu einem Professor zu stehen! Am Ende unseres Treffens sagte er: „Warum kommen Sie nicht einmal wieder, dann können wir weiterreden?" Ich entgegnete: „Natürlich, sehr gerne." Nachdem wir uns noch ein paar Mal in seinem Büro getroffen hatten, meinte er: „Ich habe hinter meinem Haus einen kleinen Garten. Ich würde Ihnen dort gerne einmal einen Salat anbieten, wenn Sie mich zu Hause besuchen." Und langsam verstand ich: Dies war weit mehr als routinemäßige Freundlichkeit, dies war eine wirkliche Freundschaft.

Darauf wurde *Willow Creek* aufgebaut. Nicht auf Träumen von einer großen Gemeinde, sondern auf der Hingabe an liebevolle Beziehungen. Bevor wir anderen Menschen durch unsere Gemeinde dienen können, müssen wir zuallererst füreinander Kirche sein.

7. Wir sind überzeugt, dass sich die Veränderung des Lebens durch den Glauben am besten in Kleingruppen vollzieht

Wenn wir über schnell wachsende Gemeinden sprechen, sollten wir an das 2. Kapitel der Apostelgeschichte denken, in dem davon berichtet wird, dass am ersten Pfingsten 3.000 Menschen zum Glauben an Jesus kamen. Die folgenden Verse umreißen kurz die Wesensmerkmale der Mega-Gemeinde des ersten Jahrhunderts: Die Christen „brachen in ihren Häusern das Brot und hielten miteinander Mahl in Freude und Einfalt des Herzens" (Apostelgeschichte 2,46). Mit anderen Worten: Sie trafen sich in Kleingruppen. Zusammenkünfte in Privathäusern waren ein wichtiger Bestandteil der frühen Kirche. Paulus predigte „öffentlich und in den Häusern" (Apostelgeschichte 20,20). Priscilla und Aquila beherbergten eine Gemeinde in ihrem Haus (Römer 16,3–5), ebenso wie Philemon (Philemon 1–2).

Während Großveranstaltungen, wie zum Beispiel Predigten, für manche Bereiche geistlichen Wachstums angemessen sind, scheint es eine vom Heiligen Geist getriebene Bewegung zu geben, die Christen zu Kleingruppen hinzieht, in denen sie erleben können, wie sich Leben durch das Eingebundensein in Gemeinschaft verändert. Ich glaube deshalb nicht, dass es unsere Aufgabe als Leiter ist, Kleingruppen als eine weitere Aktivität unserer Gemeinde ins Leben zu rufen und dann mit allen Mitteln zu versuchen, Menschen zur Teilnahme zu bewegen. Es geht vielmehr darum, eine Struktur zu entwickeln, die sich diesen übernatürlichen Wunsch der Christen nach Gemeinschaft zunutze macht, die Bedeutung von Gemeinschaft fördert und ein wachsendes Bedürfnis nach engen Beziehungen auslöst.

Ich habe im vorhergehenden Kapitel bereits darüber gesprochen, warum Lebensveränderung ein Synonym für Kleingruppen ist. Aus diesem Grund bieten wir eine Vielzahl von verschiedenen Kleingruppen an, von Gruppen für Ehepaare und für Singles bis hin zu Gruppen, die auf spezielle Bedürfnisse von Männern und Frauen zugeschnitten sind.

Auch Menschen, die geistlich noch auf der Suche sind, haben festgestellt, dass Kleingruppen einen sicheren und geschützten Rahmen darstellen, in dem sie freimütig ihre Meinung sagen und herausfinden können, was es heißt, Christus nachzufolgen. Garry Poole – der Leiter unserer Abteilung für Evangelisation, der Pionierarbeit für diese Gruppen geleistet hat – hält sich an sein Motto, das er allen kirchendistanzierten Menschen mitgibt: „Probieren Sie einfach ein Treffen aus." Normalerweise reicht das aus, um diesen Menschen zu zeigen, wie anregend es ist, sich im Rahmen freundschaftlicher Beziehungen mit geistlichen Themen auseinander zu setzen.

In diesen offenen Gruppen verändern sich Leben am revolutionärsten: Menschen vertrauen ihr Leben Christus an.

8. Wir sind überzeugt, dass hervorragende Qualität Gott ehrt und Menschen inspiriert

Als ich mit Tom, meinem Segelfreund, ein paar Übungen machte, die ihm dabei helfen sollten, Bibelverse auswendig zu lernen, brachte ich ihm auch den folgenden Abschnitt bei: „Tut eure Arbeit gern, als wäre sie für den Herrn und nicht für Menschen“ (Kolosser 3,23). „Wenn du deine geistlichen Wurzeln vertiefst“, sagte ich ihm, „dann nimm das ernst. Wenn du versuchst, deine Beziehungen zu anderen Menschen zu verbessern, sei gewissenhaft und ehre Gott damit.“

Kurz danach steuerte Tom das Segelboot in einer Regatta, und wir kamen an eine Boje, an der wir eine scharfe Wende machen mussten. Plötzlich, als wir mit etwa sechs Knoten segelten, bemühte er sich, an der Innenseite eines anderen Bootes vorbeizukommen. Doch das andere Boot ging auf Breitseite und schon hatten wir es gerammt. Wir purzelten auf dem Deck durcheinander, rissen unseren Spinnaker herunter, was die andere Crew veranlasste, wohlverdiente Beschimpfungen über uns auszuschütten. Wir mussten wegen unserer Regelverletzung zwei 360-Grad-Wenden vollziehen. Währenddessen konnte uns die gesamte Flotte passieren und wir hatten keine Chance mehr auf den ersten Platz.

Als wir später zurück im Hafen waren, setzte ich mich neben Tom. „Mir hat diese Wende nicht sehr gefallen“, sagte ich ihm. „Ich hatte das Gefühl, dass du dich um etwas bemüht hast, was aussichtslos war.“

Tom schaute mich augenzwinkernd an: „Aber, Bill“, meinte er, „ich bin nur so gesegelt, als wäre es aus ganzem Herzen für den Herrn!“

Ich musste lachen. „Das muss ein neuer Rekord sein. Du bist seit sechs Monaten Christ und kannst schon Bibelverse aus dem Zusammenhang reißen!“

Dieser Vers bezieht sich auf hervorragende Qualität. Paulus schreibt (1. Korinther 10,31): „Tut alles zur Verherrlichung Gottes!“ Wenn Sie die Bibel lesen, bekommen Sie eine Vorstellung davon, wie Salomo die Aufsicht über den Bau des ersten Tempels hatte, wie Nehemia die Mauer rund um Jerusalem errichtet und wie Esra den Tempel wiederaufgebaut hat: Ihr Wunsch war es, ihr Bestes zu geben und hervorragende Qualität zu bringen.

„Gut genug“ ist nicht gut genug, wenn es darum geht, Gott

durch seine Gemeinde zu ehren. Als Antwort auf seine Heiligkeit und Größe und aus Dankbarkeit für sein überwältigendes Opfer für uns sollten wir uns darum bemühen, ihm unseren Tribut zu zollen mit dem Besten, das wir zu bieten haben. Ich spreche nicht von besessenem Perfektionismus, sondern vielmehr von einer bestimmten Haltung zu Qualität, die unsere Arbeit in der Gemeinde und unser persönliches Leben durchdringt. Alles, was wir als Christen tun, soll schließlich Christus widerspiegeln, dem wir dienen.

Wenn wir Aufgaben in guter Qualität erfüllen, tut das auch unserem Selbstverständnis gut und stellt unsere Seele zufrieden. Darüber hinaus werden andere Menschen inspiriert. Wenn wir also die Messlatte erhöhen, ist jeder motiviert, sein Bestes zu geben.

Und schließlich werden kirchendistanzierte Menschen angezogen, weil sie in allen Bereichen des Lebens hohe Qualitätsstandards gewohnt sind. Wenn sie also sehen, dass sich das starke Bewusstsein einer Gemeinde von Glaube, Ziel und Berufung in der hohen Qualität des Gemeindegeländes, der Baulichkeiten und des Gottesdienstes widerspiegelt, wird die Gemeinde unweigerlich ihre Aufmerksamkeit auf sich ziehen und sie neugierig machen.

9. Wir sind überzeugt, dass die Gemeinde von denen geleitet werden sollte, die die geistliche Gabe der Leitung haben

In seinem Buch *Today's Pastors* („Pastoren unserer Zeit") präsentiert der christliche Wissenschaftler George Barna eine Statistik, die bei allen Besorgnis erregen sollte, die sich darum bemühen, dass Gemeinden wachsen und gedeihen: Nur sechs Prozent aller leitenden Pastoren geben an, die geistliche Gabe der Leitung zu haben.

Durch beständig gute Predigten kann sich eine gute gemeindliche Bibelarbeit entwickeln, aber das alleine reicht nicht aus, um wirklich eine nach biblischem Vorbild funktionierende Gemeinde zu bauen. Leiter müssen eine Vision vermitteln, sie müssen die Berufung der Gemeinde auf den Punkt bringen können, eine Strategie entwickeln, Werte untermauern, Ergebnisse bewerten und Menschen dazu ermutigen, gemeinsam das Reich Gottes voranzubringen. Und dies alles als demütig dienende Leiter, die sich selbst zurücknehmen und dadurch Christus erheben.

Das heißt nicht, dass Hauptpastoren, die in erster Linie Lehrer sind, zurücktreten müssen. Stattdessen sollten sie sich von Leitern unterstützen lassen, die Älteste oder Diakone sind oder andere einflussreiche Positionen in der Gemeinde bekleiden. Diese Menschen sollten dazu freigesetzt werden, ihre Leitungsgabe auszuüben, während sich der Pastor darauf konzentriert, Predigten zu halten, die Leben verändern.

Vieles hängt in der Schwebe. Ich bin davon überzeugt, dass die Ursachen für die Mittelmäßigkeit und die Stagnation unserer heutigen Gemeinden in der Gemeindeleitung zu suchen sind.

10. Wir sind überzeugt, dass völlige Hingabe an Christus und seine Sache normal für jeden Christen ist

König Salomo, der weiseste Mann der Geschichte, hatte es vermasselt. Er ignorierte Gottes eindringliche Warnung, dass sein Herz verderben würde, wenn er heidnische Frauen heiraten würde. Und natürlich endete das Ganze damit, dass Salomo ihre falschen Götter anbetete und schließlich sein ganzes Königreich auseinander gerissen wurde.

Wo liegt die Wurzel für Salomos Ende? Die Antwort findet sich in 1. Könige, Kapitel 11, Vers 4: „Als Salomo älter wurde, verführten ihn seine Frauen zur Verehrung anderer Götter, sodass er dem Herrn, seinem Gott, nicht mehr ungeteilt ergeben war wie sein Vater David."

Als ich diese Worte vor einigen Jahren in meiner „Stillen Zeit" las, versetzten sie mir einen Stich. Ich nahm mein Tagebuch und schrieb hinein: „Fünfundneunzig Prozent Hingabe an Gott sind fünf Prozent zu wenig."

Im vorangegangenen Grundwert betonte ich die Bedeutung von gottesfürchtiger Leitung. Aber eine Grundvoraussetzung hierfür ist gottesfürchtige Nachfolge: sich selbst völlig an Jesus Christus hinzugeben. Unsere Ziele, unsere Bemühungen, unsere krankhaften Anstrengungen, unsere Begabungen, unsere Wünsche – wir können alles vergessen, ja, wir müssen es, zugunsten göttlicher Pläne. Mit der Unterstützung des Heiligen Geistes sollten wir uns darum bemühen, Nachfolger Jesu zu werden, die nur auf ein Wort von ihm warten und dann bereit sind, alle eigenen Pläne über den Haufen zu werfen, um seine Ziele zu verfolgen.

Es handelt sich hier nicht um eine einmalige Hingabe, sondern um die tägliche Kapitulation. Ich habe Gott immer wieder versprochen, mein Leben völlig für seine Führung zu öffnen – nur um wieder zurückzuschrecken und einmal mehr zu versagen. Aber ich bin jedes Mal wieder auf die Knie gefallen und habe wiederholt, dass es mein ehrlicher Wunsch ist, Christus bedingungslos zu gehorchen und sein völlig hingegebener Nachfolger zu werden.

Das ist nichts Heldenhaftes. Und daher sollte es die Norm in jeder Gemeinde sein. Leiter sollten ihre Gemeindeglieder dazu herausfordern, Jünger zu werden, die nur auf ein Wort Jesu warten, und sich uneingeschränkt unter die Autorität Christi zu unterwerfen. Jeder, der Jesus bedingungslos nachfolgt, wird – wie Jesus Petrus (Markus 10) versicherte – in der kommenden Welt hundertfachen Segen dafür erhalten.

Völlige Hingabe – das sollte das Ziel eines Nachfolgers Christi auf den Punkt bringen. Es heißt nicht, dass wir *mehr* geben, *mehr* tun, *mehr* mitarbeiten, *mehr* opfern, *mehr* dienen sollen. Wenn Sie sich für die Führung Christi öffnen, werden seine Anweisungen manchmal lauten, mehr zu entspannen, das Tempo zu reduzieren, sich auszuruhen. Der entscheidende Punkt ist, dass es sein Ruf ist. Wir müssen lediglich mit ihm zusammenarbeiten. Unser Vertrauen in ihn sollte groß genug sein, dass wir bereit sind, uns ihm unterzuordnen und seiner Führung zu folgen, wohin auch immer sie uns bringt.

Das Ziel – das zwar auf dieser Seite des Himmels niemals erreicht werden kann, das es aber immer wert ist, mit aller Begeisterung verfolgt zu werden – ist farbenfroh in folgendem anonymen Text eingefangen:

„Ich bin einer von denen, die sich nicht mehr schämen müssen. Ich habe die Kraft des Heiligen Geistes. Der Tod hat ausgespielt. Ich habe den Schritt über die Linie gemacht. Die Entscheidung wurde getroffen. Ich bin sein Nachfolger. Ich will nicht zurückblicken, nicht locker lassen, nicht langsamer gehen, weggehen oder bleiben. Meine Vergangenheit ist erlöst, meine Gegenwart hat Sinn und meine Zukunft ist sicher. Ich bin fertig mit dem Leben auf Sparflamme, Gehen nur auf Sichtweite, Planen im Kleinen, weichen Knien, farblosen Träumen, zahmen Visionen, banalen Gesprächen, kitschigen Geschenken und zwergenhaften Zielen!

Ich brauche keine überragende Bedeutung, keinen Wohlstand, keine Position, keine Förderung, keinen Beifall und keine Popularität mehr. Ich muss nicht Recht haben, der Erste sein, an der Spitze stehen, anerkannt oder gelobt, beachtet oder belohnt werden. Ich lebe in Gottes Gegenwart, lerne im Glauben, liebe mit Geduld, lebe im Gebet und arbeite mit Kraft.

Mein Gesichtsausdruck ist entschlossen, mein Gang ist schnell, mein Ziel ist der Himmel, meine Straße ist eng, mein Weg ist unwegsam, meine Begleiter sind wenige, mein Führer ist verlässlich, meine Berufung ist klar. Ich kann nicht bestochen werden, Kompromisse eingehen, Umwege machen, weggelockt werden, umkehren, geschwächt oder aufgehalten werden. Ich will nicht im Angesicht des Opfers zurückschrecken, zögern in der Gegenwart von Unglück, verhandeln am Tisch meiner Feinde, nachdenken über Popularität oder ins Mittelmaß abgleiten.

Ich will nicht aufgeben, schweigen, nachgeben oder langsamer werden, bevor ich nicht gepredigt, gebetet und bezahlt habe und aufgestanden bin für die Sache Christi.

Ich bin ein Nachfolger Jesu. Ich muss gehen, bis er kommt, geben, bis ich nichts mehr habe, predigen, bis es alle wissen, arbeiten, bis er ‚Stopp' sagt.

Und wenn er in sein Eigentum kommt, wird es ihm keine Schwierigkeiten bereiten, mich wiederzuerkennen … es ist klar, unter welcher Flagge ich segle."

Kapitel 14

Ganz hingegebene Nachfolger

Die meisten Menschen hielten Jim für einen erfolgreichen Geschäftsmann in der mittleren Führungsebene eines Unternehmens. Aber in Wahrheit war er ein Lügner und Betrüger. Er hatte wegen Diebstahls einen Arbeitsplatz verloren. Und er stand geistlichen Themen völlig ablehnend gegenüber. Als seine Frau ihm vorschlug, ihre zwei Kinder zur Gemeinde gehen zu lassen, sagte er: „Ich werde niemandem erlauben, ihren Verstand mit diesem schwachsinnigen Zeug über Gott zu verschmutzen."

Eines Tages erklärte er seiner Frau, dass er sie nicht mehr liebte, und verließ die Familie. In Wahrheit hatte er eine andere Frau kennen gelernt. Sie zogen zusammen, und alles ging gut, bis sie ihm sagte, dass sie jeden Sonntag einfach zur Gemeinde gehen müsste. Es war gleichgültig, was sie davor oder danach tat, aber sie musste jede Woche eine Stunde innerhalb eines Kirchengebäudes verbringen. So war sie erzogen geworden.

Also begleitete Jim sie widerstrebend zum Gottesdienst, in dem der Geistliche in seiner Predigt jeden davon zu überzeugen versuchte, dass die Mitglieder seiner Denomination allen anderen Menschen etwas voraushätten. Als sie die Kirche verließen, sagte Jim ihr, dass die Predigt in vielen Dingen einfach Quatsch war. „Wenn Gott wirklich existierte, würde er Menschen sicher nicht nach ihrer Denomination beurteilen."

„Gut", meinte seine Freundin, „dann wählst du nächste Woche die Gemeinde aus, in die wir gehen."

Das stellte ihn vor ein Problem. Die einzige Gemeinde, die Jim vage kannte, war die, die seine Sekretärin ihm in den letzten Jahren einige Male beschrieben hatte. Sie hatte vorsichtig versucht, ihm zu erklären, was Jesus für ihr Leben bedeutete, aber er hatte sie immer kalt unterbrochen. Nun versuchte er, sich an den Namen der Gemeinde zu erinnern. *Willow irgendwas*, dachte er. *Willow Creek. Genau.*

Als sie also am darauf folgenden Sonntag auf das Gemeindegelände fuhren, zog die gepflegte Anlage seine Aufmerksamkeit auf sich. Ebenso das Auditorium im Kinostil. *Ist das wirklich eine Gemeinde?*, fragte er sich.

Als die Musik einsetzte, ertappte er sich dabei, dass sie ihm wirklich gefiel, weil sie dem Stil entsprach, den er normalerweise hörte, lediglich der Inhalt war ein anderer. Bei dem kurzen Theaterstück, das vor der Predigt aufgeführt wurde, war er von der Qualität der Schauspieler beeindruckt und davon, dass das Stück wirklich etwas mit seinem täglichen Leben zu tun hatte. Und als die Person, die die Ankündigungen machte, die Besucher auch noch einlud, nichts zur Kollekte beizutragen, hatte diese Gemeinde seine Aufmerksamkeit wirklich gewonnen.

Aber letztlich war es die Predigt, die den Rost von seinem Herzen abklopfte. An diesem Vormittag sprach ich über Geduld und verwendete mich selbst als Beispiel für jemanden, der in diesem Bereich verzweifelt Gottes Hilfe brauchte. Und wie es so geht, veranlasste meine Bereitschaft, meine Fehler zuzugeben, Jim dazu, sein eigenes Leben unter die Lupe zu nehmen – und was er da fand, gefiel ihm nicht sehr.

„Ich war der Überzeugung, dass Menschen, die mich wirklich kennen würden, sofort in die entgegengesetzte Richtung davonlaufen würden", erzählte er einige Jahre später. „Ich nahm an, dass Gott genauso reagieren würde. Wenn er existierte, wüsste er, dass ich auf Grund meines Lebenswandels in großen Schwierigkeiten steckte. Aber dann hörte ich in ‚Willow Creek', dass ich Gott wichtig bin. Egal, wie ich bin. Egal, wer ich im Leben war. Ein Funke Hoffnung schlich sich bei mir ein: Konnte dies möglicherweise wahr sein?"

Wie ein Nachhausekommen

Jims Freundin hatte „keinen Draht" zu *Willow Creek,* aber Jim war fasziniert. *Was war das?*, fragte er sich. *War das nur ein Zu-*

fall, dass der Pastor über das Thema gesprochen hat? Wenn es einen Gott gibt, könnte ich ihm dann wirklich wichtig sein? Diese Fragen veranlassten Jim zum ersten Mal in seinem Leben, von sich aus am nächsten Wochenende zum Gottesdienst zu gehen. Nach dem Gottesdienst fühlte er sich herausgefordert und ermutigt und so kam er am dritten Wochenende wieder. Dieses Mal predigte ich über verschiedene Arten von Treue – in der Ehe, in Beziehungen und auf geistlicher Ebene. Jim musste seine Seele nicht sehr gründlich durchforsten, um zu erkennen, dass sich in seinem Leben keine dieser Qualitäten fand.

Irgendetwas veranlasste Jim dazu, seine von ihm getrennt lebende Frau anzurufen und sie zu fragen, ob sie mit ihm am nächsten Sonntag zum Gottesdienst gehen würde. Sie war geschockt und skeptisch – aber sie kam.

Auf dem Weg zu *Willow Creek* sprachen sie kaum miteinander und sie unterhielten sich auch während des Gottesdienstes nicht. Als sie wegfuhren, fragte Jim schließlich vorsichtig: „Und, was denkst du?"

Sie dachte über den Gottesdienst nach. Die Predigt hatte sie nicht sonderlich beeindruckt, aber diese Solisten – sie schienen wirklich zu glauben, was sie da sangen. Alle diese Menschen schienen so … nun … so ehrlich. Authentisch. Sie spielten nicht einfach nur Kirche. Sie fühlte sich von dieser Atmosphäre der Gemeinschaft seltsam angezogen, die sie gespürt hatte. „Es hat mir ausgesprochen gut gefallen", meinte sie schließlich. „Es war wie ein … Nachhausekommen."

In den folgenden Wochen beschäftigte sich Jim in Gedanken oft mit geistlichen Dingen, die ihn bis spät in die Nacht beschäftigten und verwirrten. Schließlich fragte er seine Frau, ob er wieder nach Hause kommen könnte. Nachdem sie darüber nachgedacht hatte, stimmte sie zu, und sie suchten eine Eheberatung auf. In einem Wochenend-Gottesdienst in *Willow Creek* füllten sie eine Karte aus und baten darum, dass ihnen jemand ganz genau erklärte, was es mit dem christlichen Glauben auf sich hatte. Zwei Mitarbeiter von *Willow Creek* trafen sich mit ihnen und stellten ihnen Jesu Heilsplan vor. Und auch wenn weder Jim noch seine Frau an diesem Tag bereit waren, Jesu Gnade für sich in Anspruch zu nehmen, so waren sie sich doch beide einig, dass sie weiter über den christlichen Glauben nachdenken wollten.

Und das taten sie dann auch. Nach sechs Monaten ermutigte sie eine Wochenend-Predigt dazu, ein für alle Mal zu beschließen, dass Jesus der war, der er zu sein behauptete. Jim traf seine Entscheidung. Die Tränen liefen ihm über das Gesicht, als er Jesus bat, ihm seine unschöne Vergangenheit zu vergeben und sein Leben von diesem Augenblick an zu führen. „Ich hatte das Gefühl, dass ein Gewicht von zwei Tonnen von meinen Schultern abfiel", sagte er später.

Einige Monate später entschied sich auch seine Frau dafür, Jesus nachzufolgen. Als Gott nun anfing, ihre Haltungen neu zu formen, heilte ihre Ehe allmählich und vertiefte sich.

Sie besuchten die Gottesdienste in der *New Community* und hörten dort von den Kleingruppen. In ihrer Kleingruppe erlebten sie, „wie der war, dem wir unser Leben anvertraut hatten". Sie entdeckten und entwickelten ihre geistlichen Gaben und das brachte einige wirkliche Überraschungen zutage. „So entdeckte ich, dass Gott Humor hat. Er nahm diesen ungläubigen Geizhals und gab ihm die Gaben der Evangelisation und des Gebens!"

Jim und seine Frau setzten ihre Gaben voller Begeisterung ein, zuerst als ein Teil unseres Kassettendienstes, später als Kleingruppenleiter. In jüngerer Zeit hat Jim einen neuen Dienst ins Leben gerufen: Führungen für neue Besucher.

Aber diese geführten Besuche sind etwas Besonderes. Wenn Jim das Auditorium zeigt, erklärt er den Besuchern: „Sie sind vielleicht von der Anzahl der Plätze beeindruckt. Aber schauen Sie auf diesen Platz. Dieser Platz steht für einen Menschen, der Gott wichtig ist." Dann setzt er seinen „alten Menschen" auf diesen Platz, einen harten, zynischen Ehebrecher, und erzählt, wie Gott auf wunderbare Weise sein Leben berührt hat – und das Leben seiner ganzen Familie.

In *Willow Creek* haben wir den Ausdruck „Yeah, Gott!" geprägt. Das sagen wir, wenn wir Geschichten wie die von Jim hören, Geschichten von Männern und Frauen, die buchstäblich zur Gemeinde „geschleift" wurden, die aber schließlich als veränderte Nachfolger Christi herauskamen. Was außer der lebensverändernden Kraft Gottes könnte der Grund für eine solche Metamorphose sein? Und welche Berufung im Leben könnte bedeutender sein, als eine Gemeinde zu bauen, die sich von ganzem Herzen diesem die Ewigkeit verändernden Prozess verschrieben hat?

Wenn ich mir Jims Leben anschaue, entdecke ich darin unzweifelhaft die Spuren eines Christen, der auf dem Pfad zu völliger Hingabe an Jesus geht. Für Gemeindeleiter ist es wichtig, am Ball zu bleiben. Mit anderen Worten: Wenn *Willow Creek* dazu beitragen möchte, dass kirchendistanzierte Menschen zu ganz hingegebenen Nachfolgern Jesu werden – wie wissen wir dann, ob wir dieses Ziel auch erreichen? Auf welches äußerliche Verhalten schauen wir, um daraus zu schließen, wie es im Herzen eines Menschen aussieht? Wie können wir die sich verändernden Wesensmerkmale eines Menschen wie Jim messen, der von Christus verwandelt wird?

Wir haben in den letzten Jahren in *Willow Creek* mit diesen Fragen gerungen, vor allem als wir versuchten, ein neues System für die Mitgliederverwaltung zu entwickeln, das mit der Vision des Neuen Testamentes von Gemeinde übereinstimmen sollte. In unserem vorherigen System konnte es vorkommen, dass wir die Namen von Menschen gespeichert hatten, die schon länger nicht mehr am Leben von *Willow Creek* teilnahmen, und von anderen, die stark in das Leben der Gemeinde eingebunden waren, aber niemals eine offizielle Mitgliedschaft beantragt hatten. Also mussten wir uns mit der Frage auseinander setzen, was eigentlich ein richtiges Gemeindemitglied ausmacht.

Auch wenn die Bibel nicht ausdrücklich den Begriff „Gemeindemitglied" verwendet, ist doch eindeutig, dass das Konzept der Mitgliedschaft biblisch ist. Bei einem Bibelstudium sahen wir, dass zwei Arten von Mitgliedern beschrieben wurden. Zur ersten Gruppe gehören die Menschen, die die Gnade Jesu empfangen haben und in Gottes Familie aufgenommen wurden. Im Augenblick ihrer Lebenswende wurden sie automatisch ständige Mitglieder der Universalkirche.

Dann beschreibt die Bibel, wie Christen unweigerlich wachsen und vor Ort „teilnehmende Mitglieder" eines bestimmten „Leibes Christi" werden. Diese teilnehmenden Mitglieder haben bestimmte Wesensmerkmale gemeinsam. Statt Mitgliedschaft also als einen Reifen zu betrachten, durch den die Menschen hindurchspringen müssen, haben wir ein Mitgliedersystem entwickelt, das die Qualitäten eines Menschen beschreibt, der im Laufe der Zeit ganz von Christus geformt wird.

Wir nennen diese Beschreibung von teilnehmender Mitgliedschaft die „5 Gs" – fünf besondere Qualitäten, die einen Christen wie Jim beschreiben, der sich stetig auf völlige Hingabe an Christus zubewegt. Die „5 Gs" stellen keine Ziellinie oder starre Checkliste dar, die man mit entsprechenden Anstrengungen erfüllen kann. Sie zeigen eher einen gewissen Reifegrad an, ob ein Mensch Gottes Gnade empfangen hat und bereit ist, sich vom Heiligen Geist mit der Zeit nach dem Vorbild Christi formen zu lassen. Wir setzen diesen Standard, um bestimmen zu können, wer wirklich teilnehmendes Mitglied der Gemeinde ist. *Willow Creek* hat nur Erfolg, wenn Gott die Gemeinde gebraucht, um Christen hervorzubringen, deren Leben diese „5 Gs" widerspiegelt.

Behalten Sie beim Lesen der folgenden Seiten Ihre eigene geistliche Situation im Hinterkopf. Können Sie ehrlich sagen, dass diese Qualitätsmerkmale Ihr Leben beschreiben? Wenn nicht: Welche Schritte können Sie unternehmen, um in Ihrer Beziehung zu Christus weiter zu wachsen?

1. Gnade

Nachfolger Christi haben ihre eigenen Versuche, Gottes Gunst durch ihre Anstrengungen zu verdienen, aufgegeben und haben persönlich durch Reue und Glaube Jesu freie Gabe des ewigen Lebens angenommen – allein durch seine Gnade. Wie Jim haben sie ihrer eigenen Sündhaftigkeit ins Auge geblickt und haben voller Demut angenommen, dass Jesus ihre Rechnung am Kreuz bezahlt hat. Dann gehorchten sie Jesu Auftrag und ließen sich taufen, um sich mit seinem Begräbnis und mit seiner Auferstehung zu identifizieren und um vor der ganzen Gemeinde zu erklären, dass sie seine Jünger sein wollen.

2. Geistliches Wachstum

Geistliches Wachstum ist die ständige und lebenslängliche Reaktion auf Gottes Gnade. Wachstum heißt, den Heiligen Geist einzuladen, uns von innen nach außen umzuformen, und es heißt, dass wir uns verantwortlich fühlen, unseren Glauben durch geistliche Übungen zu vertiefen und die Dinge abzulegen, die uns am Wachstum hindern.

Nachfolger Christi haben den immerwährenden Wunsch, ihre geistliche Entwicklung durch ehrliches Gebet, echte Anbetung und anwendungsorientiertes Bibelstudium zu fördern. Sie wollen den Lehren der Bibel völlig gehorchen und betrachten sie als höchste Autorität in allen Bereichen, über die sie Aussagen macht. Wenn sie sündigen – wie wir alle –, sagen sie sich entschieden von diesem falschen Verhalten los und versuchen, sich in der Kraft des Heiligen Geistes davon abzuwenden. Und außerdem sind Nachfolger Christi so dankbar für Gottes Gnade, dass sie diese mit anderen Menschen teilen wollen.

3. Gruppe

Beziehungen sind in der Gemeinde nicht nur möglich; die Gemeinde besteht aus Beziehungen. Nachfolger Christi suchen die Gemeinschaft mit anderen Christen, damit sie Christus ähnlicher werden, Liebe geben und empfangen und die Dienste der Gemeinde durchführen können. Das bedeutet nicht nur die Teilnahme an Veranstaltungen der Gemeinde wie Anbetung, Lehre und Abendmahl, sondern auch das Eingebundensein in eine kleine Gruppe von Christen, in der man ermutigt, unterstützt, herausgefordert und liebevoll zu Verantwortlichkeit gezogen wird.

Nachfolger Christi wollen Gott bei allem die Ehre geben, was sie im Umgang mit anderen Menschen tun. Sie wollen schädliche Beziehungen abbrechen, zerbrochene Freundschaften wieder versöhnen und sofort versuchen, Konflikte zu lösen, wenn sie entstehen. Sie halten sich an das, was Paulus gesagt hat (Römer 12,18): „Soweit es euch möglich ist, haltet mit allen Menschen Frieden!"

4. Gaben

Eine Gemeinde ist weniger eine Organisation als ein Organismus, eine vernetzte Gemeinschaft von Christen, die selbstlos ihre einzigartigen, von Gott gegebenen Begabungen entdecken und sie in den Diensten der Gemeinde einbringen. Die Stärke der Gemeinde geht gewissermaßen aus ihrer Vielfalt hervor, die deutlich zutage tritt, wenn verschiedene Menschen an dem Platz ihre verschiedenen geistlichen Gaben einsetzen, an den Gott sie im Leib Christi gestellt hat.

Ein starkes Gefühl von Einheit und das Bewusstsein eines gemeinsamen Zieles entstehen dann, wenn diese Gaben des Geistes mit der Frucht des Geistes kombiniert werden, die Paulus im Brief an die Galater (Galater 5,22–23) aufzählt: „Liebe, Freude, Friede, Langmut, Freundlichkeit, Güte, Treue, Sanftmut und Selbstbeherrschung."

5. Gute Haushalterschaft

In Jesus Christus haben Christen ein ermutigendes Beispiel fürs Geben: Er gab alles auf, was er hatte, damit die Welt wieder mit Gott versöhnt werden konnte. Seine Nachfolger, die erkannt haben, dass ihr ewiges Leben mit seinem Blut erkauft worden ist, überantworten ihm alles, was sie haben. Sie bemühen sich, verantwortliche Verwalter dessen zu sein, was er ihnen anvertraut hat, und großzügig zu geben, wenn sie ihre Mittel allmählich seiner Autorität unterstellen. Ihr Umgang mit ihren Finanzen zeigt eine klare Abkehr von den Werten der Welt, eine Abkehr von Egoismus und Statusdenken.

Guter Umgang mit Besitz geht aus einem Herzen hervor, das auf Gottes Wirken antwortet, ihm dankbar ist und seinem Versprechen vertraut, dass er diejenigen belohnt, die ihn mit ihren Gaben ehren.

Das Potenzial einer „5G"-Gemeinde

Ein „5G"-Christ ist Teil der Gemeinde. Aber dieses Verständnis haben die meisten Kirchgänger nicht unbedingt. Wenn ich manchmal Menschen nach dem Gottesdienst verabschiede, kann es vorkommen, dass mir jemand die Hand drückt und mit großer Ernsthaftigkeit sagt: „Ich war heute zum ersten Mal hier und mir hat es sehr gut gefallen. Zeigen Sie mir das zuständige Büro, damit ich mich melden und Mitglied werden kann." Ich muss solchen Menschen dann freundlich unsere Sichtweise erklären, dass Mitgliedschaft nicht darin besteht, einmal eine Unterschrift zu leisten, sondern nur mit dem Wachstum eines Menschen zu völliger Hingabe an Christus und sein Engagement in einem bestimmten Teil des Leibes Christi beschrieben werden kann.

Es gibt natürlich auch einen gewissen Prozess, dem sich Menschen unterziehen sollten, wenn sie offizielle Mitglieder werden wollen. Zuerst machen sie für sich ein Bibelstudium über unsere „5 Gs". In einem zweiten Schritt bewerten sie selbst, inwieweit diese Kennzeichen in ihrem Leben vorhanden sind. In einem dritten Schritt unterhalten sie sich mit einem geschulten Mitarbeiter – vorzugsweise ihrem Kleingruppenleiter, der sie schon einigermaßen gut kennt –, der bestätigt, dass diese Kennzeichen in ihrem Leben zu finden sind. Und zuletzt werden die neuen Mitglieder – zusammen mit ihrer Kleingruppe – der *New Community* vorgestellt, damit sich alle zusammen an einem neuen Beispiel von Gottes Wirken erfreuen können.

Diese neue Vorgehensweise empfinden Teilnehmer als bewegenden Moment und Kleingruppenleiter, die die Gespräche geführt haben, als erfüllendes Erlebnis. Aus der Sicht der Gemeinde hilft es uns herauszufinden, wer sich dem Leib Christi wirklich verpflichtet fühlt und wer noch in einer Phase ist, in der er sich müde strampelt. Und es war ein bewegendes Zeugnis für Gottes Gnade, dass so viele Menschen eifrige „5G"-Nachfolger Jesu sind.

Wenn mich Journalisten über die Zukunft von *Willow Creek* befragen, rufe ich mir die Gesichter mancher unserer Mitglieder ins Gedächtnis. Es sind Menschen wie Jim, die noch vor einigen Jahren ihre Sonntage damit verbracht haben, literweise Bier zu trinken, und jetzt freigebige, betende und unerschrockene Nachfolger Jesu sind. Es sind „Veteranen" wie Nancy Beach, Rory Noland, Laurie Pederson und andere, die nach den ersten zwanzig Jahren *Willow Creek* mehr denn je in die Gemeinde Jesu verliebt waren. Es sind Leiter, die täglich für die Sache Jesu Opfer bringen; die demütigen Menschen, die mit ihrem Leben ihre Umgebung verändern und im Verborgenen dienen; und die gottesfürchtigen festen Mitarbeiter, die ihre Aufgaben am liebsten miteinander und mit niemandem sonst auf der Welt zusammen erledigen wollten.

Dann sage ich den Reportern, dass ich nicht weiß, was Gott in den nächsten zwei Jahrzehnten mit uns vorhat. Ich weiß es wirklich nicht. Aber ich weiß, dass, gleichgültig, wie die Zukunft aussieht – unser Dienst mit dieser Kerngruppe von Christen zwangsläufig ein Erlebnis sein wird, das keiner von uns missen will!

Und dazu sagen wir alle: „Yeah, Gott!"

Nachwort

Washington, D.C., ist ein Zentrum unvorstellbarer Macht. Wenn ich dort war, saß ich am Ende immer mit einer Menge Personen an einem Tisch, die enorme Autorität und großen Einfluss ausüben.

Und es war jedes Mal wieder eine Erfahrung, die mir die Augen öffnete.

Aber nicht wegen des Reizes der politischen Macht wurden mir die Augen geöffnet. Ich war völlig überrascht von der Macht, die die Leute in Washington *nicht* besitzen.

Politiker können Dinge auf der Oberfläche des Lebens herumschieben. Sie können Geld ausgeben und Gesetze erlassen und die Aufmerksamkeit auf eine bestimmte Sache lenken. Aber sie können keine grundlegenden Veränderungen im Leben eines einzelnen Menschen schaffen. Sie können die Adresse eines Menschen in der Ewigkeit nicht umschreiben. Sie können zwischen zwei voneinander entfremdeten Menschen keine Versöhnung herbeiführen. Sie können jemandem keinen Charakter einprägen. Sie können kein egoistisches Herz in ein dienendes Herz oder ein steinernes Herz in ein gebendes Herz umwandeln.

Und genau das ist es, was unsere Welt am nötigsten braucht.

Wenn ich manchmal nach einem Treffen mit einem Menschen, der weitreichende Verantwortung im Staat oder in der Wirtschaft trägt, nach Hause komme, denke ich bei mir, dass mein Job gewichtiger als seiner ist. Und dasselbe gilt für alle Dienste auf der ganzen Welt, die ihre Energie darauf verwenden, Nichtchristen in ganz hingegebene Nachfolger Jesu Christi zu verwandeln.

Der Grund ist ganz einfach: Das Ergebnis unserer Bemühungen hat im Himmel für immer Bestand.

Ich staune voller Ehrfurcht darüber, was Gott in seiner Macht und Größe trotz unserer oft ungeschickten Anstrengungen in den letzten dreißig Jahren durch *Willow Creek* erreicht hat. Und ich sage es ganz ehrlich – meine Erfahrungen mit dieser Gemeinde haben mich davon überzeugt, dass nichts auf diesem Planeten wichtiger, strategischer und dringender gebraucht wird als die Gemeinde vor Ort.

Ich rede hier nicht von muffigen Gemeinden, die alles so machen, wie es schon immer war. Ich beziehe mich hier auf authentische biblische Gemeinschaften, die die Kanäle sind, durch die Jesus Christus eine Welt, die in die Irre gelaufen ist, erlösen kann.

Lassen Sie uns deshalb dafür beten, dass Gott seinem Volk neue Energie schenkt und seine Kirche mit erneuertem Leben füllt. Und wir wollen hinausgehen – wir alle – und die bedrohte und verwirrte Welt mit der unerwartetsten, ausgefallensten, irrationalsten und letztlich lebensveränderndsten Botschaft von allen überraschen: *Du bist Gott wichtig*.

Kirche für Kirchenferne

Die 10 häufigsten Anfragen

1. Predigen Gemeinden für Kirchenferne nicht ein verwässertes Evangelium?
Dies ist die häufigste Annahme über die Bewegung Kirche für Kirchenferne und wäre, wenn sie zuträfe, die vernichtendste. Paulus schreibt in seinem Brief an die Galater: „Wer euch aber ein anderes Evangelium verkündigt, als wir euch verkündigt haben, der sei verflucht, auch wenn wir selbst es wären oder ein Engel vom Himmel. Was ich gesagt habe, das sage ich noch einmal: Wer euch ein anderes Evangelium verkündigt, als ihr angenommen habt, der sei verflucht" (Galater 1,8–9).

Das ist eine eindringliche Warnung in einer ernsten Angelegenheit. Die Bibel nimmt kein Blatt vor den Mund, wenn jemand von sich behauptet, das Evangelium zu verkündigen, die Botschaft aber verfälscht oder verwässert.

Wir stellen uns jeder einer Herausforderung, wie aus der Liste der zehn Grundwerte von Willow Creek hervorgeht: der Herausforderung, „gesellschaftlich relevant zu sein, ohne die Reinheit der Lehre zu gefährden". Mit anderen Worten wollen wir der Lehre aus 1. Korinther 9,22–23 treu bleiben, worin Paulus sagt: „Den Schwachen wurde ich ein Schwacher, um die Schwachen zu gewinnen. Allen bin ich alles geworden, um auf jeden Fall einige zu retten. Alles aber tue ich um des Evangeliums willen, um an seiner Verheißung teilzuhaben."

Bill Hybels und Mark Mittelberg schreiben dazu in ihrem Buch „Bekehre nicht – lebe!":

„Ansteckende Gemeinden haben begriffen, dass eine Weitergabe des Evangeliums stattfinden muss, ohne dabei einen Kompromiss

einzugehen. Sie wissen: Wenn die Botschaft vom Kreuz Christi je verwässert wird, dann ist die Schlacht von vornherein verloren. Was nützt es, die Sprache der säkularen Welt zu lernen, wenn unsere Botschaft dabei auf der Strecke bleibt?" (Asslar: Gerth Medien, 1995. S. 241).

Das ist die Herausforderung – einerseits die Fallstricke der Isolation zu meiden, sonst würden wir so wirkungslos bleiben, wie Salz im Salzstreuer ist, und andererseits die des Liberalismus, wo wir wie Salz sind, das die Würzkraft verloren hat, weil wir vergessen haben, was wir eigentlich sagen wollten. Stattdessen wollen wir Christen mit Rückgrat sein, die ihre Botschaft kennen und nicht nur bereit sind, für diese Botschaft aufzustehen, sondern auch die harte Arbeit auf sich zu nehmen, herauszufinden, wie man sie den verlorenen Männern und Frauen am besten nahe bringt, die so verzweifelt auf sie warten.

Wenn wir genau betrachten, was in den Kirchen und Gemeinden der *Willow Creek Association* (WCA) weltweit geschieht, finden wir ein ganz bestimmtes Muster: unerschrockene Verkündigung des Evangeliums, klare biblische Lehre und – als Frucht – veränderte Menschen und Familien. Wir freuen uns von Herzen, wenn wir immer wieder Geschichten hören, wie Menschen auf Christus vertrauen, getauft werden, Schritte in Seiner Nachfolge wagen und, als Folge davon, wie Kirchen in Mitgliedern und Kraft zunehmen.

Alle Gemeinden, die, wo auch immer, der Versuchung nachgegeben haben, ihre Botschaft – auch nur ein bisschen – zu mildern, in der Hoffnung, die Akzeptanz und Bewunderung eines nichtreligiösen Publikums zu gewinnen, bitten wir dringend, sofort damit aufzuhören. Weitermachen würde bedeuten, einen Kompromiss mit der Gesellschaft einzugehen und den Auftrag zu vergessen, den Jesus uns gegeben hat.

Nachdem Paulus in Galater 1, Verse 8 und 9 seine Warnung ausgesprochen hatte, schließt er in Vers 10 mit den Worten: „Geht es mir denn um die Zustimmung der Menschen oder geht es mir um Gott? Suche ich etwa, Menschen zu gefallen?

Wollte ich noch den Menschen gefallen, dann wäre ich kein Knecht Christi." Wir haben den Auftrag, die Botschaft vom vergossenen Blut Christi unverfälscht zu verkündigen – ob sie den Menschen gefällt oder nicht. Interessanterweise brauchen Menschen, die wirklich auf der Suche sind, einen Leiter, der den Mumm hat, ihnen in die Augen zu schauen, die Wahrheit über ihr geistliches Dilemma zu sagen und sie dann zu dem Einzigen zu führen, der helfen kann.

2. Schrecken Gemeinden für Kirchenferne vor der harten Lehre der Bibel zurück?

Willow Creek lehrt häufig unerschrocken über Themen wie: „Der Tag des Gerichts und die Hölle", „Sünde", „Jesus als einziger Weg zu Gott", „Die Bezahlung Christi für unsere Sünden", „Homosexuelle Praktiken", „Abtreibung", „Sexuelle Intimität" und „Die Autorität der Bibel". Einfach gesagt: Die Bibel enthält auch Lehren, die Nichtchristen nicht gerne hören, aber sie brauchen Hilfen, diese Wahrheiten zu verstehen, damit sie erkennen, wie sehr sie die Vergebung und Leitung Christi brauchen. Unser Wunsch, ihnen darin, unter der Leitung des Heiligen Geistes, beizustehen, ist schon immer der Pulsschlag unserer Bewegung gewesen.

3. Sind Gemeinden für Kirchenferne nicht im Grunde auf Unterhaltung und Show aus?

Im Gegenteil, sie sind darauf aus, Beziehungen zu Menschen herzustellen und ihnen zu der Erkenntnis zu verhelfen, wie sehr sie Christus brauchen. Das Ziel ist Relevanz, nicht Unterhaltung. Wir wollen einer sterbenden Gesellschaft christliche Wahrheiten nahe bringen.

Im Blick auf die Menschen, die wir im Umfeld der *Willow Creek Community Church* zu erreichen versuchen, glauben wir, dass es am besten durch zeitgenössische Musik, Schauspiel, Multimedia und andere Kunstformen gelingt, die vollmächtige biblische Lehre zu ergänzen, zu erläutern und zu unterstreichen.

Ja, diese Arten des Ausdrucks kann und darf man auch

genießen. Ja, sie können eine erste Anziehung auf geistlich verlorene Menschen ausüben. Aber das Wichtigste ist: Sie sind ein schöpferisches Mittel, mit dem man Gottes Botschaft der Wahrheit und Gnade so weitergeben kann, dass unreligiöse Menschen sie verstehen, mit ihrem Leben in Verbindung bringen und darauf antworten. Kreativität sehen wir zudem als eine Gabe Gottes, die dazu gegeben wird, Menschen zu erfreuen und so Gott zu ehren.

Das zeigt sich an der Geschichte von Lee Strobel, einem Atheisten, der sich ursprünglich bereit erklärte, mit seiner frisch bekehrten Frau den Gottesdienst in *Willow Creek* zu besuchen, um die Musik zu hören. Als er da war, hörte er eine Art von Musik, die ihm gefiel. Aber er fand auch den Text zu der Musik sehr herausfordernd – ebenso wie die Theaterstücke, Botschaften und alles andere, was er erlebte. Das veranlasste ihn, sich auf eine geistliche Reise zu begeben, die fast zwei Jahre dauerte. Ihren Höhepunkt fand sie am 8. November 1981, als er sein Leben Jesus anvertraute. Er trat in die Nachfolge ein und dient heute selbst in einer Gemeinde.

4. Werden Gemeinden für Kirchenferne vom „Markt" bestimmt?

Dieses Missverständnis rührt von einer formlosen Umfrage her, bei der die Gründer von *Willow Creek* Nachbarn befragten, warum sie nicht zur Kirche gingen. Einige Beobachter zogen daraufhin den falschen Schluss, diese Umfrage diene dazu, den Gemeindeleitern zu zeigen, was sie lehren sollten und was nicht – aber dieser Gedanke kam den Gründern nicht einmal in den Sinn!

Es handelte sich um die Leiter der *Son City*-Jugendarbeit, die schon mutig anhand der Bibel gelehrt hatten, die sie auch, da Gottes Wort, als einzige Autorität ansahen. Sie wollten gerade eine Erwachsenenarbeit ins Leben rufen, und die Umfrage sollte klären helfen, welche unnötigen Barrieren die Menschen davon abhielten, den Gottesdienst zu besuchen. Sie vermuteten – und die Daten bestätigten ihren Verdacht –, die meisten dieser Hindernisse seien von Menschen gemacht.

Mit anderen Worten: Es handelte sich bei diesen Hürden um Traditionen und Praktiken, die nicht unbedingt in der Bibel begründet waren.

So sagten die Leute beispielsweise wörtlich, sie gingen nicht in die Kirche, weil diese „langweilig" sei, „vorhersehbar", „irrelevant" und „auf Geld aus". Eindeutig sind solche Hindernisse nicht in der Bibel begründet. Vielmehr konnte und kann man solche Aspekte ändern oder abschaffen – um der Menschen willen, an denen Gott so viel liegt –, damit man sie mit der unveränderlichen Lehre der Bibel erreichen konnte und kann.

Von Anfang an waren die Leiter von *Willow Creek* bemüht, so viele Ärgerliches wie möglich auszuräumen – ausgenommen das Ärgernis des Kreuzes. Und selbst wenn die Menschen nichts vom Kreuz hören wollen – und viele wollen das nicht, wie die Bibel vorhersagt –, predigen die Leiter weiter den gekreuzigten und auferstandenen Christus. Gleichzeitig beten sie, dass Gott diese Menschen zu sich zieht und ihnen neue Herzen schenkt.

Alister McGrath, ein in den USA und Großbritannien bekannter Gelehrter, sagte in seinem kürzlich erschienenen, preisgekrönten Buch „Evangelikalismus und die Zukunft des Christentums":

„Die ‚Willow Creek'-Gemeinde ist ein hervorragendes Beispiel für eine Gemeinde, die einen neuen Weg wagt, um die anfänglichen Barrieren nichtgläubiger Menschen einzureißen […] *Dennoch wird das Evangelium wirkungsvoll verkündigt"* (S. 96).

5. Dreht es sich in Gemeinden für Kirchenferne mehr um Psychologie und Therapie als um Sünde und Buße?

Die Botschaft von *Willow Creek* war immer ganz klar: Wir sind Sünder und brauchen dringend einen Retter und diese Rettung ist nur durch Jesus Christus möglich.

Darin hat es nie Verwirrung oder Mehrdeutigkeiten gegeben. Beispielsweise sagte Bill Hybels während eines Gottesdienstes für Suchende: „Also, die Rede ist immer von Selbsthilfegruppen:

Man besucht bestimmte Wochenend-Konferenzen. Man durchläuft symbolische Prozeduren. Man leistet Versprechen. Man versucht, die eigenen Lebensumstände zu verbessern, ins richtige Gleis zu kommen, selbst Frucht zu bringen, sich selbst zu reinigen und alles Mögliche. Kann man durch Selbsthilfe die Beschaffenheit des menschlichen Herzens ändern? Nein! Freunde, die Bibel sagt, dass man ein Leben weder durch Bildung noch durch materielle Umverteilung, noch durch Selbsthilfe in Ordnung bringen kann. Die Menschen, so sagt uns die Bibel, können die Krankheit der Sünde aus eigener Kraft nicht überwinden, aber es gibt einen Ausweg. Die Bibel sagt, es gibt nur einen einzigen Ausweg, nämlich das Kreuz Jesu Christi."

Zwar haben die Leiter von *Willow Creek* gesagt, dass christliche, bibeltreue Seelsorger Menschen mit bestimmten persönlichen Problemen oder Beziehungsschwierigkeiten helfen können, aber dies wurde nie als Ersatz für das Bekenntnis der eigenen Sünden verstanden, es hat nie die Buße verdrängt und es nicht entbehrlich gemacht, sich der Vergebung und Leitung Christi ganz anzuvertrauen.

6. Spielen Gemeinden für Kirchenferne die Heiligkeit Gottes herunter?

Diese Anschuldigung geht auf den Gedanken zurück, dass die anziehenderen Eigenschaften Gottes, wie sein liebendes Wesen, hervorgehoben würden, während die eher einschüchternden Eigenschaften, wie seine Heiligkeit, übersehen würden.

Dieses Missverständnis mag auch sprachliche Gründe haben. Zum Beispiel zählte vor mehr als sieben Jahren ein Forscher tatsächlich die Häufigkeit, mit der das Wort „heilig" in einer bestimmten Zeitspanne von *Willow Creek* benutzt wurde. Obwohl das Wort häufig fiel, zog er den Schluss, man benutze es nicht oft genug.

Da jedoch die Wochenend-Gottesdienste in *Willow Creek* darauf angelegt sind, kirchenfernen Menschen das Christentum nahe zu bringen, übersetzen die Sprecher biblische Terminologie typischerweise in eine Sprache, die Suchende auch verstehen können. Der Begriff „heilig" wird in unserer Gesellschaft heute oft nicht verstanden. So sagte der leitende Pastor Bill Hybels kürzlich in einem Gottesdienst: „Wenn ich sterbe und vor Gott stehe, wird das kürzeste Gespräch der Welt darum gehen, ob ich ein Sünder bin oder nicht. Ich bin einer, und Sie auch. Der Bruchteil einer Sekunde in der Gegenwart Gottes wird das unweigerlich klarstellen."

Obwohl das Wort „heilig" nicht fiel, wurde der Begriff der Heiligkeit Gottes – dass nämlich unsere Sünde in absolut krassem Gegensatz zu seiner Vollkommenheit steht – so dargelegt, dass auch der kirchenferne „Herr Müller" und die kirchenferne „Frau Schulze" ihn verstehen konnten. Nach der Methode des Forschers hätte das aber nicht gezählt, da das Wort „heilig" nicht ausdrücklich verwendet wurde. Was für uns zählt, ist: Der Inhalt des Begriffs wurde deutlich herübergebracht!

Der australische Missionar Alan Walker drückte es so aus: „In der evangelischen Welt haben sich Worte zum Teil zu Götzen entwickelt. Es gibt viele Menschen, die, wenn sie nicht die vertrauten Worte und Redewendungen wiederholt hören, manchmal die absurde Behauptung aufstellen, das Evangelium werde nicht verkündigt."

Über den Begriff der Heiligkeit Gottes und seine Bedeutung für uns wird in *Willow Creek* ständig gesprochen. Das Buch „Der Gott, den du suchst" von Bill Hybels entstand aus seinen Predigten während verschiedener Suchergottesdienste und wurde speziell für Nichtchristen geschrieben. Darin heißt es:

„Wir vergleichen uns selbst mit den Politikern von Chicago, mit Vergewaltigern und Mördern und argumentieren, dass wir im Vergleich zu diesen Leuten wie Heilige dastehen. Aber dabei verwenden wir den falschen Maßstab. Wir haben keine Ahnung davon, wie heilig, wie gerecht und wie hoch Gottes Standard angesetzt ist. Wenn wir in die helle Gegenwart Gottes eintreten, dann [...] *werden* [wir] *realisieren, dass unsere Heiligkeit ganz gut in der ‚Gemeindeliga' funktioniert, aber nicht einmal annähernd an den Standard des Himmels herankommt.*

Gerechtigkeit – wahre, von Gott ins Leben gerufene, von Gott am Leben erhaltene, von Gott gegebene Gerechtigkeit – wird von unserer heutigen Kultur und Gesellschaft völlig missverstanden. Bei allem, was wir an Gott und seiner Identität nicht verstehen, liegt hier vermutlich die größte Unwissenheit auf unserer Seite" (Asslar: Gerth Medien 2004, S. 108–109).

7. Überschätzen Gemeinden für Kirchenferne in ihrer Theologie nicht häufig die Möglichkeiten des Menschen – auch die Möglichkeit, Gott zu suchen?

Lassen Sie uns eines klarstellen: Aus eigener Kraft und eigenem Willen sucht niemand Gott. In Römer 3, Vers 11 wird jeder Zweifel darüber ausgeräumt. Wenn jemand wirklich auf der Suche nach Gott ist, geschieht das nur, weil Gott schon in seinem oder ihrem Leben wirkt. Alles echte Suchen ist eine Antwort auf Gottes Tun. Und wenn Menschen schließlich Christus vertrauen, ist das keine religiöse Leistung, und es gibt nichts, dessen man sich rühmen könnte (Epheser 2,8–9); sie haben einfach seinem Geist nachgegeben und das Gnadengeschenk der Rettung empfangen.

Das führt oft zu der Frage, wie sehr Gottes Geist wirkt und Menschen zu sich zieht. Gilt die Einladung wirklich jedem, wobei einige sie annehmen und andere sie ablehnen, oder gilt sie eigentlich nur den von Gott Erwählten? In den verschiedenen Kirchen und Gemeinden in der *Willow Creek Association* wird sowohl die eine als auch die andere Ansicht vertreten.

Wir glauben, der Schlüssel liegt darin, dass wir alle unseren Teil dazu beitragen müssen, die Botschaft jedem, den wir irgendwie erreichen können, zugänglich und verständlich zu machen, und wir müssen darauf vertrauen, dass Gott seinen Teil dazu tut, Menschen zu sich zu ziehen und Herzen zu verändern. Wo immer das geschieht, können der Calvinist und der Arminianer zusammen an einem Tisch sitzen und in aller Freundschaft über ihre Theorien plaudern, während sie sich gemeinsam mit den Engeln im Himmel über den neuen Bruder oder die neue Schwester in Christus freuen (Lukas 15,10)!

8. Werden Gemeinden für Kirchenferne durch feministisches Gedankengut beeinflusst?

Das Gedankengut der *Willow Creek Community Church* gründet sich auf die Bibel. Aus der Sicht ihrer Leiter erlaubt die überwiegende Zahl biblischer Zeugnisse sowohl Männern als auch Frauen zu lehren und zu leiten, entsprechend den ihnen vom Heiligen Geist verliehenen Gaben (1. Korinther 12,11). Die Rolle der Frauen im christlichen Dienst ist eine sehr wichtige Frage, die es wert ist, von den Leitern aller Kirchen und Gemeinden sorgfältig untersucht zu werden, aber im Rahmen dieses Artikels verdienen zwei Punkte besondere Betonung:

Erstens: *Willow Creek* ist *durch* Bibelstudium zu seinem Standpunkt gelangt, *nicht trotz dessen*. *Willow Creek* hält an der Unfehlbarkeit der Bibel fest und glaubt, dass die Zeugnisse der Bibel darauf hinweisen, Männern wie Frauen die Entfaltung ihrer Gaben in Lehre und Leitung zu erlauben.

Zweitens: Die *Willow Creek Community Church* ist für sich selbst zu diesem Standpunkt gelangt. Dazu ist es nicht nötig, dass Mitglieder der *Willow Creek Association* in dieser Frage dieselbe Ansicht vertreten, ebensowenig wie bei der Form der Taufe oder der Wahlen.

Mehr als 70 verschiedene Denominationen sind in der *Willow Creek Association* (WCA) vertreten. Sie unterscheiden sich in einer ganzen Reihe von Dingen, aber sie haben Christus als gemeinsamen Nenner, die Autorität seines Wortes, die Notwendigkeit, von ihm gerettet zu werden, und das vorrangige Ziel, Männer und Frauen zu erreichen, die nicht zu seiner Familie gehören.

9. Praktizieren Gemeinden für Kirchenferne häufig eine sanfte Form der Evangelisation, weil sie nicht in jedem Suchergottesdienst „das Netz auswerfen"?

In *Willow Creek* wird das Christentum allwöchentlich definiert, verteidigt und dazu eingeladen. Regelmäßig und konsequent verkündigt der Redner sehr deutlich das Evangelium und ruft die Menschen zu Umkehr und Glauben. Aber einige wenden ein: „Das ist vielleicht die einzige Gelegenheit, die ihr bei vielen dieser Leute bekommt, daher solltet ihr sie jede Woche herausfordern, auf das Gehörte zu antworten."

Wir nehmen diese Besorgnis ernst und ringen darum, Gottes Wort und Weisheit in dieser Sache zu verstehen. Wir möchten so vielen Menschen wie möglich helfen, so bald wie möglich zu Christus zu kommen. Aber wenn wir davon überzeugt wären, dass der effektivste Weg für die Menschen, die wir erreichen möchten, der ist, ihnen jede Woche das Evangelium zu predigen und sie dann zur Antwort aufzurufen, würden wir das tun. Wir würden es sogar dreimal pro Gottesdienst tun, wenn wir den Eindruck hätten, dass das der Weg ist, auf den Gott uns führt.

Aber das ist nicht der Fall. Wir glauben, dass in der Philosophie „Je mehr, desto besser" eine Gefahr steckt. Sowohl auf der persönlichen Ebene als auch kirchenweit befürchten wir, dass man die Chance, kirchenferne Menschen für Christus zu gewinnen, nur allzu schnell wieder vertut, wenn man sie mit der Botschaft erschlägt und sie mit zu großem Nachdruck zur Übergabe ihres Lebens auffordert. Anders gesagt kann die Befürchtung, man habe vielleicht nur eine Chance, auch dadurch wahr werden, dass man die Menschen zu sehr drängt, sodass sie nicht wiederkommen.

Wir möchten, wie die Bibel uns sagt, aus jeder Gelegenheit das Beste machen (Kolosser 4,5). Das bedeutet aber nicht unbedingt, bei jedem der zweihundertsechzig und mehr Suchergottesdienste im Jahr in *Willow Creek* die Menschen zur Übergabe ihres Lebens aufzufordern, besonders wenn man bedenkt: Immer wieder wird gezeigt, dass die Bibel auf das tägliche Leben anwendbar ist, dafür Bedeutung hat und die einzig verlässliche Quelle der Wahrheit ist. Die meisten Suchenden kommen in Begleitung von Gläubigen, die persönlich auf ihre Fragen antworten können und ihnen auf ihrer geistlichen Reise zu Christus Ermutigung sind.

Wir sagen den Besuchern allwöchentlich, dass sie nach dem Gottesdienst persönlich mit jemandem sprechen können, wenn sie mehr über Christus wissen möchten. Außerdem erhält jeder Gottesdienstbesucher ein Merkblatt mit einer Abreißkarte, auf der er um persönliche Hilfe bitten kann, wenn er herausfinden möchte, wie man Christ wird, oder wenn er Antwort auf geistliche Fragen sucht. Die Lehre erfolgt in Themenreihen. Das spornt die Menschen an, jede Woche wiederzukommen. Typischerweise wird das Evangelium in mindestens einem Gottesdienst der Reihe besonders hervorgehoben, und es gibt zahlreiche „Zielwochenenden", an denen die Suchenden aufgefordert werden, ihr Leben Christus anzuvertrauen.

Willow Creek ist bemüht, Suchende auf jede erdenkliche Art mit der Botschaft des Evangeliums zu umgeben und sie so für den Glauben zu gewinnen: angefangen bei den Beziehungen, die mit unseren Mitgliedern geknüpft werden, und den daraus entstehenden freundschaftlichen Gesprächen, über die Lehre und die Ermutigung, die sie durch viele Kleingruppen erfahren, sowie durch die Texte unserer Musik, die Aussage unserer Theaterstücke, das Leben und die Zeugnisse unserer Leiter, die Bilder in unseren Botschaften, bis hin zu den eindeutigen Darstellungsformen unserer zahlreichen „Zielwochenenden".

Das Evangelium ist in und mit jedem Aspekt des Dienstes in *Willow Creek* verwoben. Vollkommen? Natürlich nicht. Biblisch und effektiv? Jesus rät uns, nach der Frucht zu urteilen, die hervorgebracht wird: Tausende früher kirchenferner Menschen werden zu immer überzeugteren Nachfolgern Christi. Und durch Gottes Gnade konnten wir im letzten Jahr wieder über tausend neue Gläubige taufen!

Vorsicht ist geboten, wenn wir die Methoden anderer kritisieren, Kirchendistanzierte zu erreichen. Rick Warren, leitender Pastor der *Saddleback Church,* schreibt in seinem Buch „Kirche mit Vision": Wirklich alle Menschen zu erreichen …

„[…] erfordert eine Vielzahl von Evangelisationsstilen. Die Botschaft muss dieselbe bleiben, aber die Methoden und der Stil, in dem sie kommuniziert wird, müssen sehr unterschiedlich sein. Ich weigere mich immer, darüber zu diskutieren, welche Evangelisationsmethode am besten funktioniert. Das hängt davon ab, wen Sie zu erreichen versuchen!" (Asslar: Gerth Medien, 1995. S. 152).

10. Widersetzen Gemeinden für Kirchenferne sich jeglicher Tradition?

Gemeinden für Kirchenferne sind nicht gegen die Tradition, aber sie sind bemüht, Traditionen realistisch zu bewerten. Die Frage, die man sich zu jeder Tradition oder Praxis stellen sollte, ist, ob sie dem biblischen Zweck, für den sie einst entworfen wurde, auch heute optimal dient. Wenn ja, halten Sie daran fest! Wenn nicht und wenn die Bibel uns freistellt, wie wir diesen Zweck erfüllen, lassen Sie uns einen anderen Weg finden!

Der Mensch neigt allerdings dazu, an traditionellen Gewohnheiten festzuhalten, ob sie Gottes Zweck erfüllen oder nicht. Manchmal erweist sich eine bestimmte Praxis als überholt und steht nun einem effektiven Dienst im Wege, statt ihn zu fördern.

Hören Sie auf die harten Worte, die Jesus dazu findet: „Ihr gebt Gottes Gebot preis und haltet euch an die Überlieferung der Menschen ... So setzt ihr durch eure eigene Überlieferung Gottes Wort außer Kraft. Und ähnlich handelt ihr in vielen Fällen" (Markus 7,8.13). Kurz gesagt, wir müssen immer genau prüfen, was wir tun, und danach fragen, ob es wirklich Gottes Zwecken förderlich ist.

Wenn es also um Dinge geht wie den Einsatz moderner Musik in *Willow Creek* – nun, wir versuchen doch, moderne Menschen zu erreichen! Obwohl wir auch hin und wieder einige der bekannten Lieder aus der Vergangenheit bringen, haben wir doch das Gefühl, dass „allen alles zu werden" auch bedeutet, Musik zu spielen, die den Menschen von heute die Botschaft näher bringt.

Und warum setzen wir auch andere moderne Kunstformen wie Schauspiel und Multimedia ein? Weil wir versuchen, eine in höchstem Maße visuell geprägte, fernseh- und spielfilmorientierte Generation zu erreichen, die am leichtesten das lernt, was sie sieht. Warum benutzen wir oft eine Sprache, die auf der „Straße" gesprochen wird, wenn wir die Dinge auch in einer Sprache ausdrücken könnten, die biblischer klingt? Weil wir die Menschen erreichen wollen, die auf der „Straße" und nicht in den Kirchen sind. Warum hat das Kruzifix in unserem Saal keinen festen Platz? Schämen wir uns des Kreuzes? Keineswegs! Wir lehren konsequent, was es bedeutet, und glauben fest an das stellvertretende Sühneopfer Christi. In unseren Taufgottesdiensten verwenden wir ein großes, hölzernes Kreuz und lassen die Täuflinge ihre Sünden auf ein Blatt Papier schreiben, das sie dann buchstäblich an das Kreuz heften, als Symbol für alles, was Gott für sie getan hat. Aber wir zeigen nicht immer ein Kreuz, weil wir Menschen, die noch nicht an das Kreuz glauben oder Religion vielleicht überhaupt nicht mögen, ermutigen wollen, in unser Haus zu kommen und uns die Chance zu geben, ihnen zu erklären, wofür das Kreuz Christi steht.

Die Bibel sagt uns nicht, dass wir nur traditionelle Musik spielen oder unsere Botschaft nur mit Worten, ohne visuelle Hilfsmittel, ausdrücken oder Kreuze auf unseren Gebäuden aufrichten sollen (es ist nicht falsch, das zu tun, doch wird es nicht explizit in der Bibel erwähnt). Die Bibel macht jedoch deutlich, dass wir Wege finden müssen, die Botschaft wirkungsvoll „in alle Welt" zu bringen, um Menschen dabei zu unterstützen, Jünger Jesu zu werden. Wir glauben, dass wir deshalb all unsere Verhaltensweisen genau prüfen müssen – neue Praktiken wie alte – und bereit sein sollten, im biblischen Rahmen notwendige Änderungen vorzunehmen, damit wir, wie Paulus es in 1. Korinther 9, Vers 22 ausdrückt, „auf jeden Fall einige retten".